太行文化研究文库

理解媒介
太行老区农民新媒介传播实践研究

郭旭魁 著

商务印书馆
The Commercial Press

2021年山西省高等学校人文社会科学重点研究基地项目"太行抗日根据地报刊与上党地区革命文化建设研究"成果

（项目编号：20210133）

《太行文化研究文库》

编纂委员会

主　编　曹景川　茹文明

副主编　铁　军　王志军

委　员（按姓氏笔画排列）

　　　　王　利　王志军　任嘉红

　　　　杨晓娟　茹文明　段建宏

　　　　铁　军　曹景川

总 序

传承太行精神　做好文化生态研究大文章

曹景川

太行从来天下脊，古已称之。《述征记》云："太行首始河内，北至幽州，凡百岭，连亘十三州之界，有八陉。"[1]太行山南起河南的豫北地区，蜿蜒向北，跨州连郡，经山西、河北，直抵北京。西南与砥柱、析城、王屋相接，向西是姑射、中条、雷首等名山，东延则为燕山，直至碣石。山西省内名山，诸如恒山、霍山、五台、句注、芦芽，皆其支脉，峻岩深阻，奇峰峙立，诚为华北名山。

上党郡缘山而建，据高设险，为两河要地，自战国以来就是攻守重地，兵家必争。唐代杜佑认为："上党之地，据天下之肩脊，当河、朔之咽喉。"杜牧进而指出："泽、潞肘京、洛而履河

---

[1] ［清］顾祖禹撰，贺次君、施和金点校：《读史方舆纪要》卷46《河南一》，中华书局，2005年，第2094页。

津，倚太原而跨河、朔。"①中国传统政治中心在长安、洛阳一线，自上党而西，经泽州、沁水，过乌马岭，可控制平阳，进而突破黄河防线，进逼长安。自上党而南，可抵孟州、怀庆府，直逼洛阳。东出壶关，则进入河北平原，北向以争京师。其形势之紧要，地位之独特，自古已然。

沧海桑田，处处无非人间之事，钟灵毓秀，时时可见造化之功。六亿年前，太行山温暖潮湿，森林茂密，后来经过剧烈的地壳活动，森林被埋在数千米深的地壳之中，形成了太行山区丰富的煤炭资源，成为太行山区域经济发展、民众生活的重要物质基础。直到如今，太行山区域仍保存着丰富的森林生态资源，国家保护的各类珍稀动物、植物，随处可见，公认的抗癌植物红豆杉更是太行山区的珍贵植物品种，长期受到学术界的关注②。萃集南太行的众多知名风景区，如云台山、王莽岭、天河山、蟒河、太行大峡谷，无不以其风姿各异闻名天下，山川映照，飞瀑流光，大自然的鬼斧神工尽现眼前，美不胜收，让人游览至此，惊叹留恋。

丰富的自然资源，为人类的活动提供了充分的物质保障。自旧石器时代以来，留下许多文化遗存，如沁水下川遗址、盂县黑砚水遗址、昔阳河上洞穴遗址、黎城猫崖洞遗址、武安磁山

---

① [清]顾祖禹撰，贺次君、施和金点校：《读史方舆纪要》卷42《山西四》，中华书局，2005年，第1957页。
② 我校教师在森林生态和红豆杉研究方面成果很多，参见茹文明：山西省高等学校哲学社会科学研究项目"太行山南段森林生态系统服务功能与生态安全评价"；铁军等：《濒危植物南方红豆杉叶片形态结构及气孔参数》，《东北林业大学学报》，2008年第9期。

遗址等。几万年来，在峡谷，在平川，依山傍水之处，深壑高岩之间，村落渐渐成形，文明得以流传。直至今日，绵亘晋、冀、豫、京四省市的太行山区，还保留了难以计数的金元古建、石窟造像、民居舞楼，在在处处，无不展示了这片文明沃土的丰富内涵。那些耳熟能详的神话传说，如矢志不渝要移动太行、王屋二山的愚公，蜚声上党地区的女娲信仰、炎帝信仰，以及在民间影响深远的三嵕、二仙、汤王祷雨，传说与历史交融，神话与现实共存，民生维艰固然让人叹惋，但对美好生活的强烈追求却始终未曾改变。大山的品格，于此可见一斑。

秦汉大一统国家形成之后，民族交融成为历史主流。自长城而南，沿着太行山东麓，曲折南下，西入三晋，东临齐鲁，广阔的太行山地区成为民族交融的重要区域，游牧文化与农耕文化在此融会，中华民族的丰富与多元借此成形。近代以来，外患频仍，拥有四塞之固、东带三关的上党地区，更成为民族凝聚的战略高地。抗战伊始，华北沦陷，民族存亡，系于一线。危急关头，中国共产党东渡黄河，挺进太行山，建立根据地，八路军三大主力师依托太行天险，分进合击，不断壮大，最终取得抗战的伟大胜利，太行精神因此名垂青史，彪炳后世。1949年以后，太行儿女，英雄辈出，时代精神，记忆深铭。申纪兰、李顺达、陈永贵、郭凤莲，秉承太行精神，焕发时代光芒，穷变通久，生生不息，不断拓展太行精神的内涵，从刀光剑影的民族革命，到日新月异的现代化建设，太行精神与时俱进，时代精神迎风招展。

太行之巅，高踞雄关，含英咀华，后先承传。作为上党地区的最高学府，长治学院已经走过六十多个春秋。六十一甲子，春华而秋实。2018年,我校隆重校庆,立足当下,认真总结。2019年,我校进一步明确发展目标,建设"有区域代表性的教学型本科院校",确定十五年发展规划,开始实施"三步走"战略,稳扎稳打,有序推进。2020年,山西省委省政府统一布局,在全省设立五大研究院,"太行文化生态研究院"应运而生。校领导班子高度重视,申报、论证、座谈、启动,凝神聚气,建设团队,明确方向,制订计划,并给予政策、经费的大力支持。

太行文化生态研究院的发展目标,是在未来十年,将研究院建设成为国内一流、国际有影响力的高水平研究平台、学术高地、资料中心和研究中心。打造太行山研究的学术名片,用太行文化生态研究带动长治学院、晋东南区域乃至山西省文旅融合、转型发展的落实落地,打造山西在太行山研究领域的话语权,构建太行山多学科交叉研究的理论体系、话语体系和知识体系,产出一批标志性的重大项目、重大成果和重大奖项,培养一支富有创新精神和服务地方社会能力的学术队伍,实现政、产、学、研、用的有机结合和成功转化。

太行文化生态研究院将以开放多元的精神构建地方科研和服务高地。在基础研究方面,重点围绕"太行山水生态系统""太行山区域历史文化""太行山区域社会变迁""太行山革命根据地"四大板块开展综合性研究,着力解决时间、空间、人文和正统性四大问题,产出一批优秀成果。在应用研究方面,积极与各级地方政府和企业建立战略合作关系,促进学术成果转化,为政府和企业提供雄厚的智力支持。面向地方经济,以文旅融合为机制,实现由传统资源型经济向新型资源型经济的转型发展。面向人民大众,以服务人民大众为导向,增加民众的文化获得感,增强民众的文化自信,使传统文化在当代凸显魅力,让太行精神、红色文化为经济社会发展提供思想动力与精神鼓舞。

本文库是研究院的一项重点工作,自始至终得到商务印书馆的大力支持,在此向商务印书馆的编辑们致以诚挚的谢意!并向所有为太行文化生态研究做出贡献的同仁,致以由衷的感谢!为山千仞,功始一篑。任重道远,久久为功。这是千里之行的开端,也必将有硕果累累的美好未来。

(作者系长治学院校长、太行文化生态研究院院长)

目 录

绪 论 …………………………………………………………… 1

第一章 太行老区文化传播事业发展概况………………… 31
  第一节 新中国建立前的文化传播事业………………… 32
  第二节 新中国成立后到2010年前后太行老区的
         文化传播事业………………………………… 39
  第三节 新媒介与田野调查地的文化传播活动………… 51

第二章 太行老区农民在新媒介传播中的意义阐释……… 60
  第一节 新媒介中各式各样的学习……………………… 61
  第二节 新媒介中的人生意义…………………………… 71
  小 结……………………………………………………… 83

第三章 太行老区农民在新媒介传播中的意义表达……… 85
  第一节 微信里的意义表达……………………………… 87
  第二节 短视频制作与意义表达………………………… 96
  第三节 案例：媒介化中的新媒介传播实践…………… 103

小　结 ………………………………………………… 109

第四章　太行老区农民在新媒介传播中的社会化……… 112
第一节　新媒介传播实践中对家庭的重新认识………… 114
第二节　新媒介传播对乡村人际交往的影响…………… 126
小　结 ………………………………………………… 136

第五章　太行老区农民在新媒介传播中的国家观念……… 138
第一节　新媒介中的政治新闻…………………………… 140
第二节　对新媒介中涉农政策的理解…………………… 147
第三节　新媒介里的国家情感…………………………… 156
小　结 ………………………………………………… 163

第六章　太行老区农民在新媒介传播中的城市文化……… 165
第一节　新媒介传播实践中的现代生活………………… 168
第二节　新媒介传播实践中的消费文化………………… 178
小　结 ………………………………………………… 191

第七章　太行老区农民在新媒介传播中的乡村文化……… 193
第一节　新媒介中的主流媒体…………………………… 195
第二节　新媒介中的乡村传统文化……………………… 204
第三节　新媒介与乡村新文化…………………………… 213
小　结 ………………………………………………… 222

第八章　在新媒介传播实践中重构乡村文化共同体……… 225
第一节　新媒介传播实践对乡村文化共同体的作用…… 228
第二节　县级融媒体对乡村地方性空间的影响………… 238
第三节　进一步研究的构想……………………………… 251

附录1 半结构式访谈提纲 …………………………… 255
附录2 访谈对象基本信息表 …………………………… 258
参考文献………………………………………………… 263
后　记…………………………………………………… 285

绪 论

一、研究缘起与意义

党的二十大报告进一步明确全面推进乡村振兴战略,这是在党的十九大报告中提出乡村振兴一系列重大决策部署的基础上,关于农业农村现代化的重要宣示,吹响了向全面建设社会主义现代化国家迈进的号角。近年来一个又一个"中央一号文件"的出台,再次表明了国家振兴乡村的坚强决心。乡村振兴战略是新时代"三农"工作的总抓手,这让亿万农民信心倍增,调动了农民生产发展的积极性。驻村干部实施蹲点帮扶,青年农民返乡创业,大学生扎根乡村,新型农民将新技术应用到农业生产之中等等,这些从手机媒介里看到的发生在中国乡村里的一个个动人故事,正在描绘着一幅幅乡村振兴的壮美画卷。

2021年1月,国务院发布《关于新时代支持革命老区振兴发展的意见》,提出激发老区社会的内生性发展动力,巩固并拓展脱贫攻坚成果,让老区人民过上更加幸福的美好生活。同年10

月，中共中央、国务院又印发《黄河流域生态保护和高质量发展规划纲要》，为山西等9省的老区乡村振兴发展进一步指明了方向。同年11月，山西省出台《关于新时代支持山西太行革命老区振兴发展的实施意见》。文件中将太行老区（长治市）12个县（区、县）全部纳入太行老区重点乡村振兴发展之列。太行老区乡村重点发展的数量，占文件中所列35个县（市、区）总数的34.3%，排在首位。2022年，党的二十大报告明确提出中国式现代化发展新理念，以中国式现代化引领农业农村现代化，开启了建设中国式乡村现代化的新征程。[①] 全面推进农业农村现代化，是中国式现代化的题中之义和必然选择。[②] 太行老区是太行精神的诞生地，在战争和建设年代，涌现了一大批仁人志士和英雄模范，为国家解放与民族独立做出了重大贡献。在新时代，应当获得更多的政策倾斜和社会帮扶，早日实现农业农村现代化。

伴随数字媒介技术革新，全国互联网迅速发展，山西省农村数字互联网普及率也呈现出快速增长的势头，由2015年的45.2万户，增加到2020年的233.6万户，增长率约为417%。山西省各地市移动宽带用户普及率方面，长治达到84.21%，在全省排第6位。[③] 数字新媒介技术已经在该地区乡村治理和乡村振兴中发挥

[①] 杨贵庆：《论中国式现代化的本质要求与实施乡村振兴的逻辑关联》，《农村工作通讯》，2022年第23期。
[②] 张清俐：《提炼乡村振兴经验与理论》，《中国社会科学报》，2022年12月19日。
[③] 山西省通信管理局：《2020年山西省信息通信业发展报告》，参见 https://sxca.miit.gov.cn，2021年5月13日。

着积极作用。①

新媒介技术的下沉与技术赋权相伴随,一方面传统纵向式的大众传播形式日益让位于扁平化的传播方式,传统媒体时代中被动的受众开始成为新媒介中积极的传播者,他们拥有了传播自主权,并由此激发出基层社会的信息传播活力;但另一方面在复杂纷纭的数字媒介中,各种传播乱象丛生,如体制化传播的舆论引导乏力、真假难辨的谣言信息、乡村社会价值观混乱等,已经不同程度地稀释了农民既有的政治认同和价值观念,影响了基层乡村社会生态的稳定。李陀在"当代大众文化批评丛书"序言中,谈到当代中国数以亿计的青少年,是沉浸在MTV构成的梦境中认识生活,从而形成有关美丑对错的价值观念,并以此方式确立自己与当代社会秩序和体制的关系。②传统媒体所代表的控制性传播,与民众在新媒介中传播的多样性之间,产生了一些不和谐的地方,二者往往表现出国家与社会之间的张力,即基层民众如何在每日的新媒介实践中理解自我的意义,进而理解自我与社会、与国家之间的关系。如李陀所言,这些日常生活中的文化实践意义重大。理解并分析这些问题,能够帮助我们了解日常生活中新媒介使用者的文化实践活动,更为关键的是,可以从文化意义层面,理解沟通基层社会和国家文化认同与政治认同,最终达到乡村社会的善治。

---

① 刘杰:《长治市上党区振兴新区振兴村:5G智慧党建创新乡村治理模式》,中国农网:https://www.farmer.com.cn,2022年2月10日。
② 载王晓明主编:《在新意识形态的笼罩下:90年代的文化和文学分析》,江苏人民出版社,2000年,序言,第1页。

从学术角度研究数字媒介对太行老区农民日常生活的影响，探讨新媒介传播实践中，农民如何通过新媒介传播理解和表达自我的意义，如何理解个体与社会、个体与国家，以及如何理解乡村与城市的意义，从而促进乡村文化共同体的重构和国家文化认同与政治认同的达成。从理论意义来看，本研究基于"媒介化"理论视角，从新媒介传播实践活动中，探讨太行老区农民在乡村日常生活中，如何理解新媒介传播的意义。在研究过程中，我们将新媒介与农民日常交往，视为一种"嵌入"机制，媒介与人构成了一个有机整体，更加强调新媒介使用中的个体特点，或重点考察个体在日常生活中如何使用媒介。这既迥异于传统大众传媒的传播效果研究，也不同于经典发展传播学"中心－影响"的研究。本研究重点关注农民日常生活中的媒介使用情况，遵循现象学"回到事实本身"的基本路径，[1]也可以称为媒介现象学，[2]紧紧围绕农民个体与新媒介传播的关系展开研究。

从实践意义来看，党和国家历来重视"三农问题"，如何让亿万农民过上幸福生活，既是中国共产党的初心使命，也是检验各项对农政策的关键衡量标准。在数字媒介传播环境下，乡村社会的价值取向、社会道德、文化共同体认同等，也越来越多地受到新媒介传播活动的影响。在实践层面上，一方面探讨在乡村振兴战略实施过程中，太行老区农民如何参与数字新媒介传播实

---

[1] 张祥龙：《现象学导论七讲：从原著阐发原意》（修订新版），中国人民大学出版社，2011年，第5页。

[2] 芮必峰、孙爽：《从离身到具身——媒介技术的生存论转向》，《国际新闻界》，2020年第5期。

践,并建构起他们的意义,进而为社会其他群体了解农民的新媒介传播实践提供经验数据;另一方面通过田野调查中获得的一手数据,可以为各级政府改进和完善数字媒介传播政策,更好地服务于农业农村现代化提供参考。

二、文献综述

近年来关于乡村传播研究的成果已经非常丰富,学术研究也呈现出不同的关注层面,极大地拓宽了乡村传播研究的话题与视野。下面主要运用四种研究范式,对既有研究成果进行梳理,即经典发展传播学研究范式、媒介文化取向的研究范式、媒介关系取向的研究范式、媒介化取向的研究范式。

(一)经典发展传播学研究范式

20世纪中叶,以欧美为代表的传统大众传播学,对战后刚独立的广大亚非拉国家的大众传媒与经济社会发展,产生了浓厚的兴趣,其中最典型的是丹尼尔·勒纳(Daniel Lerner)。其在《传统社会的消逝——中东的现代化》中着重分析了中东六个国家从传统社会迈向现代化社会中,大众传播媒介在此转变过程中对农村社会中人格类型的影响。他提出"移情"(empathy)概念,即从他人所创设的情境中学习的能力,意指具备一种可以接受变革并从容对待新需要的人。实际上,就是指能够从大众传媒中学习的基本素质,即特别勤劳(distinctively industrial)、都市的(urban)、读写能力(literate)和有参与性(participant)。他认为,大众传媒不但可以传播这种现代人格特性,而且具有"倍增器"(multiplier)作用,可以比以往传播活动更快地传播新知识、新思想和新观念。个体由传统社会进入现代社会过程中，人格类型也会发生相应的社会变迁。①

无独有偶，受联合国教科文组织的资助，施拉姆等学者经过对战后一些发展中国家的调研，写成了《大众传播媒介与社会发展》一书，并对这些国家的政府决策产生了重要影响。施拉姆等提出大众传媒对发展中国家的经济社会发展有显著促进作用：一方面发展中国家人们的态度，会因大众传媒的信息传递而改变；另一方面大众传媒对发展中国家的农业技术推广、健康卫生观念等也具有明显的积极作用。②罗杰斯（Everett Rogers）和思韦宁（Lynne Svenning）两位作者基于创新扩散的分析视角，对哥伦比亚农民的现代化过程展开研究。他们提出，在满足四个条件的情况下，农民采纳现代新技术的态度就会发生改变：符合传统信念，费用在可承受范围内，对创新的评价能力，意见领袖的作用。两位学者指出，大众传播媒介在农业技术推广过程中具有重要价值。③英格尔斯（Alex Inkeles）多次强调，大众传媒在个体现代化过程中扮演着影响者的角色。他指出，一个现代人应当经常与大众传播媒介，如报纸、电影、收音机、电视等保持接触，可以提升一个人的现代品质。他认为，大众传播媒介不仅给现代人的生活带来了丰富多彩的信息，而且经常接触大众传媒的

---

① Daniel, Lerner, *The Passing of Traditional Society: Modernizing the Middle East,* Glencoe ILL.: Free Press, 1958, pp. 51-53.

② Schramm, W., *Mass Media and National Development: The Role of Information in the Developing Countries,* Stanford University Press and UNESCO, 1964, pp. 16-19.

③ Rogers, E. M. & Svenning, L., *Modernization among peasants: the Impact of Communication,* New York: Holt Rinehart and Winston. Inc, 1969, pp. 6-7.

人会对社会表现出更加信任。[1]另外，值得一提的还有，约翰逊（Kirk Johnson）的《电视与乡村社会变迁：对印度两村庄的民族志调查》，通过对印度乡村社会生活的民族志考察，探讨了电视对农民实际生活的影响。约翰逊指出，电视在经济、社会、政治和文化领域存在"过程性"影响，同时也指出了电视媒介对消费主义、语言霸权的消极作用。[2]总之，电视在印度村庄社会变迁中扮演了重要角色。由勒纳、施拉姆、罗杰斯等学者开创的以大众传媒为中心、欧美现代化发展理念为导向的传播研究，构成了20世纪70—90年代传播学中发展传播研究的经典范式。

遵循发展传播学的学术脉络，我国学者方晓红针对苏南农村地区受众展开问卷调查，探讨了大众传媒（主要包括报纸、广播、电视）对苏南农村经济、政治、文化的影响，并指出大众传媒的信息传播活动是农民现代观念变革的关键变量。[3]陈力丹等探讨了大众传媒在"新农村"建设中的作用。[4]李红艳在《乡村传播与农村发展》中，对乡村传播的传播内容、报道倾向、传播效果以及乡村传播的微观形态与宏观机制等，进行了深入分析，从发展传播学视角提出"乡村传播学"的建设构想。[5]李广

---

[1] Inkeles, A., Broaded, C. M., Cao, Zhongde, "Causes and Consequences of Individual Modernity in China", *The China Journal*, 1997 (37).
[2]〔美〕柯克·约翰逊:《电视与乡村社会变迁：对印度两村庄的民族志调查》，展明辉等译，中国人民大学出版社，2005年，第202—203页。
[3] 方晓红:《经济信息在苏南农村的传播现状调查研究》，《新闻与传播研究》，2002年第4期。
[4] 陈力丹、陈俊妮:《论传媒在"新农村"建设中的作用》，《当代传播》，2006年第3期。
[5] 李红艳:《乡村传播与农村发展》，中国农业大学出版社，2007年，第82页。

通过探讨中国乡村治理中的政治传播与控制，发现大众传媒中一贯的主线是政治传播控制，因此，主张运用政治传播功能，实现农村社会治理并促进基层社会现代化。[1]陶建杰等提出，数字乡村背景下农村居民数字化渠道的选择问题，指出数字新媒介技术要为农民信息传播赋能，还需要有相应的政府、社会层面的帮扶举措，如针对农村居民的互联网培训、政府对农业信息服务机构的把关等传播政策，才能促进农民的社会发展。[2]另外，陶建杰等从微观视角将农民数字媒介使用中的信息接收行为，分为四个层面，即滞后者、领先者、觉醒者和蛮干者，指出农村居民内部出现了严重信息分化，"哑铃状"的信息结构明显，最终不利于农村社会生态的均衡式发展。[3]另外，还有一些研究基于发展传播学范式，运用民族志研究方法，探讨大众传媒对偏远落后民族地区农民的意义构建，如郭建斌关于电视对独龙族人日常生活的影响研究，[4]孙信茹等关于新媒介对少数民族乡村日常生活的影响等。[5]

从上述文献来看，发展传播学重点关注大众传媒在促进落

---

[1] 李广：《中国乡村治理中的政治传播与控制》，山东大学出版社，2011年，第29页。
[2] 陶建杰、林晶珂、尹子伊：《信息穷人还是信息富人：可行能力视角下农村居民信息分化及政府支持的效应研究》，《国际新闻界》，2022年第2期。
[3] 陶建杰、尹子伊：《数字乡村背景下农村居民数字化渠道选择》，《华南农业大学学报》（社会科学版），2022年第1期。
[4] 郭建斌：《三代人：不同历史时期独龙族个体文化特征浅描》，《民族艺术研究》，2002年第5期。
[5] 孙信茹、杨星星：《"媒介化社会"中的传播与乡村社会变迁》，《国际新闻界》，2013年第7期。

后地区社会发展方面所具有的重要作用,其以西方现代化社会发展路径为模式,围绕传播媒介在改变农村地区人们的信息观念、情感观念以及农业技术创新等方面展开研究,这无疑具有重要意义。然而,正如研究者所诟病的,发展传播学以欧美国家的社会发展为标准,以现代大众传媒为中心,甚至具有冷战特点的研究倾向,实际上看不到作为媒介使用者的受众在其中的主体性作用。[1]

(二)媒介文化取向的研究范式

经过对发展传播学范式批判性反思后,一些中国学者开始关注传播媒介所构建的文化对农民的影响。如吴飞关于电视对独龙乡民族地区传统文化构建的影响,其将电视与民族地区"火塘"等具有传统传播仪式性的文化空间结合,分析大众传媒与农村社会文化之间的符号互动关系。[2] 伴随新媒介技术普及,传播学者开始关注人在新媒介中的主体作用,凸显乡村公共文化传播实践中人的主体性。又如陈楚洁等提出,以农民为主体性的传播实践,认为通过农民的"传播自觉"可以促进乡村社会治理,也可以激

---

[1] 关于经典发展传播学研究缺陷的相关讨论,参见胡翼青:《交流抑或控制:对传播内涵的再思考》,《现代传播》(中国传媒大学学报),2008年第1期;赵月枝、邓理峰:《中国的"美国中心论"与中国新闻业和新闻传播学术的发展——与加拿大西蒙-弗雷泽大学传播学院赵月枝教授的对话》,《新闻大学》,2009年第1期;沙垚:《重构中国传播学——传播政治经济学者赵月枝教授专访》,《新闻记者》,2015年第1期;郭建斌、姚静:《发展传播理论与"中国式"发展之间的张力及新的可能——基于中国西南少数民族地区三个案例的讨论》,《新闻大学》,2021年第1期。

[2] 吴飞:《火塘·教堂·电视:一个少数民族社区的社会传播网络研究》,光明日报出版社,2008年,第227页。

发农民文化主体性;①刘楠等关于农民新媒介视觉文化生产中主体性地位的研究,肯定了农民在新媒介文化实践中的积极意义;②孙信茹等关于独龙族青年微信"K歌"群中,自我表达和文化共同体形成的影响研究等,关于云南普米族乡村年轻人在微信中的自我表达和互动表现的民族志研究,关于云南石龙村微信山歌群中对歌者的文化实践研究,以及大理白族村落农民微信使用的文化传播研究等;③杨星星等关于云南白族村落中的微信社区的日常交往实践研究等。④

媒介文化取向的研究范式,主要运用传播民族志等质化研究方法,探讨的对象主要是少数民族地区相对偏远落后村寨中的农民。该研究范式重点探讨传播媒介(包括新媒介技术)对使用者文化意义的影响。与发展传播学相比,该取向的研究借鉴了凯瑞"传播仪式观"的相关理论,将媒介视作文化意义的建构机制,重点分析了传播媒介对普通人日常生活的影响。由此,可以看出媒介文化研究取向,已经明显跳出了发展传播学范式所倚重

---

① 陈楚洁、袁梦倩:《文化传播与农村文化治理:问题与路径——基于江苏省J市农村文化建设的实证分析》,《中国农村观察》,2011年第3期。
② 刘楠、周小普:《自我、异化与行动者网络:农民自媒体视觉生产的文化主体性》,《现代传播》(中国传媒大学学报),2019年第7期。
③ 孙信茹、钱浩:《独乡"K歌":社交媒体与文化认同研究》,《新闻春秋》,2020年第4期;孙信茹:《微信的"书写"与"勾连"——对一个普米族村民微信群的考察》,《新闻与传播研究》,2016年第10期;孙信茹、王东林:《微信对歌中的互动、交往与意义生成——对石龙村微信山歌群的田野考察》,《现代传播》(中国传媒大学学报),2019年第10期。
④ 杨星星、唐优悠、孙信茹:《嵌入乡土的"微信社区"——基于一个白族村落的研究》,《新闻大学》,2020年第8期。

"信息传递观"的单一传播效果研究。[①]然而,媒介文化取向的研究范式,仍然强调以媒介影响为中心,忽视与媒介使用者紧密相连的更广泛的社会文化实践活动。即整体而言,该取向着重关注传媒内容对使用者的文化意义,相对缺少从社会根源和传播语境层面,进一步探讨使用者为何会如此解读大众传媒,为何会产生这些意义。因此,在文化取向范式中,除了其所关注传媒内容的意义之外,看不到更丰富的文化实践活动,如媒介技术、传播制度、传播情境等因素对媒介使用者的影响。媒介关系取向的研究范式,对此有一定的补充和完善。

(三)媒介关系取向的研究范式

数字媒介技术的互动性、参与性、即时性等传播优势明显,越来越多的普通人参与到新媒介传播当中。由此,普通人与媒介的关系日益受到关注。[②]一些发展传播学研究范式和媒介文化取向范式的研究者,其视角也相应发生了转变,开始围绕媒介与农民之间的关系,探讨媒介如何参与基层社会治理,从而促进农村社会发展。因此,媒介关系取向的研究范式成为新领域。如孙信茹等关注微信媒介与少数民族共同体意识形成之间的"关系",为民族共同体构建提供媒介路径,探讨了新媒介技术如何"嵌入"少数民族既有社会网络结构中,并与之进行建构,促进基层社会稳定;[③]牛耀红对微信群再造乡土团结关系进行研究,为探讨

[①]〔美〕詹姆斯·凯瑞:《作为文化的传播:"媒介与社会"论文集》(修订版),丁未译,中国人民大学出版社,2019年,第18—22页。
[②]〔澳〕格雷姆·特纳:《普通人与媒介:民众化转向》,许静译,北京大学出版社,2011年,第2页。
[③] 孙信茹、赵亚净:《新媒体与区域社会文化互动——以〈德宏团结报〉微信矩阵为例》,《当代传播》,2018年第1期。

媒介与乡土社会关系提供了新思路;① 郑素侠等探讨了贫困地区农村熟人社会形成的"小世界"交往中的信息贫困现象,发现要改变农村中的信息贫困就需要突破"小世界"信息交往的局限性;② 郑素侠等发现信息传播技术(ICTs)改变了乡村交往格局,并重现了农民工在城市社会中的部落体验,推动了中国乡村"重新部落化"的进程,并警示乡村社会可能朝向陌生人社会转化;③ 李红艳等关于贫困地区乡村微信里类"亲属"关系的研究,发现微信媒介在促进农村社会关系和谐稳定方面具有积极作用。④

另外,在关系取向的研究范式中,还有专门探讨媒介与农民主体性构建的研究。如赵月枝等认为在新传播语境下,返乡人群理应被重新确认为乡村社会振兴的重要主体;⑤ 赵月枝认为在"互联网+"新媒介传播实践中,乡村主体性与农民文化自信应该有机联系在一起,共同为乡村振兴提供能动的主体性。⑥ 沙垚探讨了新媒介技术促进农民参与乡村公共政治生活的积极作用,为乡

---

① 牛耀红:《建构乡村内生秩序的数字"社区公共领域"——一个西部乡村的移动互联网实践》,《新闻与传播研究》,2018年第4期。
② 郑素侠、张天娇:《"小世界"中的信息贫困与信息扶贫策略——基于国家级贫困县民权县的田野调查》,《当代传播》,2019年第4期。
③ 郑素侠、杨家明:《云端的连接:信息传播技术与乡村社会的"重新部落化"》,《现代传播》(中国传媒大学学报),2021年第5期。
④ 李红艳、宋佳杰:《微信里的类"亲属"关系:基于贫困乡村社会联系视角的探讨》,《新闻与写作》,2020年第4期。
⑤ 赵月枝、沙垚:《被争议的与被遮蔽的:重新发现乡村振兴的主体》,《江淮论坛》,2018年第6期。
⑥ 赵月枝:《数字传播时代的乡村振兴》,《新闻与写作》,2019年第9期。

村文化公共性重建提供了可能;[1]沙垚等针对中部地区贫困乡村中的直播现象进行田野调查,发现在新媒介平台中可以形成新型社会关系,地方政府、地方性小资本和地方社会,在面对共同利益中重新形成"在地团结",为抵制平台垄断和实现乡村振兴提供了有益参考。[2]

从上述文献中可以看出,媒介关系取向的研究范式突破了单纯将传媒内容视作使用者文化意义的唯一来源,从而将媒介技术、社会关系等传播因素纳入媒介与人的关系分析当中。无疑这种突破对探讨媒介意义的丰富性和影响的多样性,进行了有益的尝试,也为本研究提供了重要启示。然而,总体而言,该研究范式侧重将媒介视作关键性、特殊性的影响资源,未能从媒介作为一种普遍性、日常性的"社会装置"或"社会现象"视角看它的文化影响,[3]忽视了与媒介技术朝夕相伴的普通民众日常生活中的传播脉络和社会语境,即未能将媒介的关系构建与媒介使用者既有的社会权力结构、在地文化传统、社会交际网络以及个体经验世界等有机联结在一起。近些年兴起的"媒介化"理论,长于探究媒介与传播文化变迁,进而分析文化语境与传播的建构关系,为我们探讨新媒介技术与农民日常生活的关系提供了新视角。

---

[1] 沙垚:《重建基层:县级融媒体中心实践的平台化和组织化》,《当代传播》,2020年第1期。
[2] 沙垚、李倩楠:《重建在地团结——基于中部某贫困村乡村直播的田野调查》,《新闻大学》,2022年第2期。
[3] 〔美〕唐·伊德:《技术与生活世界》,韩连庆译,北京大学出版社,2012年,第23—33页。

（四）媒介化取向的研究范式

该研究范式的理论源自德布雷、夏瓦、库尔德利、唐·伊德等媒介学者，也与拉图尔、基特勒等哲学学者以及吉登斯、布尔迪厄等社会学学者的相关理论有密切关系。许多学者对媒介化理论进行过分析，也构建了不同的媒介化理论。克罗茨（F. Krotz）从更为宏观的意义上，认为"媒介化"是一个与个体化和全球化并列的"元进程"（Meta-process），主要探讨媒介在社会变革中的角色，媒介化涉及一个历史性、持续性的过程，其与媒介使用者所处的社会时空和文化情境有密切关联。[①] 与此相似，舒茨（W. Schulz）将媒介化视为分析媒介作用于社会的过程化理论，其主要包括延伸（extension）、替代（substitution）、融合（amalgamation）和接纳（accommodation）等四个阶段过程，在此过程中传播媒介与社会变迁相互建构、相互影响。[②] 安德烈亚斯·赫普则倾向于将媒介化理解为社会和文化现实建构的动态性过程。其认为，我们生活在"深度媒介化"的时代，人们的传播方式、生产生活以及对文化意义的理解都发生了巨大变化。[③] 例如，学者孙玮认为，作为中介化传播技术的微信，它不仅是个体之间连接的纽带，也是为了达成共识而每日进行的在线交流，更加重要的是，微信作为随身携带的"移动场景"，呈现了群体的共同在场，创造了人

---

① Krotz, F., "The Meta-process of Mediatization as a Conceptual Frame", *Global Media and Communication*, 2007, 3 (3).
② Schulz, W., "Reconstructing Mediatization as an Analytical Concept", *European Journal of Communication*, 2004, 19 (1).
③ 常江、何仁亿:《安德烈亚斯·赫普：我们生活在"万物媒介化"的时代——媒介化理论的内涵、方法与前景》,《新闻界》, 2020 年第 6 期。

类社会一种崭新体验的"共在"感。微信在日常生活的习惯性使用中,形成了多个"节点主体"的想象性的共在感,构成了中国人观念中的"在世存有",也建构起全球化时代的"实践的地方"。^① 由此可见,超越时间空间的新媒介技术,已经改变了人们感知世界的方式与观念。

从上述对媒介化理论的概述中,不难发现学者们存在不同观点,但也存在三个明显的共同特质,即媒介对社会文化的作用,体现为过程性、情境化、建构性或生成性的特点。因此,考察日常生活中的传播影响,就需要将传播活动放置在这样的背景中才能够理解。笔者认为媒介化取向的研究范式,旨在讨论在现实社会中,传播活动如何围绕特定媒介展开,以及媒介属性特质又是如何在社会具体语境中参与社会现实的建构过程,进而产生情境化的社会影响。^②

近年来,以媒介化为取向的实证研究成果已经逐渐丰富起来,如潘忠党探讨了 iPhone 手机使用者在日常生活中如何通过媒介手段和传播机制展开实践,阐释了新媒体技术的使用者,在各种手机媒介的传播"界面"中,将结构性规制与创造性实践联结在一起。潘忠党认为,新传播技术在使用过程中,是媒介中介

---

① 孙玮:《城市传播:重建传播与人的关系》,《新闻与传播研究》,2015年第7期。
② 关于媒介化研究的相关讨论,参见孙玮:《微信:中国人的"在世存有"》,《学术月刊》,2015年第12期;戴宇辰:《媒介化研究:一种新的传播研究范式》,《安徽大学学报》(哲学社会科学版),2018年第2期;周翔、李镓:《网络社会中的"媒介化"问题:理论、实践与展望》,《国际新闻界》,2017年第4期;郭恩强:《在"中介化"与"媒介化"之间:社会思想史视阈下的交往方式变革》,《现代传播》(中国传媒大学学报),2018年第8期。

化影响的一部分，理解这种中介化的影响，就需要回到使用者的日常生活以及其文化意义建构过程；[1]彭兰通过对短视频传播的文化实践考察，发现随着人们日常生活的媒介化现实，视频生产与消费已经成为人们现实生存状况的文化表征，同时视频作为一种文化意义，又反作用于人们的现实社会，从而在媒介与现实社会之间形成相互影响、相关交织的关系；[2]何阳等认为，互联网新媒介技术有力地推动了基层社会治理的"三治合一"，即通过互联网实现了乡村社会中的文化价值、传播技术和社会制度的有机结合，在数字新媒介传播实践中促进了农民主体性的提升。[3]通过新媒介技术中介所搭建的"三治合一"新关系为有效实现乡村社会治理创造了新可能。王玉玮等发现在新冠肺炎疫情期间，季候性返乡青年通过数字媒介技术的传播实践，重塑了乡村振兴的建设主体。[4]在乡村主体形塑过程中，新媒介技术作为一种基础性的"社会装置"，参与到乡村社会的政治、经济、文化等权力场域之中，从而对既有乡村社会秩序产生影响。

这些研究通过实证研究方法，检视了西方学者提出的"媒介

---

[1] 潘忠党:《"玩转我的iPhone，搞掂我的世界！"——探讨新传媒技术应用中的"中介化"和"驯化"》,《苏州大学学报》(哲学社会科学版), 2014年第4期。

[2] 彭兰:《视频化生存：移动时代日常生活的媒介化》,《中国编辑》, 2020年第4期。

[3] 何阳、汤志伟:《互联网驱动的"三治合一"乡村治理体系网络化建设》,《中国行政管理》, 2019年第11期。

[4] 王玉玮、黄世威:《媒介化回嵌：季候性返乡青年的主体性重建——基于新冠肺炎疫情期间鄂西北王村的民族志研究》,《福建师范大学学报》(哲学社会科学版), 2021年第2期。

化"理论,在当代中国语境下的传播实践显然具有开创性价值。但是,整体而言,以媒介化为取向的实证研究成果仍然相对较少。从中国现实传播状况来看,大部分地区属于农村,基于媒介化研究视角探讨农民的新媒介传播实践活动,一方面可以丰富和拓展现阶段媒介化研究的适用范围;另一方面也可以将乡村振兴发展与新媒介传播结合起来,探讨新媒介在乡村文化共同体构建中的积极作用。笔者在本书中借鉴了媒介化理论的分析视角,同时也可为媒介化取向的研究范式提供丰富的一手经验数据。

综上所述,发展传播学是传播学研究中的经典范式。虽然一些学者对其诟病较多,但因它以探讨相对落后地区如何通过媒介的信息传播实践,从而改变落后发展面貌为研究主旨,具有强烈的价值关怀与积极的实践导向,这一点对中国社会无疑具有现实意义。[1] 媒介文化为取向的传播研究,拓展了传统大众传播效果研究的视角,着重考察媒介中的文化内容与传播对象之间的符号互动。从传播实践来看,显然,媒介内容对传播受众的影响并非影响的唯一来源,包括媒介技术、传播语境、文化传统等环节和要素都会参与到媒介使用者的意义形成和理解当中,从而为建立、维持、延伸、改变媒介与使用者之间的关系,提供了诸多可能性。这也是媒介关系取向研究的长处所在。然而,在日常传播

---

[1] 作为发展中国家的中国,发展始终是第一要务。这不仅体现在中国与世界的关系中,也体现在中国不同地区之间呈现的发展不平衡中,并且这种状况在短期内仍然无法改变,如东、中、西部,城市与乡村,不同城市之间以及城市内部,不同乡村之间以及乡村内部等,都面临着发展问题。

实践中，无论研究者如何忽视传播媒介内容的影响，[①]对传播对象或媒介使用者而言，媒介内容仍然对基层社会的农民具有重要的影响，也是构成他们日常生活意义感、身份感的重要来源。媒介关系取向的研究不足之处在于，其将媒介视作一种传播工具或平台，而探讨与媒介相关的传播活动，就在于构建不同类型的互动关系。因此，该范式仍然具有明显的媒介功能主义解释倾向。媒介化研究取向弥补了媒介文化取向和媒介关系取向的不足，其重点关注媒介使用者在日常生活传播实践过程中，媒介作为"社会装置"如何在具体语境中参与使用者的关系联结与意义构建。换言之，我们不难发现，媒介化视角融合了媒介文化取向和媒介关系取向各自的长处，一方面该理论将传播过程中的复杂性因素纳入进来；另一方面始终围绕媒介使用者的日常生活世界展开，其研究内容呈现出多元性和丰富性。

本书正是在新时代宏观传播语境下，以媒介化理论为研究取向，围绕太行老区农民的新媒介传播实践，探讨其如何在生活世界中将新媒介参与到自我意义的理解、个体与社会、个体与国家以及有关城市和乡村文化的意义建构之中，同时为构建乡村文化共同体提供可能性。

三、研究问题与研究方法

（一）研究问题

格尔茨指出，文化概念实质上是一个符号学的概念，进而

[①] 如以麦克卢汉为代表的媒介环境学派对传播的研究，他们侧重关注媒介技术的社会影响，而对传播内容涉及不多。

主张，"对文化的分析不是一种寻求规律的实验科学，而是一种探求意义的解释科学"。他主张用"深描"的方式探讨文化对社会的影响。[①] 新媒介技术中承载着各种各样的文化符号，其对新媒介的使用者自然会涉及意义的阐释问题。约翰·费斯克（John Fiske）指出，电视文本不再被看作具有其自身意义和对所有读者产生相似影响的一种自足的独立体。相反，电视文本及其传播被认为具有多种潜在意义，有很多方式能够激活这些潜在的意义。[②] 媒介文本的多义性、开放性为研究受众的多元意义阐释提供了理论可能。

本研究关注的核心问题有三个。首先是个体层面，在日常生活中农民经常使用哪类新媒介，新媒介如何与农民个体的日常经验、社会网络以及乡村社会的传播情境相互融合、相互建构。这些内容主要通过第二章、第三章呈现。

其次是社会层面，在日常传播实践中农民通过新媒介如何建立个人与家庭、个人与他人以及个人与国家的关系，在此文化意义建构过程中，新媒介传播实践如何与这些意义理解结合在一起。这些内容主要通过第四章、第五章呈现。

最后是文化层面，在日常生活中农民如何理解新媒介的传播实践，有关城市文化以及乡村文化的意义理解，这些文化活动或形式是什么，新媒介如何影响这些活动或形式，这些活动又怎样将新媒介传播情境化，进而探讨新媒介对重建乡村文化共同体的

---

① 〔美〕克利福德·格尔茨：《文化的解释》，韩莉译，译林出版社，2014年，第5页。
② 〔美〕约翰·费斯克：《理解大众文化》，王晓珏等译，中央编译出版社，2001年，第269页。

可能性。这些内容主要通过第六章、第七章呈现。

需要说明的是，实际上在探讨这三个层面的相关问题时，很难明确将彼此严格分割开来。农民在个体层面、社会层面以及文化层面的意义构建过程中，三者间彼此相互影响，联系密切，它们共同对农民生产生活产生影响，并共同融入农民的精神文化和传播实践之中。

（二）研究方法

在大众传播研究中，受文学"接受理论"和文化研究的影响，很早就注意到受众在传播活动意义理解中的能动性。丹尼斯·麦奎尔（Denis McQuail）在《受众分析》中认为，既存的受众研究模式主要有三种，受众分别被定位为："受害者"（victim）即效果模式，"消费者"（consumer）即市场模式，"交易货币"（coin in exchange）即商品模式。他指出，三种模式都将受众看作统计学意义上的抽象数字，而非具有生命意识的个体。他进一步提出了一种新的受众分析模式：接受分析（reception research）模式。该模式被称为"日常社会互动和经验模式"，其核心是受众作为传播过程中的主体，他们在日常生活中的传播活动具有丰富多彩的社会实践形态。[1] 也就是说，受众在日常生活中对媒介的使用，不仅将媒介内容作为信息的来源，而且将对媒介意义的理解运用到他们的生活世界当中。从这个意义上说，受众的文化阐释重新赋予他们以某种权利，与此相关理解受众的问题，也重新获得了理论上的"再定位"。

---

[1]〔英〕丹尼斯·麦奎尔：《受众分析》，刘燕南等译，中国人民大学出版社，2006年，译者序言，第13—15页。

克劳斯·布鲁恩·延森（Klaus Bruhn Jensen）和卡尔·埃里克·罗森格伦（Karl Eric Rosengren）将受众研究的传统划分为五类，即效果研究（effects）、使用与满足研究（uses and gratifications）、文学批评（literary criticism）、文化研究（cultural studies）和接受分析（reception analysis）。[1]麦奎尔又将此五类简化为"结构性"（structural）、"行为性"（behavioral）和"社会文化性"（sociocultural）。他认为，结构性研究是受众研究中最早也是最简单的，源于媒介工业的需要，主要是为了实现媒介市场的到达率；行为性研究属于媒介效果和媒介使用的研究；社会文化性研究重点关注对受众的文化研究和接受分析。[2]

在文化研究中，通常运用的是民族志等质化研究方法。这种研究方法将人们的媒介使用看成对特定社会文化环境的反映，同时也是人们将自身经验参与进来的过程。人们的媒介使用行为，只有在与某一群体特定的社会语境和社会经验相联系的情况下，才能被理解。[3]由此看来，该研究路径更加突出受众在"解码"中的重要作用。此类研究中的经典成果，如戴维·莫利运用霍尔的"编码与解码"理论，对英国家庭电视受众的文化研究等。黄宗智认为，科学研究不能从假设出发，而应该从深入了解生活实

---

[1] Jensen, K. B. & Rosengren, K. E., "Five Traditions in Search of the Audience", *European Journal of Communication*, 1990, 5 (2-3).
[2] 〔英〕丹尼斯·麦奎尔：《受众分析》，刘燕南等译，中国人民大学出版社，2006年，第23—30页。
[3] Bausinger, H., "Media, Technology and Daily Life", *Media, Culture and Society*, 1984, 6 (4).

际出发，进而上升到理论概念，然后再回到实践中去检验。[①] 单纯的社会调查，收集一些量化数字，实际上是无法考察媒介内容对农民"生活世界"深入细致的影响。

本研究主要使用半结构式的深度访谈法。考虑到研究对象的文化水平相对较低，为了提高调研数据的稳定性和有效性，深度访谈是较为切实可行的方法。深度访谈法是以人为主体，允许受访者通过身体在场和言语解释，来表达其所见所闻所感的一项社会科学研究方法。虽然在调查中存在代表性不足的问题，但其长于揭示媒介文化对媒介使用者日常生活细致入微的影响。因此，该方法适合探讨在生活世界中，受众对媒介文化的体验与意义等微观问题，因而得到研究者的广泛使用。

本研究以太行老区的重点地区长治市下辖的行政区域，作为主要田野调查点，具体为长治市长子县南陈镇的一个村落。主要基于以下三个原因：其一，在2021年山西省政府《关于新时代支持山西太行革命老区振兴发展的实施意见》提出的35个县（市、区）的太行革命老区名单中，长治市有12个，占比34.3%，选取其作为重点研究对象就成为首选。其二，过往针对农民媒介使用状况的社会调查，主要集中在东部农村地区，如广东、江苏等经济发达地区；探讨媒介对农民社会影响的民族志研究，主要集中在民族边疆地区，如云南、新疆等西部地区，忽视了对中部地区尤其是经济社会发展相对落后的农村地区的考察，本研究试图弥补此不足。其三，自2020年3月开始，笔者对调查地展开

---

① 黄宗智：《认识中国——走向从实践出发的社会科学》，《中国社会科学》，2005年第1期。

了有意识的研究，积累了大量的一手调查数据，形成了一些基本的观点，这为本次研究提供了便捷性。

另外，本研究还用到实地观察法。质化研究中的实地观察，是指在自然环境下对当时正在发生的事情进行观看、倾听和感受的一种活动。该方法进一步可以分为参与型观察法和非参与型观察法两种形式。[①] 本研究虽然也涉及一些参与型实地观察法，比如研究者自2020年3月开始，加入研究对象所在的农民微信群中，观察他们在该群中的日常交往活动，但主要采用的还是非参与型实地观察法，即观察者置身于被观察对象的世界之外，作为旁观者了解访谈对象的生产生活情境。非参与型实地观察法，一方面可以使研究者与访谈对象之间保持一定的距离，从而尽可能做到比较客观的观察；另一方面对研究者而言，实施起来相对容易一些。在实地调查研究中，笔者主要观察访谈场所中农民家庭的布置设施、日常交往活动、肢体语言以及其所处的信息传播环境等，以发现在物质层面和媒介使用习惯层面，新媒介技术与文化对他们的影响。在具体实施中，经常又与深度访谈法合二为一使用。

四、核心概念与本书框架

（一）核心概念

本研究探讨太行地区乡村新媒介传播实践，试图在日常生活中理解农民在新媒介传播中所形塑的精神文化世界，旨在促进当

[①] 陈向明：《质的研究方法与社会科学研究》，教育科学出版社，2006年，第228—229页。

地农民实现社会发展，服务于乡村振兴战略。因此，涉及以下核心概念：新媒介、新媒介传播实践、太行老区。

1. 新媒介

本研究涉及的新媒介主要是指在农民日常生活中经常使用的数字媒介技术，如互联网、智能手机以及新媒介技术中承载的各类媒体（传统媒体的新媒体账号）或平台（微信、抖音、快手、小红书、腾讯视频、爱奇艺、今日头条等等）。在田野调查中发现，虽然在大部分农村家庭空间的显著位置（如客厅、堂屋）放置有电视机，但他们表示平日里很少打开电视（有的访谈对象甚至表示，自己家的电视机功能是否完好，都不太确定[①]）。数字媒介尤其是智能手机已经成为农民了解周遭世界、形塑他们精神文化世界的重要中介。

2. 新媒介传播实践

新媒介传播实践主要是指围绕上述新媒介技术展开的传播活动，即在农民生活世界中考察他们如何使用新媒介技术，如何与个体经验、社会交往、乡村传统文化以及传播语境等联结起来，从而形塑他们的精神文化世界。在围绕新媒介传播实践中，一方面，媒介使用者与媒介技术并非简单的使用与被使用的工具关系，而是后者深深嵌入到农民个人经验的形成当中，并且二者相互影响；另一方面，新媒介传播实践不仅关注新媒介技术与农民之间的关系，还需要在具体的传播语境中，将影响二者相互关系的那些传播语境、传播关系、传播文化等因素进行深入细致的分析。

[①] 如访谈对象 C16（笔者在对访谈对象编号时，用 C 表示访谈个案，用 1、2、3 等序号表示访谈中的顺序，具体可见附录 2），访谈时间：2023 年 2 月 16 日。

3. 太行老区

在《长治市志》序言中,曾担任晋冀鲁豫边区政府副主席的戎子和同志,饱含深情地说道:"长治是块英雄的土地。抗日战争时期,八路军总部和中共中央北方局都曾在这一地区驻扎,朱德、彭德怀、左权等老一辈无产阶级革命家曾长期在这里转战,指挥了华北敌后的抗日战争。1945年9、10月间,刘伯承、邓小平在这里指挥了震惊中外的上党战役。战争年代,长治儿女奋勇参军参战,前仆后继,浴血奋战,为驱逐日本帝国主义,为中国人民的解放事业建立了不朽的功勋。"[①] 在新时代落实乡村振兴战略,实现农业农村现代化发展中,曾经"抛头颅,洒热血"的太行老区的英雄儿女们又迈进了新征程。

因此,本研究以太行老区农民的新媒介传播实践为研究对象,有两方面考虑。其一,太行老区是太行精神的诞生地,这里是山西省老区最多的地方之一,也是省政府重点帮扶的关键地区之一,在脱贫攻坚之后又开启了乡村振兴的新征程。以此地区为研究对象,探讨新媒介传播实践中,农民如何理解自我意义,如何理解个体与社会、个体与国家的关系,以及如何想象乡村与城市,这些意义的形成对构建乡村文化共同体又有怎样的价值。在一定程度上,探究这些问题体现了笔者的现实关怀。其二,近年来长治市政府积极推动"数字乡村建设",加快了乡村数字新媒介基础设施的发展速度,为老区人民参与新媒介传播提供了更加便捷的媒介设施,也为探讨乡村数字新媒介传播实践提供了丰富

---

① 长治市地方志编纂委员会编:《长治市志》,海潮出版社,1995年,序言,第5页。

的"媒介物质"基础。这使得本研究具有了现实的新媒介传播条件。

（二）本书框架

除绪论和结论之外，本书主要内容包括七章，第一章概述太行老区文化传播事业的历史演进和目前整体发展状况，为之后的六章分析提供总体背景或传播语境。第二章、第三章主要从个体层面，论述在日常生活中太行老区农民的个体意义，如何与新媒介传播实践进行勾连，其个体生命具有怎样的文化意义；第四章、第五章主要从社会层面，论述太行老区农民如何通过新媒介传播实践建构起个人与社会、个人与国家之间的关系，在此种传播实践中新媒介又是怎样嵌入农民的生活世界，对其社会化进程产生影响；第六章、第七章主要从文化层面，论述太行老区农民如何理解新媒介中的城市文化，以及新媒介传播实践中的乡村文化，同时如何将这两种文化与日常生活有机联结起来，对其乡村社会建设的主体性产生何种影响。除绪论总括全书之外，其余各章具体内容如下。

第一章首先概述太行老区文化传播事业发展情况，主要纵向梳理太行老区，从大众传播时代到新媒体传播时代的演进过程，涉及媒介类型包括报刊、广播、电视、电影、互联网等；同时，也概述了太行老区中人民群众所喜闻乐见的艺术活动，如上党梆子、上党鼓书等。通过介绍该地区文化传播事业，为接下来探讨太行老区农民的新媒介传播实践提供了传播语境。

第二章是太行老区农民在新媒介传播实践中，如何理解自我意义，即通过呈现农民日常生活中，对新媒介中的网络影视剧、短视频以及流行音乐等媒介文化的接触，进而探讨农民如何利用新媒介进行学习以及理解自我的意义。

第三章是太行老区农民如何在新媒介传播实践中，进行个体意义的表达，即主要通过呈现农民在微信和短视频媒介平台中的意义表达，进而呈现在具体传播语境下，他们如何将数字媒介技术运用到现实传播交往之中，并表达其自我意义。

第四章是太行老区农民如何通过新媒介传播实践进行个体社会化，即主要分析太行老区农民如何理解新传播技术中呈现的家庭对其现实家庭观念的影响；同时考察农民在乡村中的社会交往，如何与新媒介传播中的象征符号进行互动，进一步分析这种个体社会化对构建乡村社会秩序的可能影响。

第五章是太行老区农民在新媒介传播实践中形成的国家观念，即通过考察农民在与新媒介中的政治新闻、国家对农政策，以及流行文化的接触中形成的国家情感，探讨新媒介如何影响农民的国家观念，进而构建他们对国家的政治认同。

第六章是太行老区农民在新媒介传播实践中对城市文化的理解，即主要考察农民如何理解新媒介中呈现的城市现代生活以及与此相关的消费文化，进而探讨农民如何将新媒介呈现的城市文化与现实乡村文化进行互动，从而为重构乡村文化建设提供了新的可能性。

第七章是太行老区农民在新媒介传播实践中对乡村文化的理解，即主要考察农民对新媒介中呈现的三类乡村文化的意义理解，即新型主流媒体、传统文化长子鼓书等，以及乡村新文化，进而探讨在日常生活中，这些乡村文化对农民意义建构有着怎样的影响，对发挥农民文化主体性以及乡村文化共同体重构有何种积极作用。

第八章是本书的结论部分，从上述三个层面，即自我意义理解与表达层面、个体与社会层面，以及个体对城市文化和乡村文化理解层面，进行总结概括，提出三个层面在重构乡村文化共同体中蕴藏的可能性作用。同时，我们探讨作为基层社会治理重要抓手的县级融媒体，理应在重构乡村文化共同体中发挥积极作用，重点分析其如何重建人们的地方感，从而服务于乡村振兴战略。

五、创新之处

2023年2月，国务院又一个"中央一号文件"出台，这也是21世纪以来第20个指导"三农"工作的中央一号文件，依然是学术界关注的热点。习近平总书记在党的二十大报告中指出：全面建设社会主义现代化国家，最艰巨最繁重的任务仍然在农村。没有农业农村现代化，就不可能有整个国家的现代化。乡村社会发展的主体是人，依靠的主体力量仍然是广大人民群众。因此，关注农民、关注乡村，既是新时代所需，也是作为一名研究者基本的学术情怀。与过往的研究成果相比，本研究呈现出三个方面的创新点。

首先，本书借鉴发展传播学经典研究范式的社会发展取向，媒介文化研究探求意义的基本旨趣，以及媒介化理论的传播学现象学探讨问题的方法，在综合这些研究取向所长的基础之上，形成了本书分析的理论视角。诞生于西方的传播学理论，一方面可以为中国的传播学研究提供比较便利的分析工具，以及烛照自己现实的一面"镜子";另一方面这些理论也需要结合具体的中国传播语境,从而进行持续性检验与发展。理论是灰色的,丰富而具体的传播实践乃是源头活水、常青之树!

其次,本研究基于太行老区农民在新媒介中的传播实践而展开,进入农民日常所生活的环境中进行实地调查,这构成了新的探讨传播效果途径。探讨新媒介传播实践对农民日常生活的影响,实际上是从受众对媒介意义阐释的角度来考察媒介效果。这种探讨媒介效果的新角度,代表了媒介效果研究的新阶段。[1] 米歇尔·德·塞托(Michel De Certeau)在《日常生活实践1:实践的艺术》中指出,日常生活是弱势者的主战场。弱势者采用各种游击战术(tactics)对抗强势者的战略(strategy),偷袭强势者的文化或结构,从而抵抗来自强者的压制。[2] 费斯克借用了米歇尔·德·塞托"日常生活"的概念,指出日常生活是大众展现文化创造力之地。[3] 从日常生活的视角,探讨太行老区农民与新媒介传播之间的关系,研究农民个体的社会发展,分析新媒介对其自我的意义理解,以及其社会化、城市文化与乡村文化中的传播意义,进而发挥其在乡村振兴中的主体性作用,并分析这些在构建乡村文化共同体中可能发挥的作用。

最后,本研究的研究对象为中部农业大省山西省太行老区

---

[1] 魏然、周树华、罗文辉:《媒介效果与社会变迁》,中国人民大学出版社,2016年,第18—28页。
[2] 〔法〕米歇尔·德·塞托:《日常生活实践1:实践的艺术》,方琳琳等译,南京大学出版社,2015年,第39—41页。
[3] 〔美〕约翰·费斯克:《理解大众文化》,王晓珏等译,中央编译出版社,2001年,第224页。

的农民，这构成了新的研究对象。葛兆光在《中国思想史》中谈到，在传统的精英思想史之外，还应该注意到在人们的生活世界中，有一种"近乎平均值的知识、思想和信仰"，其是作为社会思想的底色或基石而存在，但它构成了普通人日常生活中判断、解释和处理现实问题的直接依据。[1] 同样，郭于华在评价斯科特（James C. Scott）《弱者的武器》的研究价值中指出，过往针对农民的研究更多是一种自上而下的研究视角，但斯科特是从下而上的底层视角，在农民的日常生活中关注农民的生存状况，考察农民生活世界中的"隐藏的文本"，从而才能真正理解那些无声的匿名的农民行为。[2] 在日常生活中考察农民如何理解新媒介传播实践中形成的意义，进而探讨这些意义对其个体生命、集体参与以及乡村文化共同体构建有何种价值，这区别于现有的传播学研究对象。另外，过往的研究主要关注东南沿海或西北、西南边疆以及民族聚集地带，较少关注农业比较发达的中部地区，更少关注山西省的农村地区。本研究试图在此方面进行拓展和补充。

如同雷蒙德·威廉斯（Raymond Henry Williams）梳理了在长时段中英国文化与社会关系的研究，发现在现代社会中，文明的各种显著问题极为密集，也极为严重，但任何人都不能认为只靠强调便能解决所有问题。他进而指出，我们应该针对每个问题进行扎实且详尽的研究，从而才有希望提出解决问题的方法。[3]

---

[1] 葛兆光：《中国思想史》（第一册），复旦大学出版社，2001年，第13页。
[2] 郭于华：《"弱者的武器"与"隐藏的文本"——研究农民反抗的底层视角》，《读书》，2002年第7期。
[3]〔英〕雷蒙德·威廉斯：《文化与社会：1780—1950》，高晓玲译，商务印书馆，2018年，第471页。

第一章 太行老区文化传播事业发展概况

太行老区又称太行解放区，其命名由来与革命战争年代的太行根据地有关。太行根据地是在抗日战争时期，中国共产党创建的华北地区领导的晋冀鲁豫边区的核心地带，因太行山脉纵贯其南北而得名。抗日战争和解放战争中，太行根据地的人民群众为抗击日寇、打败国民党反动派做出了重大贡献。太行根据地辖区内的武乡县蟠龙镇砖壁村曾是八路军总部所在地，是朱德、彭德怀、刘伯承、邓小平等老一辈革命家曾经生活和战斗过的地方，也是百团大战总指挥所在地。在这片热土上诞生了"太行精神"，激励着一代又一代太行儿女砥砺前行，构成了老区人民持续奋斗的精神底色。今天太行老区的核心区域就在长治市行政范围内，因此，下面主要围绕长治地区的文化传播事业进行概述。

长治古称上党，是太行老区政治、经济、文化、交通中心。长治是块富饶的土地，盛产小麦、玉米、谷子，是山西重要的产粮区之一；长治的油料作物颇具盛名，是全省最大的蓖麻籽产区；长治经济林木繁多，核桃、花椒、苹果、柿子、梨等都各具特色；

长治还是山西重要的能源基地之一。[1]长治市东部是太行山，与河北、河南两省接壤，西部是太岳山，与临汾市相邻，南部紧邻晋城市，北部上接晋中市。东西长150千米，南北宽140千米，总面积为13955平方千米，占全省总面积的8.90%。2018年11月行政区划调整后，市辖区面积2631.3平方千米。长治全市常住人口（截至2020年11月）为318万人，与2010年第六次全国人口普查的333万人相比，10年间减少了15万人，减少4.61%，年平均增长率为-0.47%。市主城区常住人口为89.5万人，与2010年第六次全国人口普查的76.5万人相比，10年间增加了13.0万人，增加17.05%，年平均增长率为1.59%。[2]据长治市政府官网显示：2019年，长治市下辖4区、8县，1个国家级开发区；132个乡镇，14个街道办事处，3385个行政村，152个居民委员会。长治市地处被誉为"黄金人居带"的北纬36°—37°之间，属典型的暖温带半湿润大陆性季风气候。长治冬无严寒、夏无酷暑，被誉为"北方的南方，南方的北方"和"夏季的无扇之城"。[3]

第一节　新中国建立前的文化传播事业

在太行老区，有组织的文化传播活动很早就出现了。早在春秋战国时期，这里的音乐歌舞表演就比较盛行，并为后世艺术样

---

[1] 长治市地方志编纂委员会编：《长治市志》，海潮出版社，1995年，序言，第1页。
[2] 长治市统计局：《长治市第七次全国人口普查公报》，参见 https://www.changzhi.gov.cn/zjzz/zzgk/rkzk，2021年6月7日。
[3] 参见长治市人民政府网。

式的形成奠定了基础。区域内有自觉的文化出版活动始于明代。据《山西通志·新闻出版志·出版篇》(第四十三卷)中相关史料记载,早在明代长治的图书出版活动就比较兴盛。朱元璋第21子沈王朱模于永乐六年(1408年)来"山西潞州(今长治市)就藩"。沈王多才,作为敕赐额的勉学书院印刻其《沈国勉学书院集》。沈王除了刻印自著外,还组织刻印《初学记》《医说》等著作。[①] 尽管沈王"就藩"长治,推动了比较丰富的图书出版活动,但其传播范围囿于上层士绅阶层,对普通社会大众的影响较小。以社会一般大众为传播对象,并在人民群众中产生广泛影响的文化传播事业,还是在革命战争年代即太行根据地时期。下面从报刊、戏剧和鼓书三个方面,概述该时期文化传播事业的战争动员活动。

一、报刊宣传

太行根据地时期,当地产生了一批有影响力的报纸,如《新华日报》(华北版)(1939年1月,创刊于长治市沁县后沟村),《中国人报》(1938年5月,创刊于长治屯留),《战斗日报》(1938年7月,创刊于长治市长治县中山头村),《黄河日报》(1939年5月,创刊于长治市长子县阳鲁村),《新华日报》(太南版)(1939年7月,创刊于长治市壶关县回车村),《太南人民报》(1940年5月,创刊于长治市平顺县源头村),等等。[②]

---

① 山西省史志研究院编:《山西通志·新闻出版志·出版篇》(第四十三卷),中华书局,1999年,第16页。
② 山西省史志研究院编:《山西通志·新闻出版志·报业篇》(第四十三卷),中华书局,1999年,第27—28页。

该阶段影响力最大的报纸是《新华日报》（华北版），1939年1月1日在长治市沁县后沟村创刊，终刊时间为1943年9月30日，历时4年多。一开始报纸铅印，四开四版，后变为油印，社长兼总编辑何云。《新华日报》（华北版）是中共中央北方局的机关报，朱德、彭德怀等老一辈革命家对该报十分关注，在宣传方针上经常予以指导，还撰写了不少重要文章。[1]该报十分重视言论版，经常通过发表评论，旗帜鲜明地表达报纸的抗日立场，如《论目前时局》《发展群众游击战》等具有广泛影响力的文章。除了出版报纸，该报社的同事们还利用土法自制纸张，出版了大量的宣传品，如50万张传单和布告，45万册的社会科学和马列书籍。总之，该报对华北抗日战争、太行根据地的建立与壮大以及敌后新闻事业的发展做出了重要贡献。1943年10月，《新华日报》（华北版）改为《新华日报》（太行版）（该报在1949年8月19日终刊），隶属机构也改为中共太行区委员会。太行版继承了华北版的优良办报传统，在革命战争实践中，不断提高党报的思想性和战斗性，强化了报纸的通俗性、地方性，在人民群众中产生了广泛影响，为战争动员宣传革命做出了显著贡献。[2]

另外，还有一份报纸值得一提。《太南人民报》1940年创刊于平顺县源头村，是中共太南区委机关报。其中赵树理担任副刊编辑的《大家干》是该报上最受读者欢迎的版面。赵树理撰写了

---

[1] 王醒：《山西新闻史》，山西人民出版社，2009年，第102—106页。
[2] 山西省史志研究院编：《山西通志·新闻出版志·报业篇》（第四十三卷），中华书局，1999年，第26页。

许多脍炙人口的"快板"等通俗文艺作品,对宣传党的政策、反映根据地的建设情况有广泛的影响力。[①]

据不完全统计,此段时期太行根据地先后出版的期刊至少有百余种,涉及军事、政治、文艺、卫生、美术、摄影以及其他综合性刊物,是抗日战争中出版最多的地区之一,在人民群众中产生了积极影响。1939年4月1日创刊于山西长治的《抗战生活》,由李竹如任主编,之后由张磐石任主编,编委里有许多文化名人如何云、韩进、徐懋庸、孙泱等。该期刊在太行革命老区根据地颇有影响力。如该期刊中刊登赵树理的作品既多又好,社会反响强烈。1940年7月15日《抗战生活》第2卷第6期刊登赵树理(笔名方定)的短篇小说《喜子》,描写的是一位忠厚的青年农民,一日去探望他的舅舅,但因遇雨未能按时返家,日军即怀疑其"通八路"而遭杀害的悲惨故事。第3卷第1期刊登赵树理(笔名王甲士)的短篇小说《变了》,叙述了一位老大娘不关心国家大事,不愿让自己儿媳去参加社会活动,认为女人就是做饭、看家、生孩子,抛头露面太丢人。后经区妇女干部的说服教育,终于让儿媳参加了抗日活动。这两个故事反映了沦陷区和根据地截然不同的两种社会生活。[②] 作品通过对普通人与战争关系的艺术呈现,将抗日宣传与民众的日常生活结合起来,在潜移默化中激发了人民群众支持战争的热情。

---

① 王醒:《山西新闻史》,山西人民出版社,2009年,第109页。
② 山西省史志研究院编:《山西通志·新闻出版志·出版篇》(第四十三卷),中华书局,1999年,第147页。

二、戏剧动员

太行老区民间艺术形式多样，戏剧表演是当地人民群众日常生活中喜闻乐见的娱乐形式之一。早在春秋战国时期，该地区就有音乐歌舞活动的记载。长治戏剧源远流长，经过长期的历史演进发展，在传统音乐、歌舞基础上逐渐形成了一些新的戏剧、曲艺类型。其中典型的如上党梆子、上党落子、上党鼓书等。清末民国初，是上党戏剧繁荣时期，这一时期戏班社多，演出剧目丰富，演出的范围覆盖整个上党（长治）地区。后因军阀混战和日本侵略者入侵，大多班社团体解散，许多艺人被迫改行或流亡他乡。[1]

全面抗日战争爆发后，中国共产党将散落的艺人们重新组织起来，成立戏剧团体，宣传抗日主张。1939年中华戏剧界抗敌协会成立太行山分会，地点设在长治，专门负责领导本区的戏剧工作。鲁迅艺术剧院实验剧团也专门从延安来到长治，集中当地剧团、歌咏队500余人进行业务训练，以戏剧为宣传工具动员群众参加抗战。赵树理、阮章竞、李伯钊等当时著名的文艺工作者，在此创作出《万象楼》《巩固抗日根据地》等许多现代戏剧，在人民群众中产生了良好的宣传效果。[2]

在抗日战争和解放战争中，一方面上党戏剧艺人积极参加中国共产党领导的革命文艺团体，众多剧班如雨后春笋般不断涌

---

[1] 长治市地方志编纂委员会编：《长治市志》，海潮出版社，1995年，第590页。
[2] 晋东南地区志编纂委员会编：《晋东南地区志》（评审稿）（第3册），2016年，第487页。

现，这些文艺演出在战争宣传和动员民众中发挥了积极作用。另一方面剧班数量的增多，带来了长治地方戏剧事业的新发展。如胜利剧团配合战争动员形势演出新剧目 70 多个，深受人民群众喜爱。该团指导员王聪文"打破旧戏的规律，用旧形式来演新内容"，推动了戏剧改革。1945 年，在太行区文教工作者会议上，王聪文荣获"一等模范戏剧工作者"称号，1949 年还出席了全国第一届文代会。①

三、鼓书动员

据《长治市志》记载，在宋代，上党已有说唱艺人演出。其时，鼓书艺人的社会地位低下，大多是丧失了劳动能力的残疾人，演出的形式以走乡串户为主，说书的事由主要以"愿书""神书"为主。鼓书艺人除了演出外，还通过卜卦算命作为衣食来源。② 足见旧社会无法给鼓书艺人提供安定的演出环境和良好的生活环境。在全国抗日救亡运动的影响下，鼓书艺人们组织起来，成立"抗日救国宣传队"，演绎以抗日为主要内容的新剧目。1944 年，在太行行署的领导下，太行区文教处成立曲艺联合会，专门领导和组织鼓书艺人，从事革命宣传活动。鼓书艺人创作和表演的积极性也被激发起来，他们经常在一起交流书目，切磋技艺。同时，部队和地方专业化的新文艺工作者，也积极参与改革地方的鼓书剧目，使民间说唱艺术从内容到形式都得到很大提升

---

① 长治市地方志编纂委员会编：《长治市志》，海潮出版社，1995 年，第 590 页。
② 同上注，第 594 页。

和发展。鼓书艺人深入敌后和前线,以通俗易懂的内容和喜闻乐见的形式,宣传抗日主张,产生了良好的动员效果。

例如,1942年,长子县抗日政府在石哲镇马家峪成立了,长子历史上第一个有盲人参加的鼓书曲艺队成立,鼓书艺人的社会地位逐步提高,激发起了他们艺术创作的主动性。1946年,鼓书艺人张银娥和于树田等7人加入民主政府组织的曲艺宣传队,在组织提供的相对稳定的工作和生活环境中,极大地提升了他们的创作热情。于树田在原潞安鼓书的基础上,吸取上党戏、曲中的音乐精华,丰富了潞安鼓书的唱腔和板式,创造了花板、悲板、垛板、散板和起、承、过、送、转等过渡板式;伴奏增加了二胡、板胡、低胡、三弦等弦乐,并配之以人打击乐;演唱形式由单人改为单人和多人相结合、独唱或齐唱,并加入动作表演,喜、怒、哀、乐非常逼真,深受当地人民群众的欢迎。于树田等人还自编自演了许多影响较大的新剧目,如抗日战争时期的《地主与长工》《张凤兰劝夫参军》《百名英雄》《红军长征》《土地法大纲》等等,以通俗的形式呈现农民日常生活中生动的实例,在人民群众中产生了积极的社会影响。①

综上所述,太行根据地的报刊从一开始就在中国共产党的组织领导下,有针对性地进行战争动员,具有明确的目的性和战斗性,取得了抗日宣传和解放战争的伟大胜利;与此相比,戏剧和鼓书一开始处于混乱散漫状态,在党的领导下,这些民

---

① 晋东南地区志编纂委员会编:《晋东南地区志》(评审稿)(第3册),2016年,第509页。

间艺人才被重新组织起来,他们身上蕴含的极大的创造力和主体性也被充分激发出来,以新政权中主人翁的姿态参与到革命宣传的洪流当中。①

第二节 新中国成立后到 2010 年前后太行老区的文化传播事业

新中国成立后,原属太行根据地腹地的各项文化传播事业迎来了新生。传统的民间艺术样式面临着新的改造。大众传播事业随着新中国工作重心的转移,也由战争模式转入经济发展主题,呈现出新的面貌。本节内容的起点是新中国成立,终点为 2010 年前后。前者新中国成立意味着文化传播事业进入了新的发展阶段,后者将 2010 年作为分界点,主要是出于两方面考虑,一方面在中央文化体制改革的相关要求下,长治市剧团的"转企改制"大都发生在 2010 年前后,传统戏剧表演在新媒介技术影响下,逐渐呈现出新的传播形式;另一方面 2010 年被称为社交媒体传播元年,由大众传媒时代自上而下的传播逐渐转变为新媒介中自下而上的自主传播。② 本节涉及的时间跨度大,

---

① 张炼红:《历炼精魂:新中国戏曲改造考论》,上海书店出版社,2013 年,序论,第 22 页。
② 有关"社交媒体元年"的相关论述,参见苏涛、彭兰:《技术载动社会:中国互联网接入二十年》,《南京邮电大学学报》(社会科学版),2014 年第 3 期;张志安:《新闻生产的变革:从组织化向社会化——以微博如何影响调查性报道为视角的研究》,《新闻记者》,2011 年第 3 期。

笔者从传统文化传播活动的改造到大众传播事业的新发展，依次进行概述。

一、新中国成立后对传统文化艺术的改造

新中国成立后，长治设置专区先后成立了文工团、上党梆子剧团、上党落子剧团、豫剧团等。许多厂矿、农村建有业余剧团、歌舞团等，还有不少民间自发剧社。戏剧演出与当地的庙会活动有关，[①]扎根于普通人的日常生活之中，因此深受当地人民群众欢迎。1951年国务院提出"五五指示"即《关于戏曲改革工作的指示》，成为全国戏剧改革的基本准绳。依照新中国新戏曲的要求，艺人们积极主动地对上党戏剧进行改革，一改过去生硬的表演方式和服饰水袖短、化装陈旧简单等舞台表现形式，从而使得新戏剧呈现出板式丰富多样、唱腔婉转跌宕、表演细腻生动的新样貌。在本节叙述的60年中，上党戏剧涌现出一大批著名演员，如吴婉芝、郝聘芝、张保生、张爱珍、郭孝明等。在笔者调

---

① 长治境内庙宇甚多，长治城内有二郎庙、关帝庙、城隍庙、火神庙等，郊区几乎村村有庙。从汉代起即有庙堂音乐。宋代迎神赛社戏大为普及。明末清初，唐王庙每年农历四月十五会，在庙前搭彩台唱戏3天。清代，几乎每庙每年一会，凡会必有戏剧及杂耍、民间社火等活动助兴。民国年间，每年农历七月初一新街关帝庙会，在各大街搭彩台唱戏。新中国成立后，农历七月初一庙会改为物资交流大会，会期5至10天。会间均有戏剧、曲艺、歌舞、鼓乐、杂技、八音等演出，有时会场东、西各搭彩台一座，唱对台戏。如1979年，有10个文艺演出单位分别在长治八一广场、上党剧院、体育场、莲花池、红旗剧场、商业礼堂等地演出，人民的公共文化活动甚是热闹；1985年，有20多个文艺团体为物资交流大会演出助兴。观看戏剧等民间曲艺活动，已经成为当地人民不可或缺的精神文化内容。

研时，这些健在的演员在当地仍深受人民群众的喜爱。

1976年后，长治市重新成立青年豫剧团和业余工人艺术团，长治市郊区也成立了上党落子剧团和业余文艺轻骑队等文艺表演团体。他们一方面多次赴省、赴京、赴外地演出，将本地戏剧文化传播到其他地区；另一方面将改造后的新戏剧演出给当地农村地区。20世纪80年代，上党戏剧达到更高水平，上党落子《佘赛花》《杨七娘》等改造后的新剧目被拍成电影、电视剧，在全国各地上映。①

据《长治市志》记载，1985年，境内有上党梆子、上党落子、豫剧、话剧、歌舞剧5个剧种，6个专业演出团体，其中落子团、豫剧团各2个，话剧团、歌舞团各1个。②1985年5月划归晋城市的原晋东南地区上党梆子剧团，仍驻长治市境内。有晋东南戏曲学校和山西省戏曲学校2所戏曲学校，另有各类业余剧团10多个。在2010年前后"转企改制"后，剧团数量和演出数量都明显减少。③鼓书的改造过程与戏剧的经历大致相似，在此不再赘述。1985年，地区内有许多业余曲艺队，从业人员百余名。每到农闲时节，在城镇及乡村常有鼓书队演出。在60年的时代变迁中，鼓书作为当地重要民间曲艺类型之一，曾经或目前

---

① 晋东南地区志编纂委员会编：《晋东南地区志》（评审稿）（第3册），2016年，第497页。
② 长治市地方志编纂委员会编：《长治市志》，海潮出版社，1995年，第591页。
③ 于小军：《对山西省县级剧团转企改制的解读和思考》，《太原大学学报》，2014年第1期。

仍然活跃的知名鼓书演员有杨琴丽、张雪珍、刘引红、[1]申虎威、王海燕等。

下面笔者以新中国成立后上党梆子的发展过程为个案，简要描述新中国成立后对传统民间艺术的改造。

1954年，晋东南上党梆子剧团成立，依照"五五指示"精神对上党梆子唱腔、表演形式等方面进行了比较全面的改革。改革后的戏剧，在表演方面节奏强烈明快，唱和念兼具，具有粗犷的民间艺术特色、上党乡土气息及独特的艺术风格；在剧目内容方面，除了有500余个传统剧目，还增加了许多新编传统历史剧、现代戏剧目。前者主要有《天波楼》《徐公案》《皮秀英打虎》《法门寺》《雁门关》《广武山》《风波亭》《甘泉宫》《夺秋魁》《四郎探母》《闯幽州》《两狼山》等，反映农民英雄、忠臣良将等人物，大多剧目饱含着强烈的爱国主义情感，最负盛名的是杨家戏和岳家戏；后者主要有《白毛女》《血泪仇》《十里店》《武大妈》《山村供销员》《骏马岭》《快马加鞭》等，融入了现代舞台效果，尤其是《白毛女》等剧目，与新中国成立后的社会生活面貌的实际紧密联系，演出取得了很好的社会效益。[2]下面（见表1-1）是1984年晋东南地区戏剧事业发展一览表，从表中可以看出当地人民群众对上党梆子的欢迎程度。

---

[1] 刘引红曾在央视第11频道演出长子鼓书，参见侯倩倩：《长子鼓书传承人刘引红：把民间艺术发扬光大》，《中国青年报》，2018年7月20日。演出视频内容为《长治美》，详见央视网。

[2] 长治市地方志编纂委员会编：《长治市志》，海潮出版社，1995年，第592页。

表 1-1　1984 年晋东南地区戏剧事业发展一览表[1]

地点	剧团数（个）	职工人数（人）总数	职工人数（人）演员数	演出场次（次）	观众人数（万人次）	总收入（万元）
地直	3	343	206	470	146	21
长子	2	138	35	808	154	13
屯留	2	135	66	783	79	15
壶关	2	128	59	663	79	13
平顺	1	134	37	766	102	13
黎城	1	62	14	340	70	5
武乡	1	50	18	440	25	5
襄垣	2	128	14	634	76	7
沁县	1	77	15	210	21	3
沁源	2	136	23	561	113	7
晋城	2	146	37	931	220	18
沁水	2	137	40	536	66	11
阳城	2	147	36	796	139	15
高平	2	147	45	912	92	21
陵川	1	80	33	325	26	11
总计	26	1988	678	9175	1408	178

注：据《晋东南地区志》（评审稿）（第 3 册）显示，1984 年该地区人口规模约为 360 万人。按照 1984 年观看戏剧总人数 1408 万人次计算，平均每人每年看 3.9 次表演

[1] 新中国成立后，太行根据地的核心地带变为晋东南地区，后文叙述时两者所指地区，实际上基本重合。1985 年，晋东南地区划分为长治市和晋城市。

二、报刊

新中国成立后,晋东南地区的各级党委、政府及大型企业对报纸编辑出版工作十分重视,地、市、县均创办过报纸。本部分主要介绍出版时间长、影响大且公开发行的中共晋东南地委机关报《太行日报》和中共长治市委机关报《长治日报》。

《太行日报》创刊于1958年7月,为中共晋东南地委机关报,其前身是《晋东南报》,报名由邓小平同志题写,四开四版,逢单日出版,报纸出版地为长治市。其下属晋东南印刷厂划归晋东南报社领导。1961年2月27日因纸源断绝而休刊,共出版475期。后又复刊并经过几度更迭,从1984年9月1日起,报纸更名为《太行日报》,周六刊,中央军委主席邓小平题写报头,期数从2297期接续。1985年5月,晋东南地区被撤销,分设地级晋城市、长治市。《太行日报》成为中共晋城市委机关报。[1]

《长治日报》为中共长治市委机关报,其前身为创刊于1947年4月4日的《长治导报》,在东郊老顶山下金口村石印出版,是晋冀鲁豫解放区出版最早的城市报纸,四开旬刊,同年8月16日,改为铅印。1948年4月6日停刊,共出版36期。后又经过几次反复停刊复刊,1976年元旦,《长治报》和读者见面,从此走上坦途。1983年9月,长治县和潞城县划归长治市管辖,为适应市管县体制改革,《长治报》于1983年10月1日试刊日报,1984年1月1日起正式出版《长治日报》。1985年5月撤销晋东

---

[1] 晋东南地区志编纂委员会编:《晋东南地区志》(评审稿)(第3册),2016年,第578页。

南地区后，该报发行范围扩大至 13 个县（市、区）。随着市场经济深入发展和社会对城市报纸的需要，长治日报社又开设城市报刊领域，创办《上党晚报》。在笔者访谈中，一些访谈者还提到过这种报纸在乡村传播的情形。①

三、广播电视

晋东南地区的广播电视事业包括有线广播、无线广播和电视广播三个方面，主管部门分别为该地区的广播管理站、广播事业局、广播电视局。

在有线广播方面，1952 年，省政府为了扩大收听范围，制定《关于加强收音网工作的决定》，有力地推动了全省收音站工作的迅速发展。1954 年，在长治广播台基础上，成立了长治有线广播站，并从"义合源"迁至英雄街，成了全区最早出现的有线广播站。1955 年底，全区各县在乡镇建立了农业生产合作社并同时建立了广播收音站，为进一步发展农村有线广播网，奠定了坚实的网络技术基础。1956 年，省委又制定了《关于建立城市、农村有线广播站的决定》，境内各县相继购买扩大机、录音机、架设线路、安装喇叭筹办广播站，与此相伴随的是，长治有线广播站的节目播放，由转播到逐步增加自办节目的数量，播出时间也不断延长，传输范围延伸到市区机关团体和主要街道。据《长治

---

① 比如，访谈对象 C1 谈到，长治本地报纸发行到村里，通常会比报纸上印的日期晚 20—30 天不等，基本没有什么时效性，而且集中在村干部家里，普通人很少接触到。他经常在村干部家串门，有时会遇到邮局的人抱着一大摞报纸送进来。访谈时间：2023 年 1 月 10 日。

市志》记载，当时城乡群众中流传着一段顺口溜："小小喇叭作用大，不出门就可知天下，刮风下雨它知道，国家大事早传达。好人好事天天有，听了广播总没差，全家老少心欢喜，谁说也是离不了它。"由此可见，当地人民群众对有线广播的喜爱之情。有线广播在长治市清除"四害"等事业中，产生了重要的舆论导向作用。1968年，各县广播站、公社放大站迅速发展，出现了县、社、大队三级办广播高潮。到1970年，境内各县基本实现了社社有广播站，普及率达80%。①

在无线广播方面，本区无线广播始于1958年的晋东南人民广播电台（长治台）。台址在今延安路33号，发射台在连家巷10号，发射功率1千瓦，主要任务是在做好自办节目的同时转播中央台、省台的新闻联播。1962年，其改名为"山西人民广播电台晋东南地区转播台"，以转播中央台和省台节目为主，撤销自办节目，每天只保留30分钟自办文艺节目和天气预报节目。该台为省内最早建立的地区性转播电台。1979年，增设10千瓦中波发射机1台，转播中央台（一套）节目。1985年，又安装1部10千瓦发射机，转播长治台节目。长治无线广播台的中波广播覆盖中央台（一套），将中央的声音及时传播到本区的城市与乡村。

电视广播最早在本区出现是20世纪70年代前后。1971年长治电视转播台开始投资兴建，并且在1972年底长治市老顶山建成开播，转播央视节目。1983年12月，晋东南地区电视转播台的彩色电视发射机正式开播，标志着该区彩色电视事业的发展，

---

① 晋东南地区志编纂委员会编：《晋东南地区志》（评审稿）（第3册），2016年，第581页。

当天还转播了山西电视台节目。1985年5月23日，长治电视台建成并开播，发射功率为1千瓦，开设有6频道。电视作为一种视听综合设备，其直观的画面为当地人民群众打开了一扇了解外部世界的窗口，人们开始以新的媒介形式关注现代生活的样貌，电视逐渐成为人们日常生活中茶余饭后交流的谈资。1985年，长治电视节目在全市的覆盖率，分别为转播央视一套节目达47%，山西电视台节目达60%，长治电视台节目达26%。到20世纪90年代末期，城乡电视已经基本普及，实现了"户户均有"电视机的局面。①

四、电影

晋东南地区的电影事业源于电影放映活动。据《长治市志》记载，20世纪20年代，"五卅惨案"发生后，有一位韩姓代表到长治求援、募捐，其用自带的电影机在卫前街火神庙（现英雄街潞州电影院院址）放映《我国全运会》的纪录片。此后境内逢年过节均有电影放映活动。1950年5月，在长治英雄街建起全省第一座专业电影院（今潞州剧院），并逐渐派出一批流动放映队到各县区放映。1959年10月，为庆祝新中国成立10周年，举办新片展映活动，放映了《上甘岭》《永不消逝的电波》《战火中的青春》等一批国内优秀故事片，还放映了《和平万岁》等纪录片。影片也从单一的16毫米普通电影，发展到宽银幕、遮幅、立体等多品种的彩色影片，黑白片渐成历史，丰富了观影群众的视觉体验。

---

① 山西省史志研究院编：《山西通志·新闻出版志·广播电视篇》（第四十三卷），中华书局，1998年，第581页。

随着 20 世纪 60 年代城乡电影发行网的初步形成，1975 年放映机构由过去的单一国家办改变为国家、集体共同办。1978 年后，一大批个体放映队应运而生，放映队伍呈现出国家、集体、个体多结构共同发展的势头，流动放映员队伍显著壮大，电影放映网络初步形成。放映人员的规模扩大，带来的是对放映员技能的要求，以及对放映设施物质条件的进一步需求。在技能培训方面，到 1985 年，长治市先后举办过针对放映人员的专门技术培训班 13 期，共培训各类放映人员达 689 名，培养出放映技师 12 名，一等放映员 7 名，二等放映员 41 名，三等放映员 130 余名。在放映设施物质条件方面，逐步淘汰了传统的白炽灯泡，代之以炭棒、溴钨灯、烟灯。1975 年夏，给各公社放映队配备 16 毫米放映设备。1978 年以后又新建 5 座影剧院。1984 年 10 月，正式交付使用的潞州剧院配置的放映设备不仅齐全，而且在省内堪称一流。值得一提的是，广大农村放映队全部使用溴钨灯、烟灯、锡灯和氙灯光源。大多数农村将 15 瓦扩音机更换为成功率更大、性能更稳定的 40 瓦的扩音设备，不但能放映普通电影，还可放映立体等多种类型的电影。放映人员和放映技术的变化，带来的是电影放映率大幅度增加，由 1950 年的 18 场（次）增加到 1980 年代的 2000 多场（次），人均看电影 44 场（次）；农村人每年看电影也达 20 多场（次）。观看电影已经成为普通人追求现代生活的一种新风尚。①

---

① 长治市地方志编纂委员会编：《长治市志》，海潮出版社，1995 年，第 599—600 页。

五、电信事业与三大网络公司的建立

新中国成立前,晋东南地区的电话业务主要属于军用专用。新中国成立后,长治才开始设置民用电话机构,开展民用市话业务。1949年11月,原太行五分区电话站划归地方领导。长治市政府借此机会,以该站为技术基础,组建了长治市电信局,初创时仅有10余名职工。1952年,长治电信局和邮政中心局合并,正式成立长治市邮电局,管理体制上实行集中统一的方式。"一五"时期(1953—1957),邮电部门有计划地投资、扩建和改造基础通信网络,电信事业初步得到迅速发展。党的十一届三中全会后,长治邮电局实行党委领导下的局长分工负责制,管理制度方面实施经济核算制。1980年,调整市内电话资费标准,同时对新装市话用户收取初装费,作为国家建设市内电话的补充资金。地方政府与企事业单位从资金、物质和工程施工等方面,对市内电话业务给予支持。到1980年,长治市市内电话交换机总量3900门,其中市区3000门,是1949年的150倍;用户交换机容量8250门;电话机总数8002部,杆路长度105杆公里;电缆长度148皮长公里。[①]

值得一提的是,新中国成立后长治地区快速发展的农村电话业务。1952年,在离县城较近的乡镇地区开始安装电话,这是该地区农村电话业务的开端。翌年,在地方政府的协助下,长治市邮电局开始架设较远乡村的电话线路,开办本地区的农村电

[①] 晋东南地区志编纂委员会编:《晋东南地区志》(评审稿)(第2册),2016年,第248页。

话业务。1953年，共设置农话交换机容量40门，农话杆路长度100.26杆公里，明线线路长度100.2对公里。1956年，与农业合作化的高涨相伴随的是，各级地方政府调动群众的积极性，掀起了建设县域电信网络的高潮。1958年，电信通信受高指标的影响，农话业务存在发展过猛、过快、业务范围过宽等问题，给邮电通信生产带来一定负担。到1960年困难时期时，有14个农村自办及厂矿邮电局被迫撤销。之后，长治的电信事业发展经历过一些曲折。到1984年，晋东南地区农话交换机容量达到16700门，其中，邮电局经营7640门，乡（镇）经营9060门；邮电局经营2949杆公里，乡（镇）经营12388杆公里；邮电局经营明线线路6266对公里，乡（镇）经营11301对公里；已通电话的行政村4559个。长治市农话交换机总容量2310门，其中，邮电局经营760门，乡（镇）经营1550门；杆路总长度1256杆公里；明线线路总长度2086对公里；电话机总数883部。[1]从上述这些数字可以看出，长治地区的农村电话业务获得了明显发展，极大方便了普通人使用电信网络，为当地农民信息沟通打开了新的传播空间。

随着市场经济改革的持续深入，电信行业也开始进行社会主义市场经济转型发展。在此背景下，1999年7月，中国移动通信集团山西有限公司长治分公司成立，隶属于中国移动通信集团山西有限公司。长治市进入移动通信时代。据长治市人民政府网显示，2002年11月，中国电信长治分公司成立，成立之初设7个

---

[1] 长治市地方志编纂委员会编：《长治市志》，海潮出版社，1995年，第223—226页。

部室、6个中心、11个县市级分公司，员工510余人，为长治辖区内6个镇、64个乡、320万人口提供通信服务。2008年10月，中国电信长治分公司成功收购中国联通CDMA业务，打开了全业务经营的新面貌。从此，长治地区进入互联网传播的新阶段。2009年1月，中国联合网络通信有限公司长治市分公司成立。其主要经营固定通信业务，移动通信业务，国内、国际通信设施服务业务，数据通信业务，网络接入业务，各类电信增值业务，与通信信息业务相关的系统集成业务等。由此，长治地区呈现出三家移动网络公司竞争并存的发展局面。①

从上述新中国成立以来的发展脉络来看，太行老区文化传播事业经历了由传统大众传播向网络传播方式的转变。传统文化传播活动得到赓续传承，传统戏剧、鼓书等经过改造和调整后，在农民日常生活中仍然产生着持久的影响力；互联网传播日渐成为当地人民群众朝夕相处的新型传播媒介。各类新型传播技术，如电脑、手机、网络电视等数码设备，已经进入寻常百姓家。在移动网络传播的冲击下，传统媒体在坚守自身传播职能的同时，也面临着新的革新。

第三节　新媒介与田野调查地的文化传播活动

随着数字媒介技术的进一步下沉，太行老区的广大农村地区也步入新媒介传播时代。本节主要描述太行老区数字新媒介和县级融媒体发展整体情况，然后对田野调查地的主要文化传播活动

---

① 参见长治市人民政府网。

进行总体勾勒,为本章之后的分析提供传播语境。

一、步入新媒介传播时代

从全国互联网发展状况来看,据 2010—2022 年中国互联网络信息中心统计数据显示,全国网民规模持续增长,10 余年间从 2010 年的 4.57 亿增加到 2022 年的 10.5 亿,增长达 2 倍多;手机网民从 2010 年的 3.03 亿增加到 2022 年的 10.4 亿,增长 3 倍多;农村网民也从 2010 年的 1.25 亿增加到 2022 年的 2.93 亿,增长 1 倍多。整体而言,中国已经步入以互联网为代表的新媒介传播时代。具体年度增长情况详见图 1-1。

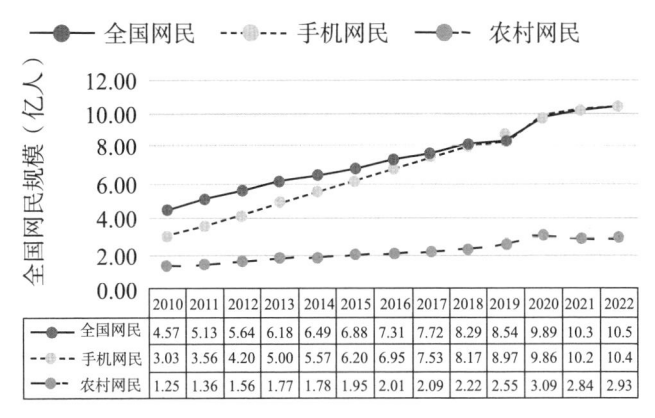

	2010	2011	2012	2013	2014	2015	2016	2017	2018	2019	2020	2021	2022
全国网民	4.57	5.13	5.64	6.18	6.49	6.88	7.31	7.72	8.29	8.54	9.89	10.3	10.5
手机网民	3.03	3.56	4.20	5.00	5.57	6.20	6.95	7.53	8.17	8.97	9.86	10.2	10.4
农村网民	1.25	1.36	1.56	1.77	1.78	1.95	2.01	2.09	2.22	2.55	3.09	2.84	2.93

图 1-1 2010—2022 年全国网民、手机网民、农村网民(亿人)统计折线图

上图中一个值得特别注意的现象是,进入 2010 年后,我国农村网民的占比发生了显著变化。方兴东等学者研究指出,中国农村网民的占比从 2014 年 1 月的 27.5% 增加到 2022 年 7 月的 58.8%,增长率达到 31.3%,高于同期城镇网民的增长速度,农

村网民成为 10 多年来增长最快的群体。当然这与国家提出和实施的一系列重大举措有关。[①]

从山西省网民规模情况来看（见图 1-2），从 2015 到 2019 年，网民总数和农村网民都在稳步增长。山西网民一个明显的特点是，网民总数与手机网民规模几乎接近。这说明手机为代表的新媒介技术，已经成为山西网民参与互联网的主要媒介类型。2022 年 7 月，山西省制订了《山西省"十四五"数字农业农村建设规划》，提出以每年增长 3.2% 的增长率，到 2025 年，全省农村互联网普及率将达到 85%。[②] 此规划为发展农村互联网指明了具体发展目标，成为未来全省农村互联网发展的施工图。

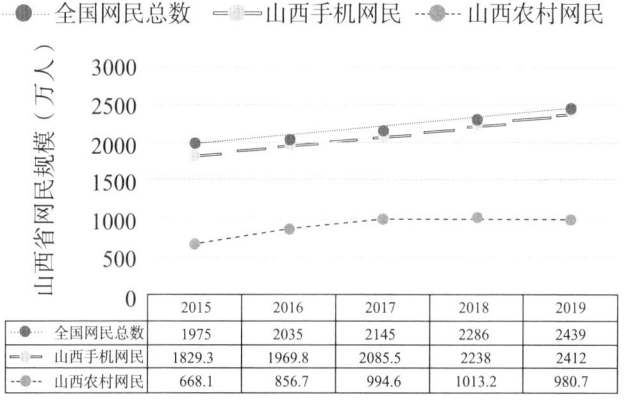

	2015	2016	2017	2018	2019
全国网民总数	1975	2035	2145	2286	2439
山西手机网民	1829.3	1969.8	2085.5	2238	2412
山西农村网民	668.1	856.7	994.6	1013.2	980.7

图 1-2　2015—2019 年全国网民、山西手机网民和山西农村网民（万人）统计折线图

---

① 方兴东、王奔:《中国互联网 30 年：一种网民群体画像的视角——基于创新扩散理论重新发现中国互联网的力量与变革之源》,《传媒观察》, 2023 年第 1 期。
② 王秀娟:《我省制定"十四五"数字农业农村建设规划》,《山西科技报》, 2022 年 7 月 7 日。

从 2013—2019 年长治市互联网宽带接入用户数统计来看，呈逐年持续增长趋势，而且在 2018 年出现较快增长的情况。长治市人民群众也开始享受互联网传播给工作、生活带来的便捷性，逐渐步入数字新媒介传播时代。长治市每年宽带接入情况详见图 1-3。

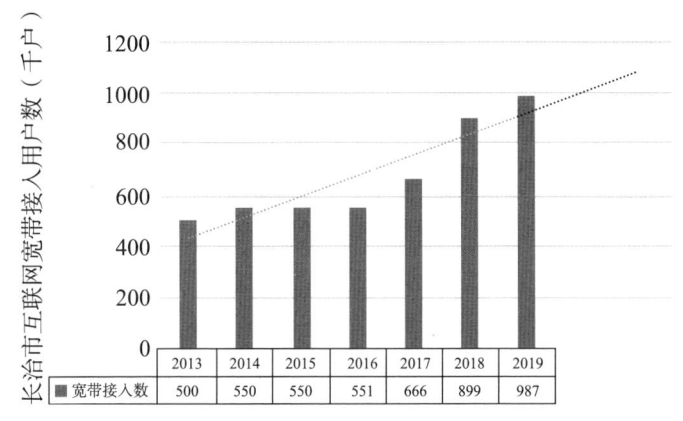

年份	2013	2014	2015	2016	2017	2018	2019
宽带接入数	500	550	550	551	666	899	987

图 1-3 2013—2019 年长治市互联网宽带接入用户数（千户）。数据来源：中国互联网信息中心和长治市统计局官网中的相关数据

二、县（区）级融媒体中心

党的十八大以来，国家高度重视县级融媒体中心建设，并提出了具体的实施方案。2018 年，率先在全国建设 600 个县级融媒体中心，到 2020 年底，全国的县级融媒体基本实现全覆盖。[①] 山西也在 2018 年底，首批建成 39 个县（区、市）融媒体中心，其

---

① 黄楚新、刘美忆：《2020 年县级融媒体中心建设现状、问题及趋势》，《新闻与写作》，2021 年第 1 期。

中长治市有3家融媒体中心建成。在第一批县级融媒体中心建成后，又提出第二、第三批建设任务。截止到2020年底，长治市4区8县的县（区）级融媒体中心全部实现挂牌。具体建设时间详见表1-2。

表1-2 长治市县（区）级融媒体中心挂牌时间一览表

县（区）	融媒体名称	挂牌时间	建设批次	建设性质
上党区	上党区融媒体中心	2018年6月20日	第一批	山西省首批启动的39个县（区、市）融媒体中心
长子县	长子县融媒体中心	2018年12月26日	第一批	山西省首批启动的39个县（区、市）融媒体中心
沁源县	沁源县融媒体中心	2018年12月24日	第一批	山西省首批启动的39个县（区、市）融媒体中心
潞城区	潞城区融媒体中心	2019年7月29日	第二批	
潞州区	潞州区融媒体中心	2019年8月30日	第二批	
屯留区	屯留区融媒体中心	2019年12月11日	第二批	
襄垣县	襄垣县融媒体中心	2019年12月30日	第二批	
平顺县	平顺县融媒体中心	2019年12月17日	第三批	
壶关县	壶关县融媒体中心	2019年12月30日	第三批	

（续表）

县（区）	融媒体名称	挂牌时间	建设批次	建设性质
黎城县	黎城县融媒体中心	2020年12月2日	第三批	
武乡县	武乡县融媒体中心	2020年12月11日	第三批	
沁县	沁县融媒体中心	2020年11月15日	第三批	

注：笔者根据各县（区）级融媒体中心官网中的相关信息整理而成

县（区）级融媒体中心是沟通中央和基层的桥梁与纽带，是打通信息传播"最后一公里"的关键媒体设置，也是基层社会治理的信息枢纽。长治市范围所有县（区）用了3年时间全部实现挂牌，应该说其发展速度是较快的。然而，在本次调研中，当问及调查对象是否了解或接触过县（区）级融媒体中心时，绝大多数调查对象给予了"不是很了解"的回答。由此可见，县（区）级融媒体中心虽然在国家顶层设计方面做了很好的构想，然而如何实现国家赋予县（区）级融媒体中心的传播功能，承担好自身的角色，发挥好在基层社会治理中的应有作用，还有较长的路要走。

三、田野调查地：长子县南陈镇的主要文化传播活动

南陈镇位于长子县西南部，东接大堡头镇，南邻晋城高平市、沁水县，西、北达石哲镇，镇政府所在地距长子县政府约

10公里，行政区域占地面积123平方公里，地貌属于山区丘陵地带。到2019年末，总人口规模为22000余人。建制历史始于1949年，属长子县第一区；2001年3月，西堡头乡并入南陈乡；2021年，长子县撤乡设镇，更名为南陈镇。截至2021年底，其管辖23个行政村。2012年初，该地区有各类民间文化艺术表演团体10个，文化站1个，农家书屋34个，赶集活动每年有2次，均在夏季，分别在镇政府所在地和相邻的苏村村；在适龄儿童、青少年中，九年义务教育实现全覆盖。境内主要以农业为主，种植玉米、青椒、大豆、谷等，主要经济作物有苹果、山楂、梨等。[1] 核心田野调查地为XH村，[2] 位于南陈镇5公里处，全村110户，人口450余人，拥有土地700余亩，其中山地400余亩，平地300余亩，是一个农业为主的村。2009年，XH村修了第一条村级柏油路，新建了村级公共文化活动场所1处，农家书屋1个，村里有便民超市1家。幼儿园、小学均设在邻村西堡头村，初中设置在南陈镇。

每年夏季农闲时节，这里经常有一些民间曲艺表演活动，其中唱戏、说书最多。唱戏主要为上党梆子、上党落子、河南豫剧等；说书即鼓书，主要为"长子鼓书"。前文已经对上党梆子等有过概述，此处不再赘述。在当地人民群众中最有影响力的还是境内富有特色的"长子鼓书"，本地有许多"当红"演员，如前述刘引红、申虎威等艺人深受人们喜爱。

---

[1] 黄树贤总主编，薛维栋本卷主编：《中华人民共和国政区大典·山西省卷》，中国社会出版社，2016年，第758—760页。
[2] 因访谈中涉及一些个人信息，故隐去调查地的村落名称。

长子县素称"曲艺之乡",早在宋、元年间,长子就有曲艺这种民间说唱艺术。先是评书,而后出现了长子柳树道情和长子扇鼓。长子鼓书是在融合了柳树道情、山东铁板书、河南板儿书及地方干板秧歌等音乐唱腔基础上,始创了木板书,最终形成具有浓郁地方特色的曲种。到了清代,长子境内又有了莲花落、木板书、铁板书、板儿书以及河南坠子等曲种。太行根据地时期,长子鼓书为宣传抗日主张,在调动人民群众支持抗战等方面做出了贡献。1949年新中国成立后,长子曲艺队伍更加壮大,许多表演团队活跃在县内外的农村。1980年代,长子鼓书曲艺队如雨后春笋迅速发展,风靡了整个上党大地。据不完全统计,全县有60多支鼓书演唱队,他们长年活动在上党及三晋大地,有的甚至闯出娘子关、走下太行山,与山西周边地域的陕、蒙、冀、鲁、豫的兄弟曲种一争高下、抢占市场。

长子鼓书队组织规模一般为10—12人,音乐、演唱各占一半。曲艺表演场所多为平地搭台,少数为广场演出。经常在农家喜庆以及乡镇庙会等活动中表演。1984年,《山西日报》头版位置曾登载"盛赞长子鼓书演出队"的通讯文章。[1] 在田野调查过程中,笔者仍能感受到长子鼓书的广泛影响力。[2]

在传统媒体方面,XH村村民在日常生活中能够接触到的主要是电视,广播已经很少有人听,报纸常年很少见到。在新媒体

---

[1] 晋东南地区志编纂委员会编:《晋东南地区志》(评审稿)(第3册),2016年,第509页。
[2] 截至目前(2023年2月3日),"长子鼓书"话题在快手短视频上的播放量达934.6万次;在抖音平台上有8420位粉丝,3.8万个赞。

方面，最经常接触的是抖音、快手等短视频平台，微信主要用于接收村里干部发布的通知类信息，很少将其视为聊天媒介。另外，需要说明的是长子县融媒体中心，其作为山西省首批启动的39个县（区、市）融媒体中心之一，于2018年12月26日揭牌。在调研中，笔者发现人们对其了解还比较有限。探讨县级融媒体中心对基层社会治理无疑具有重要意义，笔者将在本书的最后一章中重点论述。

综上所述，本章通过对太行老区所在地文化传播活动的整体概述，可以发现在传统文化传播活动中，当地的上党梆子、上党落子、长子鼓书等有着悠久的历史，在中国共产党的坚强领导和组织下，这些民间曲艺为抗日战争、解放战争等战争动员和宣传做出了显著贡献；在新中国成立后，经过改造又成为社会主义建设和改革发展的重要文化力量，在当地人民群众日常生活中发挥着持久的影响力。在大众传媒方面，无论是战争年代、社会主义建设时期还是改革开放新时期，都是引导当地人民群众舆论方向的主要来源。然而，随着互联网技术发展，传统大众传媒在日常生活中的影响力衰微，各类新媒介正在成为构建普通人精神世界的主渠道。身处县域边界的乡村地带，也在逐渐步入新媒介传播时代，承担重要使命与纽带的县级融媒体中心需要持续调整传播策略，方能在基层人民群众中产生更加重要的作用，从而完成党和国家赋予的使命。

第二章　太行老区农民在新媒介传播中的意义阐释

太行老区有着光荣的历史和优秀的传统文化，勤劳朴实的上党人民在这方土地上生产生活默默耕耘。随着改革开放后中国社会结构的迅速转型，农民个体在身体和社会两个方面的流动性显著增强。在身体方面，作为独立个体的农民日益从农村、家庭中走出来，进入城市打工谋生；在社会方面，农民个体突破原有乡村社会团结的关系纽带，开始在社会中寻找适合自己发展的道路，即乡村社会的农民日益呈现出个体化发展趋势。[1]作为个体化的农民，在深度媒介化传播语境中，新媒介已经成为与其朝夕相伴认知世界的便捷窗口，也成为形塑农民个体经验重要的符号资源。夏瓦认为媒介技术将原先需要在特定场所开展的活动，变成现在可以足不出户在任何地点完成。[2]这意味着传统家庭失去

---

[1] 阎云翔：《中国社会的个体化》，陆洋等译，上海译文出版社，2012年，第330页。
[2]〔丹麦〕施蒂格·夏瓦：《文化与社会的媒介化》，刘君等译，复旦大学出版社，2018年，第35页。

了对个体行为规范的部分能力，个体基于自我意愿从而做出决定的范围和领域越来越普遍。在田野调查中，全部受访者表示，在日常生活中刷刷抖音、看看短视频是他们重要的娱乐方式。这种在新媒介传播空间中的符号互动，日益成为他们观察自我、理解社会的象征意义空间。有的受访者提到，每天看短视频的闲暇时间有 2—3 个小时。[①] 长时间沉浸在新媒介平台中，与平台中的"在场"信息进行互动，从而构建新的自我。[②] 本章从两个方面进行分析，即日常生活中农民在新媒介中的学习意识，以及其与新媒介的符号互动中产生的人生意义，目的是探讨新媒介传播实践中农民个体意义的形成，以及这些意义与其现实生活存在哪些相互建构关系。

第一节 新媒介中各式各样的学习

手机媒介具有个性化、便捷性、隐私化等使用特点，在新媒介传播实践中，此项新技术与农民个体探索适合自己发展道路的现实需求非常契合。在海量信息的互联网中，用户通过两类方式去寻找自己需要的信息，即海因德曼（Matthew Hindman）所说的，人们在网络世界中主要依赖两种技术手段获得适合自己的信息：一是在网上漫无边际地自由寻找；二是通过检索工具有目的地搜索。[③] 本次调研对象向笔者表述，一开始自己是自由随意地

[①] 访谈对象 C29，访谈时间：2023 年 2 月 25 日。

[②] 〔英〕尼克·库尔德利：《媒介仪式：一种批判的视角》，崔玺译，中国人民大学出版社，2016 年，第 52 页。

[③] Hindman, M., *The Myth of Digital Democracy*, Princeton: Princeton University Press, 2009, p.42.

在网上冲浪，后来发现网络上有许多可以学习的东西，便开始逐渐有意识地通过网络进行自觉性学习，而网络也会向自己推送类似的学习内容，久而久之就形成了一种习惯。[①]

一、学习农业技能

随着历年来"中央一号文件"的出台，尤其是精准扶贫和乡村振兴等连续、具体的农村社会发展举措的实施，从上到下各级政府也很重视发展农业农村经济。在上一章中，我们已经概述过调查地属于"地上无工厂，地下无资源"的典型的以农业为主的村庄。当地农民在政府号召与政策支持下，近年来开始种植大棚和建造养鸡场。我们看到全村有两个地方是种植大棚的集中点，分别被安排在村东和村西相对比较平坦开阔的地方，数量有20余户，规模大约30余亩；养鸡场地点也是设置在村东和村西，一开始有4户（笔者在2023年1月调查中发现其变成了3户），养殖规模每户1000—2000只。种植大棚和养鸡两者在技术需求方面呈现出相似性，即一开始因为农民缺乏专业的种植、养殖技术，乡政府曾派下来1名技术员，但技术人员来过2—3次后就不再来了。从银行低息贷款后，种植大棚和养鸡户明显有了压力，这些人就自发地团结起来筹钱，共同邀请技术专家传授相关专业技术。访谈对象表示，请这些技术人员的费用也不低，而且往往是"术业有专攻"，如种茄子和西红柿的技术需要邀请不同的技术员进行指导。考虑到单独请技术员带来的成本高，于是

[①] 访谈对象C2，访谈时间：2023年1月12日。

在种类上大家商量要种什么大家都种什么，比如都种植茄子，就共同邀请这方面技术的专家，每户每次的费用大概是500元。后来农民发现，有些技术员实际上不是来真正指导的，他们主要是推荐其代理经销的化肥、农药等产品。另外，大家都种植同样的菜，就会出现"同类贱卖"的情况，价格上没有竞争优势。在访谈中发现，农民为了应对这些不确定性和市场风险，新媒介技术便成为个体学习专门知识的重要途径。

> 现在生活条件相对好了，手机成了人们生活中的必需品。当时我购买手机的主要用途是能联系技术专家，还有收购人员。后来发现手机可以搜索一些跟自己相关的种植类信息，在手机上可以学习、了解一些种大棚、种庄稼的知识。比如不同虫害需要怎样处理，网上有图片还有很多视频，都可以看一下，对比一下。如果跟自己的情况类似，就学习人家的处理方法。另外，实在找不到的情况下，也能跟技术员联系，通过视频远程指导，这比以前方便多了，也比以前省钱多了。（C2）

> （我）看人家的抖音、西瓜小视频，那些里头不光有娱乐搞笑的，还有养殖、种植方面的内容。在网上经常看到关于农业种植方面的讲座，讲得挺好。大棚里遇到什么情况，现在自己基本都能解决，不用请什么技术专家了。感觉手机就跟"百宝箱"一样，什么东西都有。现在想想，以前那些人（技术员）的技术还不如咱呢，花了不少冤枉钱。（哈哈）现在打开手机小视频，会主动给推送不少相关信息。（C19）

新媒介中有海量的信息，日常生活中的农民并没有被这些信息所淹没，而是通过信息检索进行主动的获取，并且在新媒介传播实践中产生收获感和成就感。从积极层面而言，数字媒介背后的算法推送，也给农民寻找同类实用信息提供了某些便利。

二、学习新媒介技术

除了学习专门的农业类技能，日常生活中农民对各类新媒介技术也勇于尝试，而且为此还比较愿意投资，如购买价格不菲的手机，下载各类新媒介技术软件（App），花费更多的时间和精力进行新媒介技术学习等等。在调查中，一些受访者表示自己已经购买过多部智能手机。手机使用已经成为日常生活中不可或缺的"社会装置"。正是在与手机的朝夕相伴中，在新媒介传播实践的体验中，掌握新媒介技术的经验日积月累，农民也逐渐成为新媒介技术的"专家"。

我家是村里第一家安电话的，20年前买的（2000年左右）第一部手机是老年机（现在的称呼），主要是打电话。后来也用过两部孩子们退下的旧手机。旧手机不行，下载个软件就卡顿，存储量也很小，就干脆不用了。第二个（手机）是自己用5000块钱买的智能手机，当时在全村里也是最贵的，但是用了一周就丢了。很快自己又买了一部新的，就是现在这个，大概2000多块钱。家里不算很富裕，老婆还常年吃着药。虽然我在手机上的投资是比较多的，但我是搞收藏的，没有手机，很多事情没法干。比如要查阅各种古钱币的资料和信息，还要给买家拍照上传图片，有时候也有人用手机微信把他的收藏品发过来。我有两个微信，平常主要用一个，另外一个隐藏着。微信群一共有 700 多个，另外还下载了不少 App，要是没有一个好的手机肯定不行。我也用手机宣传自己的一些藏品，希望能卖出去。一开始我想着发到朋友圈，那里人多，后来发现不行，发出的东西就按下了（屏蔽了），因为前两三天还能看见，随后就看不到了。现在主要就是发到各种群里，也发到本村工作联络群里，但比较少，怕本村人说闲话。我经常刷抖音，最喜欢看里面的人 PK，他们 PK 一场赚不少钱，打 PK 的人全靠嘴码（方言，指嘴皮子）、才艺。还有那些搞直播有小黄车的人，也能赚不少钱，申虎威[①]也有小黄车。抖音里有许多名人，如鉴定专家、来自西安的张宏，我关注了他的账号，经常看人家对文物的鉴定，说得很好！我手机里也下载了一个软件，说上面可以赚钱，当时也有点担心怕上当受骗，实际上只要看好自己的银行卡密码，其他都不要紧。（C1）

手机有好的一面，也有不好的一面。好处就是方便、省事，比如孩子们遇到不会的作业题，而家长文化水平低，也不能帮孩子解决，但是现在手机里各种软件都有，如什么搜题功能，搜一下就能知道怎样做；还有，足不出户就能买上需要的物品，随时进行视频聊天，和亲人也拉近了距离。弊端就是诱惑性太大，特别是一些娱乐网站，耽误时间，还有

[①] 上文提到的长子鼓书著名演员，现在开设有短视频账号。笔者关注了他的抖音账号，目前有 5.2 万粉丝，获赞 22.3 万（截止到 2023 年 2 月 1 日）。除了传统的鼓书表演，他还兼做直播带货。

一些不健康的视频，影响孩子们的身心发育，游戏对于学生来说很上瘾，影响学习。(C4)

从上述二者的描述中，我们能够看到，新媒介技术经验是非常个人化的。这些经验的获得并非凭空而来，而是与使用者现实的传播语境耦合，并进行持续性调适和相互构建的结果。在农民日常生活中，拥有新媒介技术能力，个体可以对新媒介中的不同平台、不同内容进行比较、甄别，能够相对自由地享受其带来的便捷。调查中发现，手机媒介已经成为农民须臾不离的技术物。如从一个房间移动到另外一个房间时，访谈对象第一个寻找的是手机。

三、学习交往技巧

阎云翔在《中国社会的个体化》中认为，中国社会正在经历个体化转型，"去传统化、脱嵌，通过书写自己的人生来创造属于自己的生活，以及无法抗拒的更加独立和个人主义的压力"，这些日益成为中国人的个体化的具体表征。[1] 其实这些众多的表征主要来自现代社会的"脱嵌"（disembedding）机制（也译作脱域）。吉登斯认为，社会关系从彼此互动的传统型地缘性关联中，从确定的传统秩序中脱离出来。[2] 这种脱离一方面来自现代越来越细致的社会分工，个体被社会结构安置在一定的功能性角色当

---

[1] 阎云翔：《中国社会的个体化》，陆洋等译，上海译文出版社，2012年，第341页。
[2] 〔英〕安东尼·吉登斯：《现代性的后果》，田禾译，译林出版社，2011年，第18页。

中，人与人之间缺少了整体性联系，换言之，个体成为社会机器中的一个零部件；另一方面则与日益发达的新媒介技术有关，一开始是大众传媒，现在是更加深入、细密地嵌入人们日常生活之中的各种新媒介平台。"宅"式生活成为普遍的孤独状态。在笔者调查中，虽然农村的传统文化、血缘地缘关系仍然发挥着作用，但农民邻里之间的交往频次已经出现了不同程度的萎缩。如调查对象表示，现在大家就是各忙各的，挨家串门的人少了，原来的"饭市"也没人了。① 访谈中笔者发现一个矛盾的地方：与农民之间交往频次减少形成对比的是，他们说从自己的新媒介传播实践中学到了不少交往技巧。为何如此？在新媒介中所获得的交往技巧将运用在什么地方？

  这两天看《爱拼会赢》②，以前就看过，后来刷抖音时听了人家的解说，感觉不错，现在有空的时候重新看看。这个电视剧属于正能量的，能够起到教育作用。我从中也学到一些道理。比如觉得高海生这个人很能、很透，学习人家如何在商战中与人周旋，最后能够胜出。(C9)

  平时也喜欢看电视，在手机上随时随地就能看，还能保存下来。反复看过好几次，也看新拍的电视剧比如《人民的名义》。这些电视剧都有可取之处，怎样跟敌人周旋，怎样处理上下级关系，学问真是不小。(C14)

---

① 访谈对象C4，访谈时间：2023年1月15日。
② 该电视剧以改革开放初期，晋江的高、叶两家两代人的创业故事。访谈对象C9从抖音中看到后，又重新观看了这部电视剧。

> 我主要用手机看电视剧，看一些古装剧、都市剧。现在正看的是《欢乐颂3》，[1]讲的是年轻女孩去城里打工拼搏、创业的情形。这些网剧内容和自己的经历是有关系的，我从电视剧里能学到很多东西，包括工作经验，对日常生活中的人际交往有帮助。（C18）

在田野调查中，年轻农民在农村里长期停留的越来越少，他们大多过着"两栖生活"，即白天在城里干活，晚上回来村里；有的人在城里买了商品房，也会不定时地返回农村，或因为农村邻里、发小（朋友）家里有红白事，或因为习惯了村里生活，只是想到村里住几天。上述C9、C14都是一个小包工头，经常需要处理一些比较复杂的社会人际关系，与大老板、工人、客户等各种类型的人接触，远比农村社会关系复杂多样。C18经常在城里打工，将电视剧里的职场交往经验，运用于现实生活的人际交往之中。

理斯曼（David Riesman）认为，现代社会中有三种类型的社会性格，即传统导向型、内在导向型和他人导向型。他人导向型性格与媒介化社会中的习惯有一定关系。[2]夏瓦认为，惯习实际上是在社会互动中形成的，其通过媒介环境中的传播实践强化得以再生产，并作为自我发展的一种重要调节机制。[3]随着中国社

---

[1]《欢乐颂3》是一部反映都市女性生活的励志剧。C18也将该剧视作在日常生活中励志精神的来源。
[2]〔美〕大卫·理斯曼：《孤独的人群》，王崑等译，南京大学出版社，2002年，第8页。
[3]〔丹麦〕施蒂格·夏瓦：《文化与社会的媒介化》，刘君等译，复旦大学出版社，2018年，第149页。

会个体化过程加速，他人导向型日益成为主要的社会性格类型。主要表现为，个体在现实社会中所面临的社会关系呈现出日益复杂性的特点，远超出基于地缘、血缘的传统农村邻里交往。然而，与此形成对比的是，包括他们的父母在内，没人能够教授他们如何处理这些工作、生活中必须面对的新关系，身边也缺少可供学习的对象。因此，日益个体化的农民在新媒介技术所持续构建的符号表征社会中，在朝夕相伴的新媒介传播实践中，构建关于自我经验的"新知识"。

四、学习生活类知识

在包罗万象的新媒介传播平台中，如同信息提取的仓库，农民在日常生活中各取所需。个体基于现实社会的实践活动，参与到新媒介传播之中，不光为了适应农业生产，增加家庭收入，改善生活状况，还需要满足生活其他方面的综合要求，提升生活质量，防范和应对现实社会中可能会遇到的多种风险与无法预料的各种挑战。

> 自己手机里最常用的软件是抖音、拼多多、淘宝。经常在这上面买东西，特别是抖音上买得多。一般抖音直播上的衣服质量还不错，拼多多相对差点。有一次购买了衣服，回来根本就不能穿，给扔了，白花了钱。网购得多了，自己也知道了不少（经验），就可以选择比较好的平台。（C4）

> 我记得曾经有个难忘的故事，就是看了一部电视剧，名字记不清，但里面的事我记得很清楚。说一个人在银行贷款时，让自己的朋友做了担保。结果这个人后来跑了，银行找

>不到贷款的人，依照法律就让做担保的人偿还。我才知道担保这么可怕，不是随便替人签个字就行。没等看完电视，我就赶紧给家里人打电话，问有没有什么人找他们做担保。当听到家人说没有的时候，我就放心了！我说今后如果有人，包括亲戚在内，不要给做（担保），否则后果很严重。（C18）
>
>我买东西主要在淘宝上，快递也方便。经常给孩子买纸尿裤、玩具，还有衣服。买的时候也不能着急下单，要看看买过的人的评价，当然里面也有刷单类的评价。我主要看差评。要是差评少，或者差评里说的不是我关心的，如快递慢、颜色不合适等，只要是东西质量没问题就行，我才会下单。（C22）

通过比较不同平台里商品的质量、性价比，通过从电视剧里了解替人"做担保"可能带来的法律后果，通过仔细研究淘宝网上购物的评价等，新媒介使用者学会了应对日常生活中可能遇到的棘手问题。随着市场经济的深入发展，社会也在迅速转型。国家主张推动和支持个体在经济生活、私人生活以及娱乐领域进行个体化选择。[1] 原先可以在单位、组织等集体中化解的风险，现在首先需要在个体层面去面对。朝夕相伴的新媒介成为个体化农民相对容易的选择。后文笔者会通过一个法律维权的案例，说明个体化社会中个体如何解决日常生活中遇到的各类复杂问题。

从上述四个方面来看，可能无法穷尽农民对新媒介的使用

---

[1] 阎云翔：《中国社会的个体化》，陆洋等译，上海译文出版社，2012年，第344页。

类型，笔者只是就本次调研中发现的几种类型进行了归纳。诚然，新媒介技术的可供性（affordance）①为探讨媒介使用者与媒介技术之间的关系提供了许多可能性。然而，从新媒介传播实践来看，对媒介的各类需求，实际上是与农民现实的传播语境紧密相连的。正如格罗斯伯格等认为，媒介是经济、历史和社会权力关系的一部分，同时也是人们生活体验、意义和身份认同的外在形态，他们相辅相成。各种媒介的使用无法与其使用者所处的社会结构或社会生活脱离开来。②换言之，新媒介技术能力既不完全取决于技术本身，也不完全是来自使用者的内在需要，恰在二者交互地带，在逐日的传播实践活动中相互建构。

第二节 新媒介中的人生意义

意义来自何处？这是媒介文化研究者在阐释媒介意义时首先要回答的问题。格罗斯伯格在《媒介建构：流行文化中的大众媒介》中，提出了一些与意义相关的问题：

（1）受众听到了总统发表的演说，但新闻评论员还是要将其说的话再描述一遍。评论员这么做仅仅是为了"讨生

---

① 按照库尔德利和赫普二位学者对吉布森（Gibson）"可供性"概念的解释，是指每种媒介都有其特征或可供性，作为其可用性的一部分，为特定的活动提供可能性。此处可供性即指由不同媒介所提供的多元可能性。参见孙凝翔、韩松：《"可供性"：译名之辩与范式／概念之变》，《国际新闻界》，2020年第9期。
②〔美〕劳伦斯·格罗斯伯格等：《媒介建构：流行文化中的大众媒介》，祁林译，南京大学出版社，2014年，序言，第15页。

活"吗?

（2）一个年轻人和他的父母发生了冲突，因为父母反对他将一些 CD 带回家，他们确信这些音乐的歌词在鼓吹恶行、毒品或者是滥交。无论这是不是事实，"为什么年轻人会买这些唱片""他们究竟从唱片中听到什么"，这类问题却被忽略了。

（3）当你在电视上看一场体育比赛，就会沉浸在"倾向性评论"中——电视解说员喋喋不休地描绘、评价和解释我们其实已经看到的场景。他们也会提供一些额外的信息：评论或者把比赛嵌入历史语境中予以解释（在这个体育场中，主队从来不会败于客队，或者某个运动员正在从伤病中恢复等等）。

（4）两个朋友在谈论他们喜欢的一部电影，其中一个开始分析布鲁斯·威利斯（Bruce Willis）在《虎胆龙威》（Die Hard）中赤脚的象征意义，或讨论《坏女孩》（Mean Girls）的意义在于"隐喻了在当代社会中长大成人是困难的"这一事实。这些评论是电影教化的结果吗？

（5）一对夫妇在讨论警察乐队（the Police）的歌曲《你的每一寸呼吸》（Every Breath You Take）。一方认为，这是一首非常浪漫的爱情歌曲；而另一方则认为这首歌曲讲的是一个被抛弃的男人如何死缠烂打地纠缠女孩，是恐怖而非浪漫。①

---

① 〔美〕劳伦斯·格罗斯伯格等:《媒介建构：流行文化中的大众媒介》，祁林译，南京大学出版社，2014年，第146页。

从格罗斯伯格所列举的例子中可以看出，无论是对大众传媒中的新闻评论（第1个和第3个例子）、娱乐（第4个和第5个例子），还是日常生活中的文化传播现象，如音乐表征（第2个例子），都说明人们对意义的探寻非常普遍，以至于我们经常忽视这就是寻求意义的过程。人们对意义的理解虽然存在差异，但只要人们试图建构有关世界的意义，那么其对意义的阐释活动就开始了。新媒介传播实践中，农民正是从日常生活经验中来理解新媒介中的各种符号意义。因此，新媒介技术已经作为一种传播中介，勾连起技术层面的媒介物和精神文化层面的各类传播内容之间的关系，为用户认识和理解世界提供丰富的符号资源。与此同时，也为新媒介使用者构建起人生的意义，成为今后处理和应对生活世界的重要经验。

一、音乐中认识自我

自我是桥接个体与世界的关系纽带，即从自我开始，我们才可以理解社会。按照符号互动论的观点，自我是由主我（I）与客我（Me）构成，正是在二者的互动中自我才得以形成。那么主我与客我互动的基础则是各类象征符号。米德认为，自我的核心和最主要的结构是自我意识，而非感性经验及其各种肌肉运动的自发运动的伴生物。[1] 换言之，自我意识的实质是一种认知现象，而不是一种情绪现象。人类社会的这种认知能力，就是以象征符号为基础的社会互动。在新媒介技术条件下，自我可以通过数字

---

[1]〔美〕乔治·赫伯特·米德:《心灵、自我与社会》，赵月瑟译，上海译文出版社，2003年，第187页。

平台中包罗万象的符号进行互动，从而构建新的自我。

> 我愿意听一些抒情的、高亢的歌，如屠洪刚的《精忠报国》《你》《霸王别姬》等，听了这些歌感觉心潮澎湃，早上起来特别提神。整个人都被节奏激活了，干起工作来也更有劲。（C10）

> 喜欢听的音乐是《这条路上我们一起走》，①这首歌不仅歌词好、旋律好，并且能够愉悦心情，消除烦恼。有时也听一些励志类的歌，比如林子祥的《男儿当自强》、汪峰的《英雄》。听到这些歌就感到热血沸腾，激情澎湃，有一种为了梦想奋斗的精神动力。虽然自己现在啥也不是。（哈哈）（C2）

> 我还是主要听八十年代的歌。八十年代的歌唱起来朗朗上口，易学好懂，歌词也好。印象最深的一首歌是歌颂邓小平改革开放政策的《春天的故事》，当时在深圳打工时听的，感觉歌词很耐人寻味："有一位老人在中国的南海边画了一个圈，神话般的崛起座座城，奇迹般聚起座座金山……。"还记得当时站在深圳的大楼上，往远处看，跟歌词结合起来，感觉太好了，有些激动。还听国歌《义勇军进行曲》，现在还不时哼唱，这首歌激励中国人民奋起抗战，起了巨大的作用，对我个人精神激励也很大。个人就是要靠奋斗，不奋斗不可能过上好日子。（C5）

> 我主要是在干活时听一些歌曲，把手机声音开到最大。

---

① 这首歌曲是一首赞歌，旋律舒缓，歌颂了人与人之间、国与国之间手牵手、心连心的团结感情。C2将之用来表达家庭成员之间和睦团结的情感。

喜欢听七八十年代的歌,如《血染的风采》,歌颂人民子弟兵的牺牲精神,里面的歌词特别感人。还有喜欢听刘和刚的《父亲》,感觉到当一个合格的父亲不容易,也能认识到作为父亲应该是什么样子。(C12)

米德指出,符号所发挥的作用是,把这种情境所独有的特征都区别出来,从而可以使个体对这些特征的反应,能够呈现在个体的经验之中。如同我们看到熊留下的脚印,就可以产生要么避开熊的反应,要么循此脚印进一步追捕熊的想法。[1] 米德对意义的形成进行了微观分析,认为在此过程中有三重关系脉络:处于任何既定的社会活动之中的一个有机体所展示的姿态(符号);与这个有机体的姿态产生联系的另一个有机体做出的某种反应;而且,另一个有机体把一种姿态当作表示这种社会活动之结果的东西,并对其做出反应。因此,这种存在于姿态(符号)、调整性反应,以及这种姿态(符号)所引发的社会活动的结果之间的三元关系,就是意义产生的基础。

在调查中,笔者发现音乐(或流行歌曲)在农民日常生活中有极为显著的自我意义的建构作用。歌手以及歌曲中的歌词、旋律节奏、播放情境等符号,作为第一有机体的"姿态",促使个体做出"调整性反应",在符号互动中积极探索契合自身意义的逻辑结构,进而成为生命有机体精神文化构建的一部分,形塑着自我的人生意义。C10虽然长期在外地打工,但也经常返回家

---

[1] 〔美〕乔治·赫伯特·米德:《心灵、自我与社会》,赵月瑟译,上海译文出版社,2003年,第83—86页。

乡,"回家真好"是他的口头禅。流行歌曲中呈现的亢奋的节奏、励志的精神等符号,构成其城市打拼的人生意义;C2种植了全村为数不多的大棚,夫妻二人每天辛苦劳作,一切努力都是为了改善现在的生活状况,他们接触的音乐成为每日自我意义形成的重要来源之一;C5曾经在深圳打工,目前在家附近的县城打工,无论身处何地,努力的方向就是过上好日子,音乐符号已经融入其日常生活中自我意义的形成过程;C12的儿子在部队当兵,父子间关系随着岁月的流逝显得弥足珍贵,通过接触音乐符号《血染的风采》《父亲》等,形塑着自己对孩子牵挂的情感意义和身为父亲的社会角色意义。在笔者调查中,访谈对象类似的表达还有很多。从他们在日常生活与各类音乐符号的互动中,我们可以看出,每个人都有其形成意义的逻辑结构。手机里的音乐已经深深融入农民日常生活的个体生命体验中,与其各自人生处境对话、融合,成为他们精神文化意义的一部分。

二、短视频的个体理解

随着移动互联网技术的扩散,数字新媒介重构了传播的社会生态。学者塞勒·林(Richard Seyler Ling)指出,机械时钟曾经改变了协调交流的方式,汽车曾经改变了交通的性质和维度,手机也正在改变父母与孩子交流的方式、社会生活的方式,以及世界上的商务和交易的形式。手机也正在从一件有用的普通物品,变成生活的必需品,成为一种社会存在。[①]笔者认为,数码物也

---

① 〔美〕理查德·塞勒·林:《习以为常:手机传播的社会嵌入》,刘君等译,复旦大学出版社,2020年,第148页。

是构成现代社会基础性的"社会装置"。手机作为一种新媒介技术装置，成为农民在日常生活中的伴随物。在一次访谈中，访谈对象因一时找不到自己的手机，突然大喊大叫起来，让所有人帮他找手机，家里一时陷入了混乱。好在很快找到了，他的整个精神状态得到了平复，仿佛什么事情也未发生。访谈对象表示在日常生活中接触频率最高的，还是手机中的各类短视频，每天刷短视频已经成为一种生活习惯。而短视频中各种符号代码，组织着手机使用者对个体生命意义的理解，并成为之后继续阐释其他经验与实践的符号基础。易言之，短视频中的这些符号代码以特殊的方式，与使用者自己的个体经验接合（articulating）起来，[①] 构筑起他们的日常生活世界。

> 最喜欢的明星是李雪健，为了演出事业（他）付出了自己的一生。他从来没有任何绯闻，可以说是德艺双馨。现在得了喉癌，即将到了生命的尽头了，非常佩服他对一件事情的执着。人一辈子能干好一件事情就了不起！他演得最好的电视剧角色是"东北王张作霖"，[②] 后面文章演的张学良部分我就不看了。另外还有《焦裕禄》，他演得也很好。这些虽然是老片，但手机上现在还保存着，经常复习复习。（C10）

[①] 接合也被译作"咬合"，意指一种文化实践的意义，往往是与社会更大的、更重要的结构、权力等力量联系在一起。参见〔美〕约翰·费斯克等编撰：《关键概念：传播与文化研究词典》（第二版），李彬译注，新华出版社，2004年，第16页。

[②] 经笔者核实，李雪健参演"东北王张作霖"的电视剧名为《少帅》，该剧最早播出于2015年。

平时看网剧比较少，因为比较浪费时间。但短视频相对没有前后联系性，不受内容影响，所以刷视频成了每天必做的事情。抖音看的时间比较长。我印象中比较深的视频主要是消防部队方面的，因为平时手机关于这方面推送的内容比较多，也许跟我当兵经历有关系，我喜欢看。经常看见他们在应对突发事件中，弄得自己灰头土脸，甚至常会有生命危险！我看的时候经常为他们点小红心。这种不畏艰苦、不怕牺牲的精神，看了让人很受感动。现在无论干什么职业都不容易啊，都不能嫌苦怕累！（C5）

家里的电视基本是摆设，平时不怎么看。我喜欢在短视频里看电视剧的解说版，比看电视更直观，更节省时间，能很快把精华部分看了。最近关注的一部电视剧是《少年歌行》，是一部玄幻类电视剧。看了就能跟朋友一起聊，侃大山，不至于说咱每天待到村里啥也不知道。还有，有一天偶然刷到《亮剑》的解说，以前也看过，感觉解说得很好。李云龙这个角色看着是没有架子，但人家很有头脑、有计谋，里面的语言也比较经典。自己嘴笨，想学但学不来。（C17）

平时经常在手机上刷抖音。最近印象最深的是看世界杯决赛，尤其是贺炜的解说，真是说得太好了，太激动了！网友就留言说，中国足球队没有进入世界杯，但中国最好的解说员进入了世界杯。（哈哈）贺炜的解说词真的是好，我还有意识地保存下了那段视频，里面有段经典解说词，网络都在传："阿根廷诗人博尔赫斯曾经说过：'任何命运，无论多么复杂漫长，实际上只反应于一个瞬间，那就是人们彻底醒悟自己究竟是谁的那一刻.'我不清楚梅西从何时有了这样的领悟,但我知道那一定不是轻易开释的,因为他的身边充满了像姆巴佩这样充满天赋的积极上进的年轻人。梅西一定经历过低谷、彷徨、质疑、挣扎。我们还记得3079天以前,梅西也陷落在人生的低谷里。在巴西世界杯的决赛当中,他率领的球队最终在加时赛中输给了德国队,距离大力神杯只有一步之遥。但今天他率领了他的小伙子们,为阿根廷赢回了36年后的又一个世界杯冠军。梅西挺了过来,阿根廷挺了过来。我爱这场比赛,相信你们也是!"(笔者根据访谈者保存的视频内容整理出文字)你看看,说得多好!(C20)

上一节中我们提到C10觉得"回家真好",表现出对家乡的热爱之情。在访谈中发现,其愿意在自己物质条件丰富的时候,回到家乡干一番事业。目前,他就与镇政府领导有密切的联系,并商量怎样在当地做乡村文旅产业方面的投资。C5在深圳打工之前是一名退伍军人。虽然,人已经不在部队,但对与部队相关的事情仍然表现出自觉的关心,自己依然在被"不畏艰苦,不怕牺牲"的精神激励着。C17则除了将及时跟进新电视剧的节奏视作不落伍的表现,关键是能从短视频中将"李云龙"的"头脑""计谋"以及"语言"转换为自我进步的一部分。C20对他最近收看卡塔尔世界杯中贺炜的解说词记忆犹新,并且收藏了这条短视频。视频中励志的话语,使他认识到人生总会有坎坷,连梅西这样的世界明星都经历过人生的"低谷、彷徨、质疑、挣扎",何况自己。但坎坷总会过去,胜利也终将到来!由此可见,个体化的农民在与朝夕相伴的新媒介符号互动中，启迪着人生的意义。在新媒介传播实践中，这些意义并非彼此孤立，其共通性是农民将新媒介融入个体追求进步、实现自我价值的人生目标之中。

三、游戏中的自我体验

马拉比（Thomas M. Malaby）分析指出，整个 20 世纪人类学所关注的游戏主要有两个研究方向：一个是物质主义的，另一个是表征主义的。前者认为游戏者在游戏中处于一种非劳动状态，与工作时的劳动情形形成对立。因此，游戏不属于人类重要的活动范围，相关的研究也就没有得到应有的重视。后者认为游戏是一种重要的文化活动。游戏实际上是人们参与其间并生产创造意义的文化现象。[1] 正如游戏文化研究者赫伊津哈（Johan Huizinga）在分析游戏对现代文明的影响时指出，随着生产技术和社会生活本身变得越来越有条理，古老文化渐渐被覆盖上了一层茂密的观念、思想体系、知识体系、教条、规章制度、道德习俗等等，文化中原本与游戏紧密相关的东西，看起来貌似已经与游戏断绝了关系。[2] 于是，文明越来越严肃，游戏只能屈居次要地位。事实上，现代文明正是与游戏文化紧密联系在一起。

受韦伯解释社会学的影响，格尔茨认为，游戏意义的生产

---

[1]〔英〕托马斯·M.马拉比：《数码游戏，游戏设计与其前驱》，王心远译，载〔英〕丹尼尔·米勒等主编：《数码人类学》，人民出版社，2014 年，第 317 页。
[2]〔荷〕约翰·赫伊津哈：《游戏的人：文化的游戏要素研究》，傅存良译，北京大学出版社，2014 年，第 85 页。

并非是社会中的附带现象，而是如同其他人类文化活动一样，只能在"意义之网"中加以理解。[1]他针对巴厘岛上人们的斗鸡习俗展开了游戏文化研究，认为游戏在当地文化系统中具有重要意义，斗鸡仪式反映了巴厘岛人现实的社会地位，代表了岛上土著人的社会文化。格尔茨将游戏者的文化体验视作文化建构的过程，其具有明显的现实意义。因此，我们认为游戏并非是单纯的娱乐，而是一种生产创造意义的文化活动。移动互联网为人们参与游戏提供了方便，人们在日常生活中随时随地可以打开手机游戏。所不同的是，新媒介中的游戏参与既是一种"飞地"式的，因为参与者是在一个密闭的网络空间中，不同于其现实的社会空间，但同时这种游戏参与又具有此时此地的传播效应，因为游戏的影响就发生在此地社会活动之中。在访谈中发现，年轻农民对新媒介中的游戏比较感兴趣，而且有比较长的参与历史，并对他们形成人生的价值意义产生了影响。

> 我最早玩的网络游戏是《大话》(即《大话西游》)。那会儿不好好上学，玩得比较上瘾。后来玩《三国》那些。现在有网页版也有手游版，我就是在手机上玩，手机性能就得好点。玩游戏一直持续到现在，包括后来去打工也没有中断。打游戏比较浪费时间，但自己觉得体验比较好。其实游戏和现实是一样的，比如在游戏里的买卖和现实里的交易是一样的，也能学人与人(游戏人物)的交往和做生意的一些

---

[1]〔美〕克利福德·格尔茨:《文化的解释》，韩莉译，译林出版社，2014年，第500页。

经验。(C14)

玩游戏是《王者》(即《王者荣耀》),一开始是看见别人玩,自己也开始玩了。人有好胜心理,也有攀比、竞争心理,玩游戏能带给你这些体验。游戏也很现实,比如游戏里的头像、装备上也能体现出你的身份,一看有钻石肯定是有钱人,这些一般都是用钱买来的。充钱实际上就是充脸面,就是一种炫耀。(C11)

我也玩《王者》,玩嗨了,心情也好了,干什么事也开心,看哪里都好。也有不好的时候,会影响一天的心情。(C35)

《动森》(即《动物之森》)这个游戏,能让我回忆起自己已经忘记很久的一种感受,那就是"期待明天快点到来"。夜晚就像游戏载入界面一样,真实又充满期待。记得当时充了400块钱,感觉玩一个游戏不划算,但是玩了一阵发现,这是一个能玩一辈子的游戏,确实划算。一些游戏真的很会卖情怀,虽然知道这都是套路,但还是会忍不住想登录游戏看看我的式神,好像它们真的在另一个平行空间里好好生活着。我不登录的时候,好像只是我出了个远门,而那些式神们留守在庭院里,为我打扫散落一地的樱花,担心也盼望着我能回家。(C36)

游戏的使用与农民日常生活中的经验紧密联系,游戏不单单是一种娱乐活动,更为关键的是其作为一种文化形态嵌入到农民个体的生命体验中。C14将游戏与现实社会相勾连,《大话西游》

成为其人生道理的领悟空间。C11 和 C35 则将《王者荣耀》视作现实社会的一面镜子,不仅能烛照现实生活的物质层面,而且能影响现实的精神层面,从而体悟出世间百态。C36 将《动物之森》中的"式神"视作现实社会中所缺失关怀的一种补偿。游戏中温馨浪漫的庭院空间,成为其与式神精神连接的虚拟的情感纽带。这些体验并非虚幻,终究会潜移默化成为其今后人生经历和日常生活精神世界的一部分。

本节从日常生活中考察了农民个体对新媒介音乐、短视频和游戏的传播实践,发现新媒介传播与农民的现实境遇始终联系在一起。虽然笔者对音乐、短视频和游戏三者分别进行了叙述,但是在现实生活中,三者不是彼此分离的,而是共同作用于农民自我的情感体验,从而建构了农民个体的主体精神文化世界,并在此传播过程中帮助农民理解其独特的个体意义。

小 结

库尔德利和赫普指出,在深度媒介化和媒介多样体的传播语境下,无论人们是身处教堂、礼堂、咖啡馆,还是在公园里闲庭信步,媒介的使用都会带给个体丰富的意义。[1] 因此,对大多数人来说,社会世界的现实场所正在转向由新媒介平台以及人们之间互动维系的各个网络节点,正在转向日益增多的网络在线信息和人际交往。易言之,网民的日常交往经验与精神意义,正是在

---

[1] 〔英〕尼克·库尔德利、〔德〕安德烈亚斯·赫普:《现实的中介化建构》,刘泱育译,复旦大学出版社,2023 年,第 110—111 页。

这些日常交往活动中得以产生、累积、修改与调适。

农民参与新媒介传播实践的活动非常丰富，从刷抖音、听音乐、看网剧到网上冲浪、参与网络游戏，与一般人的媒介使用没有根本不同。所不同的是，农民个体独特的成长历程、个体经验以及包裹其传播活动的复杂情境。他们将新媒介视作学习的重要途径之一，除了从网络中检索农业生产中遇到的技术难题，从日积月累的媒介经验中总结归纳出不同媒介的技术特质，以及如何规避容易受到伤害的各类风险，还从新媒介传播中学习日常生活中所需要的社交技巧，以及多样的间接的生活经验。作为日益个体化的农民，他们需要独自面对与处理生产、生活中的各类实际情况，而新媒介如同"百宝箱"一般，为其应对各种各样的问题与风险，提供了重要的符号资源。

在日常生活中，农民虽然参与现实乡村社会公共交流的机会相对少了，如"饭市"的衰落。[①] 然而，刷抖音、上微信、听音乐、玩游戏等正在成为重要的现实社交活动的替代品。在这些新媒介传播实践中，他们理解自我的人生意义。换言之，新媒介已经成为个体农民生活中朝夕相伴、不离不弃的社交中介，他们在媒介化的交往中学会理解个人、理解社会，并形成个人的价值观念和行为准则，作为其经验世界中的实践逻辑储存在个体的生命世界之中，并在日后持续调适与修正。

---

① 陈新民、王旭升：《电视的普及与村落"饭市"的衰落——对古坡大坪村的田野调查》，《国际新闻界》，2009年第4期。

第三章 太行老区农民在新媒介传播中的意义表达

在新媒介传播实践中,笔者发现新媒介平台不是外在于使用者,而是高度融入太行老区农民的日常生活之中。新媒介传播已经成为生活世界中不可或缺的新型交往活动。从个体层面来看,新媒介既是他们日常学习的平台,也是构建其人生意义的传播场域,正在成为他们表达意义的重要渠道之一。来自新媒介的意义构建活动,已经化作农民日常经验的一部分,并成为其理解自我、理解社会的象征符号资源。在上一章中,笔者从农民对新媒介传播实践中的意义理解进行了相关阐述,本章从意义呈现层面,继续阐释农民个体如何在新媒介中进行意义表达。

库尔德利认为,在新媒介传播实践中,越来越突出的是一种"展示"的做法。到底何为"展示",库尔德利并未清晰地进行界定,但从其所列举的社交媒体中的短视频例子,可以略知其所指:

(1)哈利·波特剧组穿过伦敦国王广场的视频(到2011

年 6 月底观看的人数已达 136000 人）；

（2）华盛顿大学信息学院图书馆人员翻唱的 Lady Gaga 歌曲（到 2011 年 6 月底观看的人数已达 800000 人）；

（3）"卢切尔"犬与爱心人士的视频，由索尔兹伯里宠物犬信托会上传，邀请领养宠物的新主人（到 2011 年 6 月底观看的人数为 2163 人）。①

从上面三个例子中，我们可以归纳出"展示"的共同特征是人们将自己日常生活中发生的、看到的有趣的事，通过媒介技术手段记录下来，并在新媒介平台中进行传播分享的活动。正如迪克斯（Bella Dicks）指出，现代技术将文化进行了重塑，使曾经那些沉默或被大多数人所忽略的事物，不仅被观看，而且被体验，即转变为"会说话的环境"。②事实上，在深度媒介化传播语境中，不但物可以被展示出来，曾经"沉默"的人也可以借助新媒介技术得以展示。因此，当代展示文化所依赖的核心是技术。技术构成了展示文化的物质基础，属于后台；而被展示的人与事物则是展示文化的前台。二者互为表里，对展示文化而言二者缺一不可。从传播实践来看，抖音、快手、西瓜、小火山等短视频平台中存在着大量"展示"性文化。在大众传播时代，普通人无法真正做到日常性、自主性地参与传播活动，与之相比，新媒介技术为人民群众展示自己身边的人和事提供了技术条件。太行老

---

① 〔英〕尼克·库尔德利：《媒介、社会与世界：社会理论与数字媒介实践》，何道宽译，复旦大学出版社，2016 年，第 49 页。
② 〔英〕贝拉·迪克斯：《被展示的文化：当代"可参观性"的生产》，冯悦译，北京大学出版社，2012 年，第 10—18 页。

区农民也在各类短视频平台中,利用新媒介技术展示着前数字传播时代闻所未闻、见所未见的发生在身边的故事。

本章将分析太行老区农民在微信、短视频平台中,通过"展示"性传播所表达的意义。然后,结合一个具体案例,说明新媒介技术如何与农民个体的日常生活有机结合起来,嵌入到个体的生活世界之中。

第一节 微信里的意义表达

在田野调查中,笔者发现农民在日常生活中,通过微信与邻里、村民之间进行交往的并不多。在遇到家长里短的趣事或难事的时候,他们更多选择亲自登门的方式,到关系不错的人家里聊聊天,分享和表达一下对最近发生事情的一些见解和感悟。然而,在参与观察由村民所构建的本村微信工作群中,经常看到有人在其中转发来自抖音、快手等平台中的短视频。在访谈中,有访谈对象表示:"我在工作联络群里发的那些信息,实际上就是让大家看一下现在社会现实就是这样,要认识这个社会。"[1]虽然这些信息来自转发,但笔者认为这也是一种意义表达,属于间接表达;与新媒介中农民直接的意义表达一样,都会参与农民个体日常生活中经验世界的构建过程,并影响其认识和判断周遭社会现实。

---

[1] 访谈对象 C8 在本村的微信群里发的视频来自抖音。视频内容呈现的是,一个普通农民家里人生病,医院以病人家属无法承担医药费为理由拒绝接收病人。视频的表达形式是病人家属以第一人称直接呈现。访谈时间:2023 年 2 月 11 日。

一、微信群中的信息转发与意义表达

夏瓦认为区别于面对面的交往，媒介延伸了地方性的时间与空间，使得社会个体在世界任何地方可以开展即时沟通。[①]媒介化的交流互动不需要参与者出现在同样的时空，更为重要的是，媒介还改变了个体的传播能力，即他们可以对传播的社会情境、交流方式以及互动的边界等随时进行调整。农民在日常交往中创建了一些彼此联系的微信群，构成了区别村里人现实中线下联系的"第二村"。各种中介将人们置于彼此之间的社会关系之中，构成共同生活的物质基础和精神纽带，社会也得以产生。[②]农民将自己在新媒介接触中，看到的有趣的短视频等信息转发给他人，成为农民日常生活中传达意义的重要方式，从而达到"借他人之口，表达自己的意义"的目的。

> 我经常刷视频，也常在网上发抖音，小视频那些。现在有3个微信群，每个群大约有100人。通过微信聊天让我学会了打字，我没有上过什么学，现在能打字了，能有这项技能，也不容易，多亏有手机。(哈哈)不过我还是喜欢看短视频，把看到的短视频转到群里，让大家看看。我经常转发有关增加农民养老金方面的信息，像白岩松说的农村养老金调整的那些短视频，我觉得大家都应该看看，说得太对了。

[①] 〔丹麦〕施蒂格·夏瓦:《文化与社会的媒介化》，刘君等译，复旦大学出版社，2018年，第39页。
[②] 〔英〕尼克·库尔德利、〔德〕安德烈亚斯·赫普:《现实的中介化建构》，刘泱育译，复旦大学出版社，2023年，第4—5页。

转发一下就能引起更多人关注，我觉得国家应该关注农民的养老问题。（C6）

我在抖音、快手上经常留意有关农民养老、医保方面的视频。现在养老保险交的钱多，领的钱少，国家应该给老百姓谋更多的实际福利。我经常在村工作联络群里转发这些信息，就是想让大家都关注一下。网络上就有人经常说，围观才能改变。（C8）

在手机上经常看农村里发生的事，感觉亲切、熟悉。我还加入了其他村的群，看人家群里有什么信息，有时候也把他们的信息转到本村群里。有一次我把邻村过年时候，大队要组织本村属兔的人串钱说书（长子鼓书）的事发到了本村的群里，其实就是也想让村干部们看看人家别的村都在干啥。我们村就缺这样的干部。（C41）

我文化程度低，也不会打字，闲了就拨拉手机（方言，指翻看手机）。看到有意义的内容也发到群里，让大家看看新中国建立初期，那会人的精神面貌和人与人相对淳朴的关系。（C45）

从上述访谈中，可以看出农民接触的短视频类型还是丰富多样的，内容涉及农民养老、医保、村里公共事务以及现代农村人的生产生活状态等。在笔者参与式观察中，C45和C8经常在本村群里转发一些抖音、快手中的短视频，多的时候一天能转发7—8条。从传播主体性来分析，农民并未自己生产任何内容，而只是将日常生活中看到的有趣的信息进行了转发。按照一些学者观点来看，在转发信息活动中，农民传播的主体性未能发挥出来。因此，他们的主体性是受到限制的。[①] 然而，笔者认为数字媒介技术的下沉，为农民在新媒介平台表达自己的意义提供了新的可能性。事实上，转发信息也是农民的一种主体性意义表达，其背后有转发者想要传播的意图与观念。在文化程度和传播技能水平较低的情况下，这可能也是农民表达意义的主要方式之一。此类高频率发生的信息转发活动，也提醒管理部门要重视农民频频转发的信息，从而了解农民对何种社会问题比较关切，进而适时做出政策解释与舆论引导，最终为农民提供更好的政策服务。

另外，值得我们注意的现象是，农民在通过转发信息表达意义时，也将信源模糊的信息、谣言类信息，甚至是价值导向消极的内容，不分良莠地加以传播。笔者在参与式观察农民微信群交流时，就看到这样两条信息：

> 例1：赶快转发！今天移动和联通祝贺2021年短信费突破100亿，你把此信息转发至3个百人以上群，就可以加80元话费。我刚试过，是真的。记得是发微信群，记得是发微信群，记得是发微信群，重要的事情说三遍，赶快，手慢无！（观察时间：2021年6月15日）

> 例2：烧香的，不一定是善人；乞讨的，也不一定是穷人；笑嘻嘻顺着你的，不一定是好人；穿衣服的，也不一定是人；凡事不要只看外表；家财万贯，也买不了太阳下山；身无分文，也不代表日后就没有江山；水不试不知深浅，人

[①] 孙皖宁、苗伟山：《底层中国：不平等、媒体和文化政治》，《开放时代》，2016年第2期。

不交不知好坏；人人都有好皮囊，但未必有好心肠。对牛弹琴，并不是牛笨，而是人蠢；狗仗人势，并不是狗狂，而是主恶；所以看问题不能只看表面，要看本质。有人揣着私心教你要大度；有人站在自己的立场，指责你为何不退让；有人一脸慈悲、满嘴仁义，背后却谎话连篇；不要对任何人抱有精神上的洁癖，这个世界上每个灵魂都是半人半鬼，凑近了谁都没法看。(观察时间：2022年11月23日)

例1经笔者考察，早在2014年就有人在微信群中广泛传播，并且官方已经辟谣。[①] 尽管如此，仍然在2021年所观察的微信群中传播。例2这条信息是通过视频形式，在上述微信群中转发。该视频内容是文字，在视频结束时，显示这些内容是在一本叫《老人言》的书中记载。经笔者检索，并未找到《老人言》这本书。这条信息究竟出自何处，笔者虽然未找到，但不同的来源至少对信息本身的可信性构成挑战。另外，这条类似心灵鸡汤的信息，在看似辩证的表述中，也隐含着对人与人关系无常的抱怨与无奈，无法给看到的人带来积极向上的正能量。事实上，笔者观察的是调查地的微信工作群，未见过村干部出来阻止该类信息的传播。由此可以看出，这类虚假或谣言信息的传播处于"失控"的状态，久而久之在此类信息的潜移默化之中，可能会对基层社会人与人关系的构建产生负面影响。

库尔德利在分析新媒介中信息转发时认为，在网络中我们

---

① 参见中国新闻网：《微信转发信息就领80元话费？上海官方提醒勿上当》，2014年2月10日。https://www.chinanews.com/sh/2014/02-10/5818292.shtml.

只需要转发，就能轻易地吸引他人的注意力，而且，任何网上某类信息的展示行为都会引发一系列的再展示活动。[①]在新媒介传播实践中，展示一方面让普通人参与新媒介信息传播活动变得轻松、容易；另一方面也使得网络信息的把关变得非常困难，甚至可能会带来社会冲突，产生消极作用。

二、布置朋友圈：朋友圈里的意义表达

在调查中发现，农民除了将自己喜欢的视频、文字转发到本村群里外，他们还在朋友圈里展示个体的生活状态。与微信群转发的内容所不同的是，他们会展示自己制作的短视频，而此类视频很少在本村微信群中转发。笔者在加上调查对象的微信账号后，发现有的人还设置了"最近三天可见"的观看权限；有的人还在朋友圈的"个性签名"里设置了富有个性的内容。换言之，访谈对象通过布置自己的朋友圈也在表达着个体的意义。

戈夫曼（Erving Goffman）在拟剧理论中提出"舞台设置"（setting）的问题。他认为舞台设置主要包括舞台设施、装饰品、布局以及与舞台相关的道具、布景等背景项目，这些构成了个体自我呈现的重要空间。[②]特定的舞台设置需要与之配套的表演，如果特定的舞台设置发生了变化或者消失了，那么相应的表演也就结束了。由此可见，舞台设置不仅是前台表演的背景，而且其本身就具有明确的意义表达。个人在朋友圈里，管理自己日常生

---

① 〔英〕尼克·库尔德利:《媒介、社会与世界：社会理论与数字媒介实践》，何道宽译，复旦大学出版社，2016年，第49页。
② 〔美〕欧文·戈夫曼：《日常生活中的自我呈现》，冯钢译，北京大学出版社，2008年，第19页。

活中不断生成的大量的信息，使之成为可以被理解接受的意义，个体从而成为可以构建自己历史的主体。库尔德利将之命名为"归档"（archiving）。①

> 我会把自己拍摄的小视频发到自己朋友圈里，内容涉及与朋友喝酒唱歌的视频、自己工作的装修效果视频、出去玩的心情记录等。喝酒唱歌就是爱跟朋友瞎喧，用视频记录下来，发到朋友圈让其他没能参加喝酒喧的人看看；装修主要是跟我的工作有关系，因为微信里也有不少主顾，让他们看看咱的手艺；我这个人愿意出去瞎跑，去过青岛看海，看壶口瀑布等，都是自驾去的，然后就把视频发到朋友圈。记得有一次，村里不是筹钱修土地庙嘛，我还是组织者。就那个（筹钱）时间段也恰好是"五一"假期，孩子们也有时间，我们就自己开车去了壶口瀑布。把视频发到朋友圈了之后，村里人看了就传我是用筹的钱旅游。唉，真是……后来我就把那条视频从朋友圈给删了。（C20）

> 在朋友圈里我不随便发东西，微信中大部分是村里人，不好意思一直发信息。我的朋友圈设置了"最近三天可见"，其实就是不想让熟人看到我更多的东西。我平时发的对口型那些短视频都在抖音账号里，不往朋友圈里发。账号想取一个好听的名字，让更多人关注。（C5）

> 平时生活比较单调，也常发一些视频到朋友圈，把最近

---

① 库尔德利认为，归档是人们时间管理的概念，与"在场"的空间管理概念相对，表达了他们在时间流程中与他人一道的在场感。这在新媒介传播实践中，感受尤为明显。

的生活记录一下。里面信息太多了，有空的时候就会整理一下自己的朋友圈，把不好的、幼稚的那些信息、视频删了。我没有对朋友圈设置"最近三天可见"，大家都可以看到我发过的视频。朋友圈嘛，就是让朋友看的。我最近用的头像是某个明星，比较喜欢她。（她）从一个普通家庭走出来，一步步靠自己成了名，也给人励志精神。（C25）

除了（把农民养老的一些信息）发到微信群里，我还把这类信息发到朋友圈里，让更多的人了解、关注。朋友圈也能把这些视频保存下来，时间长了我有时候会返回来再看看。（C6）

在访谈中，让他们分享自己有关微信使用的故事。笔者发现他们的朋友圈不是随意为之，而是花了一定的时间、精力进行了布置。上文中谈到 C20 是一个小工头，在田野调查地，其家庭经济状况属于中上水平。他说微信朋友圈可以展示自己工作和生活方面的情况。当自己分享的旅游视频受到村里人质疑的时候，他删掉了这条信息。访谈后，笔者观察了 C20 的朋友圈，发现其在生活中是一个旅游爱好者，有不少（截至 2023 年 3 月 10 日，笔者看到有 50 余条）游玩时记录的视频。他的朋友圈显示的个性签名是："若无相欠，怎能相见，你若不离，我便不弃"；朋友圈封面是其本人在景区照的美颜照。C5 在闲暇时，喜欢将长子鼓书片段，用对口型的方式重新进行演绎。在其抖音账号中有大量的（截至 2023 年 3 月 10 日，笔者看到有 82 条）此类视频。他谈到自己抖音粉丝数量有 2000 余人，达到了"小黄车"（即直播带货）的条件。但其微信朋友圈里很少有抖音里呈现的那些内容。当笔者问及时,他说朋友圈里基本上都是认识的熟人,抖音里大部分是不熟悉的粉丝,不用担心别人指指点点。C5朋友圈的个性签名是:"人生就像一场戏,但,我不是个好演员,退出舞台!"C25对朋友圈有自己的认识,闲暇时间里会从头像设置到信息展示,将自己朋友圈中的"个人成长档案"进行完善、调整。C6的两个女儿都已经出嫁,平日里就和丈夫两个人在家。随着年龄的增长,对自己以后的养老情况格外关注。在访谈中,其多次表达了盼望国家政策能对农民养老有所倾斜。笔者最近观察(2023年3月10日)其朋友圈更新的一条视频内容是"农村人到60岁也应该退休,也能领到退休金"。[①]

从上述分析中可以看出,访谈对象在自己微信朋友圈里进行了悉心布置。朋友圈里的舞台设置,如封面、个性签名、美颜照片、短视频记录、转发的信息等等,每一次对内容的增减、完善、调整与维护,都是充满意义的传播实践,或与其现实生活中所追求的意义相一致,或在朋友圈里呈现一个新的自我。朋友圈是农民在网络空间中展示自我的平台,其日常生活中试图表达的意义可以在此得以彰显。尽管关注他们朋友圈的人还不够多,意义传播的范围尚比较有限,但在日积月累的新媒介传播实践中,朋友圈将继续承载他们关于自我的人生意义,并成为之后理解新传播实践的重要个人精神成长"档案"。

---

① 该视频是在2021年10月14日央视《新闻1+1》栏目中进行的直播报道,节目内容题为《农村老人,如何养老?》。C6在朋友圈转发的视频参见https://tv.cctv.com/2021/10/14/VIDEjEPrnjJekvE6X6Hwc9St211014.shtml?spm=C45404.PLCcHnO0TNnZ.EfYEA7ucEeUS.29。

第二节 短视频制作与意义表达

在访谈中,发现农民意义表达是多种多样的。一方面访谈对象通过在微信群里转发信息的形式,表达其对现实生活的利益诉求;通过在朋友圈里将自己感兴趣的内容,包括自己制作的视频,在整理、完善后分享给微信好友,表达自己的生活意义;另一方面他们还在短视频平台中,直接传播自己的声音,展示他们与现实社会中不一样的"数字形象"。笔者认为虽然信息的转发可以实现对农民生活意义的表达,但毕竟属于间接表达,与直接表达存在明显差异。本节论述的是农民在短视频平台中的直接意义表达。

上一章中提到,农民在日常生活中与各类新媒介平台中的"在场"信息进行互动,并且构建了自我精神意义。所谓的"在场"(presencing)是指个体为了表达自己的存在,个人和群体用这个概念持续管理自己与他人在空间里的关系。凭借新媒介互动性、参与性的优势特点,人们通过在场的新媒介传播实践获得了更多的自我展示机会。[1]换言之,在场是信息生产者通过传播技术展示自己的日常生活,并在网络空间传播中建立与他人之间的意义联结,突破了个人所处的物质空间从而进入公共领域。因此,在新媒介中,在场与媒介平台、媒介技能以及媒介使用等形成紧密联结关系,新媒介传播实践围绕此项得以展开。

---

[1]〔英〕尼克·库尔德利:《媒介、社会与世界:社会理论与数字媒介实践》,何道宽译,复旦大学出版社,2016年,第51—52页。

一、初次接触短视频

接触网络视频日益成为中国网民普遍的文化娱乐活动之一。笔者通过历年来中国互联网信息中心报告中的相关数据，发现15年间（2008—2022年），尽管有些年份增速较缓慢，但网络视频用户整体上呈现出快速增长趋势，而且有些年份还出现陡增现象，如2018—2019年。截至2022年12月，网络视频（含短视频）的用户规模达到9.9亿人（见图3-1）。在访谈中，访谈对象（C11、C5、C12等）表示国产剧动辄好几十集，感觉观看太浪费时间，相比之下，各类短视频时间短、内容多样、轻松搞笑，自己更喜欢看。

	2008	2009	2010	2011	2012	2013	2014	2015	2016	2017	2018	2019	2020	2021	2022
网络视频（含短视频）（亿人）	2	2.4	2.8	3.3	3.7	4.3	4.3	5	5	5.5	7.2	8.5	9.3	9.7	9.9

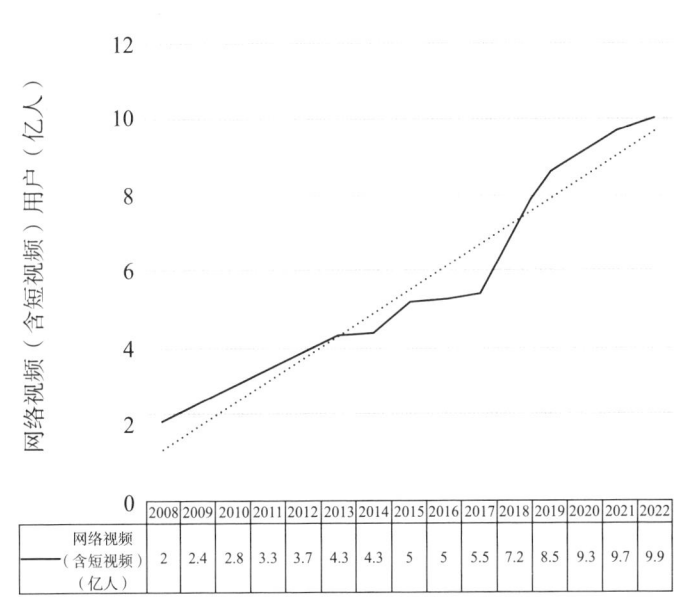

图3-1 2008—2022年网络视频（含短视频）用户规模变化趋势图。数据来源：笔者根据历年来中国互联网信息中心的统计数据整理绘制而成

调查中，我们发现农民对短视频的接触经历了一个由偶然遇到到经常使用的过程，从对抖音、快手、西瓜等短视频的持续观看到积极参与制作的过程。在前文中，我们已经分析了农民在新媒介中的各类学习活动和对人生意义的自我阐释。他们在日常生活中，将这些平台作为应对和处理日常生活、工作中问题的符号资源，并内化为经验世界的一部分，成为构建其认识和体验世界的意义边界。

> 在城里打工的时候，一般白天没有时间看手机，晚上看得比较多。也记不清什么时候开始下载了抖音，但是第一次打开抖音发现里面有那么多的小视频，一个接一个都很短，而且都那么有趣！一下就把我震住了，怪不得大家都用这个软件。现在没事的时候，我能看到凌晨一二点。一般就是刷刷视频，或者发下自己的视频。(C5)

> 我还在学校上学的时候，看着大家都在用抖音、快手那些，每天拨拉手机，觉得挺好玩，自己也下载了。这些平台里的内容非常多，想看啥就看啥，电视没法比。实在找不到感兴趣的（视频），就在上面搜索一下，一般都能找到。比如春晚会出现什么内容、谁会登台亮相等等，跟别人交流时能有一些新鲜话题。我还关注了抖音里的一些账号，这样下次就不用再搜了。这些搞笑的视频可以放松一天的疲惫，缓解压力。对快手的使用情况也差不多。(C11)

> 现在我已经很少看电视剧了，太长了，主要是刷短视频。一天不忙的时候，基本上都在看，随时随地，非常

方便。(C32)

　　刷抖音还是邻居家孩子告给我的,他帮我下载了。我第一次使用的时候,感觉里面那么多新鲜的东西都是以前自己没有了解过的。比如里面有许多做饭的视频,我从上面学了不少,孩子、家人吃了都说我厨艺长进了。其他视频也看,反正每天看这些视频有1—2小时。当退出来的时候,想想什么也没有记住,感觉就是乱七八糟。(C30)

C5虽然没有清楚地回忆起自己何时开始使用抖音,但对初次接触抖音的感受还是非常清楚的:"一个接着一个都很短",而且还把他"震"了一下。其实C30也描述了相似的接触短视频经历,她看了之后感觉"乱七八糟"的,但仍然每天刷着抖音。一方面,抖音等短视频技术被更多的人使用,以与自己逐日现实生活的节奏相合拍,打发闲暇时间。正如学者塞勒·林指出,手机等新媒介成为一种"驯化"的技术,[①]嵌入在农民的日常生活之中。C11和C32在传播实践中,正是将碎片化的视频与闲暇时间结合起来,使之匹配自己工作和生活节奏,并借此形塑着他们生活世界的意义。另一方面,短视频在以短小、碎片化的呈现方式,适应现代人快节奏的工作和生活方式的同时,也在驯化着新媒介技术的使用者。因此,访谈对象才会觉得看网剧的时间越来越少,才会认为电视剧的剧集拍得太多。

　　笔者认为,新媒介技术与使用者的关系,并非单向的人在

---

① 〔美〕理查德·塞勒·林:《习以为常:手机传播的社会嵌入》,刘君等译,复旦大学出版社,2020年,第33页。

驯化新媒介技术,而是在传播实践中,人与新媒介技术之间相互驯化、相互构建,逐渐成为一种习惯。在此相互驯化中,个体与新媒介已经逐渐无法分割,以至于在现实生活节奏中,使用新媒介成为自然习惯,旅途、床上、厕所、工作间隙等碎片化的时间里,手机如影随形,无法割舍。

二、短视频制作与意义表达

在初次接触短视频技术之后,访谈对象都表示也在短视频平台中进行了相关的注册,从而拥有了更多权限。注册后除了可以浏览短视频,还可以对自己觉得有趣的视频账号进行关注,还可以在账号的历史信息中查找看过的视频,更为关键的是可以自己制作短视频。访谈中,大多数访谈对象讲到自己制作过短视频,并进行了发布。访谈对象 C5 谈到,一开始尽管他账号中的短视频观看的人不多,但有人关注已经让他很"激动",大大刺激了他制作短视频的积极性。经过一段时间后,粉丝数量明显增加了,目前有 2000 多人。夏瓦认为,新媒介得以普及的同时,个体已经日益生活在超越现实社会时空联系的更大的传播关系网络之中,个体的习惯和社会互动的模式也逐步新陈代谢。[1] 由新媒介技术所拓展的更加广阔的传播空间,为曾处于传播被动地位的农民提供了自主传播的新技术,为其参与传播创造了可能。在短视频平台信息传播实践中,在更大的社会网络联系中,短视频的制作与传播无疑意义重大。短视频平台不仅成为他们呈现自我的

---

[1] 〔丹麦〕施蒂格·夏瓦:《文化与社会的媒介化》,刘君等译,复旦大学出版社,2018 年,第 150 页。

网络空间,也是其构建社会新交往关系的便捷纽带。

> 好多人是从我发的抖音中认识我的,我这个人不太喜欢跟人喧,不抽烟不喝酒,朋友也不多。闲的时候刷个抖音,发个自己的抖音短视频。我制作的抖音是对口型的,喜欢演绎上党梆子、长子鼓书等经典片段,也唱流行歌曲。开始发视频的时候,还觉得不好意思,怕村里人议论。等发了一些,慢慢地自信心也足了,不管别人说什么。现在发的还有跟老婆在一起(秀恩爱)的视频。(哈哈)我每天从大棚回来,没事的时候就会制作短视频。(C19)

> 第一次下载抖音那会儿,我记得很清楚是在2019年。因为记得我的一个朋友评价说,不正经的、没有追求的女人都在短视频里。(哈哈)当时我已经有了抖音,她这样一说,我印象很深刻。你看现在有多少人在刷抖音,都成不正经的人了。(哈哈)我经常制作短视频,除了工作需要外,还有不少是自己旅游、玩的短视频,还有不少粉丝,有2000—3000人。我也想过做直播带货,但自己表现力不够,一直没有行动。(C32)

> 抖音跟快手,我感觉不太一样。抖音里发视频的人颜值都很高,还有不少明星、网红;快手里相对层次要低一些,明星也少。我制作的视频也不多,主要是发在抖音里,记录跟朋友在一起的场景,内容方面比如K歌、吃饭、旅游等;粉丝数也不多,主要是村里的人、朋友们看看。不过上了抖音平台也会被其他不认识的人看到。有的人还给我留言,有

时候我也回复人家。(C30)

现在用手机主要是刷视频、拍视频、剪视频。为了制作短视频,手机里还下载相关的一些软件。许多软件很方便,在剪切过程中你可以配上文字,软件里就自动读出来,字体效果自己选择,还可以配上自己喜欢的音乐。上学那会用快手比较多,现在身边的人一般用的是抖音。平时也没什么事,发抖音为平淡的生活添了一些乐趣,也能记录自己的成长。(C25)

阿克塞尔·霍耐特(Axel Honneth)认为现代社会中有三类承认形式:爱、自尊和尊重。爱是亲密关系的纽带,主要是在亲密关系范围内获得,来自父母、夫妻以及挚友之间;自尊属于社会认同,主要是作为社会中一名合法成员,应该享有的基本权利;尊重与上述二者存在差异,其形成需要有基本条件,即作为社会群体中的一部分他者对个体成就的认可。在私人领域获得爱,在公共领域获得自尊,在社会领域获得尊重,对健全的个体而言至关重要。[1] 夏瓦借用霍耐特的"承认"(recognition)概念,提出"媒介的承认"概念,即媒介建构了一个社会个体表现、传播、行动和由此获得承认的舞台。其认为在媒介化传播成为现实的语境下,媒介整体上拓展了获得社会尊重的机会,媒介的承认也正在成为个体健康发展的重要条件。[2]

---

[1] 〔德〕阿克塞尔·霍耐特:《为承认而斗争:论社会冲突的道德语法》,胡继华译,上海人民出版社,2021年,第135页。
[2] 〔丹麦〕施蒂格·夏瓦:《文化与社会的媒介化》,刘君等译,复旦大学出版社,2018年,第152—153页。

短视频制作的传播实践,事实上在一定程度上也是农民通过短视频传播获得媒介的承认。C19 在村里的朋友不多,平日大门紧闭。笔者在访谈时,直接到其家就碰了壁。后来还是通过跟他儿子要了电话,并与之约定时间才完成了访谈。然而,他在抖音短视频平台中比较活跃,虽然一开始对发布自己显得粗糙的短视频作品有些顾虑,但多次尝试后,其自信心明显增强了,敢于在网络空间中表达自己的意义,并形塑起一个新的自我形象。C32、C30、C25 等也有相似的经历,通过抖音短视频的制作与传播实践,农民身上的表达意愿和传播动力得到强化,自信心也明显提升,获得了夏瓦所说的"媒介的承认"。笔者认为,农民在日常生活中所形成的媒介承认,不仅在个体层面获得成长,个体逐渐变得愿意表达自己的意义,而且更为重要的是,通过新媒介传播实践中的意义表达,他们可以勾连不同的社会他人与群体,从而为在网络空间中构建新的共同体创造了可能性。

第三节 案例:媒介化中的新媒介传播实践

从上述农民在新媒介中的传播实践中可以看出,新媒介技术已经成为农民日常生活中的基本"社会装置",普通人与新媒介在相互构建中实现自我意义的表达,影响其对新媒介的期待。夏瓦提出了媒介化概念,认为媒介化所揭示的是与城市化、全球化和个体化等相似的一个高度现代性的社会变迁过程。[1] 媒介化是

---

[1] 〔丹麦〕施蒂格·夏瓦:《文化与社会的媒介化》,刘君等译,复旦大学出版社,2018 年,第 157 页。

个体的生产生活以及整个社会文化,越来越多地依赖于媒介及其逻辑的过程。在此过程中,媒介一方面在社会中日益成为半独立机构;另一方面也被整合进其他社会机构和社会文化实践领域之中。换言之,社会生产与生活日益按照媒介的逻辑得以展开,而作为媒介化的社会文化实践结果,会再次强化媒介的这种基本逻辑构架。本节将通过一个农民(访谈对象 C15)在日常生活的具体个人事件中,如何运用新媒介技术进行传播实践的案例,呈现媒介化的基本逻辑。①

新媒介技术设施

我家里很早就装上了宽带,当时孩子们想上网,就装上了,也是为了学习。家里有电脑(台式),以前我会操作,会连宽带,也会上网搜索自己想看的内容。但现在已经好长时间不用电脑上网了,怎样操作也忘记了。手机上网很方便,随时随地都可以。有一天我想打开电脑上网,开不了机了,可能是坏了,具体什么情况还得等孩子们给我们修修。除了电脑,家里有两个智能手机。以前用的是孩子们退下来的,现在这两个是自己买的,每个 2000 元左右,太便宜了用不住。家里虽然有电视机,但很少看。(笔者观察到,他们的电视机不在客厅中间位置放着,而是在客厅的角落处)我现在主要看手机,手机里下载的软件很多,今日头条、抖音、百度……乱七八糟的啥都有。闲的时候一天 7—8 小时

---

① 考虑到本案例会涉及一些隐私类信息,因此在引用中隐去了相关人员的真实姓名。

都在用。主要是刷抖音、西瓜视频等等。现在主要看的是疫情类的信息，从网上学到了不少东西。

日常生活中的媒介使用

我跟本村 WB 家打了一场官司。事由是这样的：在 2013 年，我家与 WB、MS、ZP 家一起翻盖新房子。WB 家翻盖房子时，涉及占我当时种植桃园的耕地。他家请当时村里民调主任 SL 和我家外甥 CG 一起来我家沟通，表示愿意用自己的耕地进行置换。我认为都是乡里乡亲，还是老邻居，就同意了。2016 年国家对农村土地进行确权。当时，我并不知道 WB 将置换给我家的地也进行了确权。但他没有立即跟我要地。后来，随着玉米价格的增高，在 2021 年他来跟我要地。当时我很生气，但确权证在人家手里，有法律依据有理由跟我要了，我也计划给了他地。但人家要了我的地还没完，还要我这么多年种他家地的相关费用，说确权 6 年间，需要我出 1.6 万元。我不同意赔偿。结果他把我告上了法院。法院判决书下来，结果是判我输了。

当时翻盖房子的时候说要置换的土地，并没有跟人家签订什么协议类的**书面**材料。因此，我要告他也没什么证据。后来就在**网络上查**到**长治电视台《长治生活帮》栏目**[①]的电话，希望人家来报道一下，促进问题的解决。没多长时间，《长治生活帮》栏目的人来了，用摄像机摄下了他们家房子，

[①] 该栏目宣传语为：帮您办难办之事，帮您办为难之事，帮您办该办之事。《长治生活帮》帮您好生活！详见长治广播电视台的官方微博。正是受到了栏目这些定位宣传的影响，促使其通过该栏目的报道来调停此事。

还采访了我，还有WB家，很快就在电视上播放了。但在播放中，电视台没有搞清楚一些事实，居然说我是原告，WB家成了被告。后来，WB家的媳妇在法庭上讲，明明他家是原告，说我这个人向来是胡搅蛮缠、颠倒是非，硬把自己说成原告。也就是，"生活帮"对此事并没有起到什么实际的作用。鉴于此，我又从**百度上查找**长治最有名的律师是谁。查了好长一段时间，网上的假信息也多，找到了一个叫陈某军的律师，看了**网上**的一些资料，说是名气在长治数一数二。我把自己的情况跟陈律师一说，他说可以，但需要收费5000元。虽然价钱不低，但为了争这口气我愿意出这个钱。诉讼中，陈律师认为法院没有提供我方需要的相关证据，以凭据不足为由要求法院重新审理此事。

在第二次开庭中，我提出两个申请：一是需要调取WB的建房证据；二是需要法院实地测量一下他们房屋的占地面积。在实际执行过程中，对于第一个，法院调取了当时的建房证据。但对第二个，法院来人看了看房屋位置，并未实地测量房子占地面积。为此我觉得不合适，就用**手机录制**了自己用尺子测量房屋占地面积的视频。为了取得更多证据，我找到WB的哥哥TW，后者是房屋的实际主人（因为TW从未结过婚，也没有子女，现在养老院住着）。我跟他说明事由，TW人比较厚道，跟当时占我地时的说法一致，并且说要赔偿我地。**我悄悄用手机录了音**，想在法庭上作为证据。之后又觉得录音凭据不够充足，就想用**手机再录一个视频**。这次视频录制是经过TW的同意，但可能他知道我跟他弟弟在打官司，因此这次视频录制过程不怎么配合，但他对基本事实是承认的。后来，我在法庭上播放了这个视频，并根据法院要求，我对这个视频的每一段都进行了相应的**文字解释说明**。

在寻找证据过程中，我发现WB家西院墙（即紧邻我家耕地的院墙）下埋了4块红砖，他是想说他家的院墙在翻盖前就已经在这里了，不存在占我家的地。实际上他是弄巧成拙，想掩人耳目，我就用**手机录制了视频并拍摄了照片**，告诉大家那个年代（20世纪80年代）只有青砖，WB家院墙下的4块红砖，根本不可能出现在他们家第一次盖房子的那个年代，这明显在作假。尽管有这些录音、视频，还有当时找我调停置换土地的中间人CG出庭做证，但结果还是我输了。判决书下来后，WB的老婆在村里当街上各揿住（方言，指拿着摇晃）那个判决书，显摆她又赢了，走哪里说到哪里。她还在本村的**微信群**里说，生怕全村人都不知道。

再次败诉后，我跟陈律师通了电话。他说要想再次请他的话，给个优惠价4000。一听价钱，觉得算了吧。我在**网上**也看了很多诉状书怎样写，再结合陈律师的模板，决定自己动手写诉状。2022年11月，我再次提请诉讼，并接到**短信通知**说是最少需要等待90天。

人争一口气，佛争一炷香。人不能太过分了。WB的老婆到处攻击我家人。我现在又告起（指告状）了，费劲是费劲，但我就要争这一口气。**我经常在网上查这些告状类的信息，有的人跟自己的经历也差不多。网上也说录音、视频等**

这些方式取得的证据，法院就应该采纳。我在百度上查到政府相关部门的一些举报电话，还在网上发过求助的信息，有人建议我寻求自媒体帮助，比如请抖音、快手主播帮助，他们流量大可以帮我做宣传，不过得花钱。不得已再走这条路吧。①

从 C15 对日常生活中一个邻里纠纷事件的描述中，我们可以看到各种媒介技术都参与到她的这次维权行动中来了（笔者用粗体将不同媒介类型标出）。既有传统媒介，也有新媒介，涉及**文字**、**电视**、**电话**、**音频**、**视频**、**图片**、**网络搜索**、**抖音**、**微信**等媒介技术。从案例中我们也可以看到，对 C15 而言，借助或使用新媒介技术，比她想要借助传统媒体，比如《长治生活帮》，显得更加频繁或更加依赖。一方面，新媒介技术包括案例中提到的百度搜索、图片拍摄、音视频制作等等，是 C15 在日常生活中遇到困难和问题时，首先想到的常规性媒介技术。如她在百度上搜索各类实用性信息，并查找到各类电话以及法律诉状书的写法，用手机拍摄视频、录制音频，通过微信群与 WB 的家人进行网络争辩等等，新媒介技术已经成为其应对日常生活困境时最便捷的手段，让媒介为己所用，体现了对媒介技术的"驯化"。但另一方面，C15 也在适应新媒介技术的特定逻辑，遵循媒介技术的逻辑机制进行传播实践。从宏观上，每当遇到问题她首先想到的是在百度上进行搜索，经常在网络上发布求助类信息，并且获得了网友的帮助，强化了其对网络媒介的依赖感；从微观上，在具体

---

① 访谈时间：2023 年 2 月 15 日。

的传播情境中，她遵循不同媒介技术的传播特点，从而发挥各自媒介的专长。如手机的便捷性使其借此进行"悄悄录音"成为可能，手机视频的直观性、可信性使其在测量 WB 家房屋占地面积时，搜集更多法律证据中，发挥了诸多作用等等。夏瓦将这种对媒介逻辑的遵循称为"媒介化"。

笔者认为，事实上，在新媒介技术如手机等日益成为普通人日常生活中司空见惯的媒介物的传播语境下，新媒介与使用者已经无法分割。各种新媒介技术已经从海德格尔所述的"在手"之物转变为"上手"之物性。[1] 换言之，人与媒介的关系不应当只是关注媒介物外表所呈现的工具属性，而是考察媒介物之所以作为有用之物，其遵循的内在的基本逻辑是什么，即关系属性。我们认为，在日常生活中新媒介技术作为媒介物的工具性特点，即媒介作为"在手"之物，毋庸多言，非常重要；但新媒介技术在特定传播语境中如何被运用，如何与具体传播实践联结在一起，即媒介作为"上手"之物，显得更加重要。

小 结

在本章中，我们探讨了太行老区农民如何在新媒介传播实践中表达自己的意义。随着数字媒介技术下沉，传统媒体时代普通人被动接受者的位置，已经发生了显著变化，普通人参与新媒介的传播实践也已经成为现实。笔者认为农民表达意义的媒介途

---

[1]〔美〕戴维·J. 贡克尔、〔英〕保罗·A. 泰勒：《海德格尔论媒介》，吴江译，中国传媒大学出版社，2019 年，第 120 页。

径是多方面的，比如在微信群里的信息转发，朋友圈里对各类表意符号的"有意"布置等，他们还可以直接在抖音等短视频平台中表达自己的意义。无论是间接表达还是直接表达，丰富多样的新媒介传播实践中的各类"展示"，呈现出他们对自我、对人生、对社会的某种意义，而且这些意义表达对其现实社会中的个人成长具有重要的价值引导作用。另外，通过一个案例说明，在具体的传播语境中，新媒介技术与使用者是如何在传播实践中产生有机联结，从而呈现了媒介作为"在手"之物和"上手"之物的关系。由此，我们不难发现，新媒介技术已经深度融入农民日常生活中，建构他们对自我的意义，参与到他们日常生活世界之中。

凯瑞指出，作为文化的传播活动是创造、修改和改造的共享文化过程。[①] 在此过程中，个体的思想得以传达，个体的经验得以分享，个体的意义得以阐述，个体的诉求得到满足，最终建立在个体社会交往基础上，乡村文化共同体有可能得以实现。夏瓦（2018）认为，媒介技术所带来的媒介化交往，对社会交往产生了深远的影响，主要表现在三个方面，其一是媒介使得社会个体在多个传播舞台中，同时行动变得更加容易。我们可以在看电视时与家人交谈，在办公室里可以用电话跟家人沟通。其二是参与媒介互动的参与者能够更加容易地为满足个人利益，进而改变社会交流和互动的过程与形式，如媒介化交流可以降低使用者在现实社会交往关系中的负担，传播者可以对媒介中的信息交换实施更大的控制，发邮件代替朋友见面，微信视频代替线下交流等

---

① 〔美〕詹姆斯·凯瑞：《作为文化的传播："媒介与社会"论文集》（修订版），丁未译，中国人民大学出版社，2019年，第40页。

等。其三是参与媒介化交流的人与人之间的互动规范也会发生相应改变,如在媒介化的交往中,我们可以决定何时何地回复他人的信息,从而避免面对面即时互动中带来的交往压力。[①] 如同戈夫曼的分析,在个人印象管理时,何时何处"给予和流露"(give off)自我相关的信息,体现了我们掌握自我印象呈现的重要能力。[②] 笔者认为,新媒介技术为普通人参与媒介交往创造了更多的可能性。农民在新媒介技术中的意义表达,延伸和拓展了他们日常生活中符号意义的来源,提供他们表达自我价值的展示舞台,他们在新媒介中呈现自我存在的意义,展现个体生命价值,表达个人利益诉求,进而参与更大网络传播空间的社会交往。农民在此与他人、与社会发生着持续交往互动关系,在媒介化的符号意义流动中,为构建新媒介传播空间中的乡村文化共同体创造了新的可能性。

[①]〔丹麦〕施蒂格·夏瓦:《文化与社会的媒介化》,刘君等译,复旦大学出版社,2018年,第33页。
[②]〔美〕欧文·戈夫曼:《日常生活中的自我呈现》,冯钢译,北京大学出版社,2008年,第212—214页。

第四章　太行老区农民在新媒介传播中的社会化

新媒介传播在个人层面上对其学习活动、自我理解及意义表达产生影响。在日常生活中，各种新媒介也会参与到农民个体的社会互动当中，从而影响其社会化过程。库尔德利和赫普认为，交往活动在本质上是社会性的，它是一种社会互动实践。[1] 换言之，传播不仅是某种社会现象之发生，也包括以该类现象传播为基础的意义交流。象征符号在传播过程中，出现彼此交融、错综复杂的联系，我们正是在此种传播语境中理解自我、理解社会。由此可见，传播媒介是使世界符号化、个体社会化的桥梁纽带，是构建人与世界关系必需的媒介物。以新媒介技术为基础的传播手段，显著扩展和改变了人类社会交往的空间，为个体社会化创造了新的可能性。

从田野调查中发现，手机新媒介技术改变或影响了乡村社

---

[1]〔英〕尼克·库尔德利、〔德〕安德烈亚斯·赫普：《现实的中介化建构》，刘泱育译，复旦大学出版社，2023年，第38页。

会交往的形式。在乡村互联网普及中，电脑上网与手机上网已经没有什么区别。随着国家"三网融合""三屏合一"政策的实施，笔者观察到农民家里虽然有电视机，但电视机也是网络电视，与自己家宽带连接，不需要再出闭路费用。还有部分农民家里已经没有电视机，或者电视机已经很长时间没有开过机。与其他媒介类型相比，手机媒介无论在访问网站、拍摄照片、录制视频、网络聊天还是刷短视频、看网络电视剧等方面，都非常便捷。笔者在访谈中，一位74岁的农民女性表示，她现在已经很久没有看过电视了（指传统电视机），平时就是用手机看电视剧，一个月能看5—6部电视剧；除了看电视剧之外，也刷各类短视频。她还请笔者给她清理手机中的垃圾程序和文件，因为她认为是这些东西影响了她看手机视频的流畅度。[1] 由此可见，手机已经远不是以语音和短信为主的人际传播的工具，而是成为各类网络信息汇聚的综合平台，不同使用者在其中各取所需。正如塞勒·林所指出的，在开展社会交往活动的工具上，尤其是那些无法触手可及的社会领域中开展的交流，正是借助各类新媒介协调、互动并形塑着社会交往，社会关系得以建立与维系，最终社会得以形成。[2]

社会化是社会学中的重要议题之一，埃利亚斯（N. Elias）将社会生活解释为"网络化现象"时，提到了社会化过程。[3] 库尔

---

[1] 访谈对象 C43，访谈时间：2023 年 3 月 19 日。

[2]〔美〕理查德·塞勒·林：《习以为常：手机传播的社会嵌入》，刘君等译，复旦大学出版社，2020年，第9页。

[3] Elias, N., *The Society of Individuals*, London: Continuum International Publishing, 1991, pp. 26-27.

德利在分析埃利亚斯社会化概念时，认为媒介在个体社会化过程中具有显著影响。即使在人们没有意识到媒介文化存在的情况下，媒介也毫无疑问会介入个体社会化过程中，并影响其看待和处理与他人的关系。[①] 笔者在借鉴社会学相关理论基础上，从媒介化视角对个体社会化进行如下界定：在媒介化社会语境中，个体在通过各种媒介参与社会交往的过程中，逐渐养成个性与人格，并通过社会文化的内化和角色知识的学习，逐渐适应社会生活的过程。

本章以及下一章分别从个体与社会角度，考察太行老区农民如何在新媒介传播实践中进行社会化实践，即在社会化中如何构建个人与家庭、个人与乡村社会中他人的关系，以及如何构建个人与国家的关系。本章从微观和中观层面，论述前两者在新媒介中的传播实践；下一章从宏观层面，探讨新媒介传播中个人与国家的交往秩序。

第一节 新媒介传播实践中对家庭的重新认识

家庭是构成社会的最小单元，是个人从自然人到社会人转变的第一环境，是社会稳定和秩序的基石。因此，对家庭的研究是社会学研究的重要内容之一。[②] 齐美尔指出，家庭是一种少

[①] 〔英〕尼克·库尔德利、〔德〕安德烈亚斯·赫普：《现实的中介化建构》，刘泱育译，复旦大学出版社，2023年，第182页。
[②] 郑杭生：《社会学概论新修》（第五版），中国人民大学出版社，2019年，第192页。

数成员参与的社会化,然而在较大的群体里,这种由家庭环境中所产生的社会化经验被不断地重复,构成个体参与更大社会的基本条件。[①]虽然社会学非常关注现实社会中家庭成员的社会化问题,但较少关注基于媒介化所建构的家庭中的社会化现象。近些年,国内学者开始从传播学视角,探讨家庭传播研究。该研究取向是围绕家庭日常生活实践,探讨家庭内部与外部丰富多样的传播形式,对家庭成员社会角色的影响,从而为构建和谐的家庭传播秩序提出传播策略。[②]在西方家庭传播研究中,侧重于从性别政治的角度,研究家庭成员的关系,莫利、拉德威等学者提出性别不平等造成了家庭成员在参与传播实践中的差异。中国与西方在性别权利方面有着不同的状况。[③]基于此,笔者认为,在性别权利尤其是家庭成员的性别政治方面,中国可能没有西方那么凸显。因此,本节主要探讨新媒介传播实践中,农民如何理解家庭对个体社会化的意义,进而分析他们如何构建现代家庭样貌的想象图景。

一、新媒介传播语境下的夫妻关系

社会学认为构成家庭的核心成员为夫妻,家庭稳定和谐与

[①] 〔德〕盖奥尔格·齐美尔:《社会是如何可能的:齐美尔社会学文选》,林荣远编译,广西师范大学出版社,2002年,第188页。
[②] 朱秀凌:《家庭传播研究的逻辑起点、历史演进和发展路径》,《国际新闻界》,2018年第9期。
[③] 参见王政:《浅议社会性别学在中国的发展》,《社会学研究》,2001年第5期;庄渝霞:《中国性别理论研究综述学术交流》,2005年第6期;程铭莉、赵海月:《中国女权主义的国家革命责任及男性特色——兼论中西方女权主义差异》,《广西社会科学》,2015年第3期。

否很大程度上取决于夫妻关系。以夫妻为主构建的"初级群体"，不仅是个体成长的基础环境，也是今后影响其参与怎样的"次级群体"的关键性因素。① 随着移动互联网技术的普及，手机日益成为构建个体和家庭关系及文化意义的重要来源。访谈对象谈到，在抖音刚出现的时候，她的丈夫每天从早到晚拿着个手机，夫妻之间很少交流。她认为丈夫跟手机的关系比跟自己的关系更近，两个人之间产生了距离。为此，她经常以看手机多了对眼睛不好为理由，劝其丈夫少看为好。这在一定程度上也改善和增进了夫妻关系。② 维系与发展传播关系中的媒介，从来不是中立的，其一方面是塑造日常传播活动的舞台，为我们在不同时空维度中进行传播搭建起桥梁；另一方面我们的社会关系及日常现实的交往构建过程，也会随着媒介的参与而发生深刻变化，传播也由此时此地拓展到超越现实时空的交流。③ 实际上，随着媒介化日益深入，无论是直接交流还是围绕媒介展开的间接交流，媒介的社会影响是显而易见的。

> 网络中呈现的人和事，跟现实生活是有关联的。在家庭方面，电视剧里演的婆婆和媳妇的角色关系，无形之中人们也会比较自己的现实生活经验，并从中找到差距。这说明电视的影响力很大。我父辈那会，经常有夫妻吵架，和邻居吵

---

① 〔美〕查尔斯·霍顿·库利：《人类本性与社会秩序》，包凡一等译，华夏出版社，2015 年，第 59—60 页。
② 访谈对象 C44，访谈时间：2023 年 3 月 20 日。
③ 〔英〕尼克·库尔德利、〔德〕安德烈亚斯·赫普：《现实的中介化建构》，刘泱育译，复旦大学出版社，2023 年，第 41 页。

架。现在这种现象很少,人的眼界不一样了,受教育的程度也不一样,这说明人们的素质提高了。我觉得这肯定跟各种媒体宣传有关系。(C10)

最近在手机上看了老电视剧《神医喜来乐》。记得最有趣的情节是:李保田演的喜来乐平时怕老婆,大家都以为他是个妻管严。但在国家大是大非面前,他做事果断。水门提督为保大清朝,需要人帮助。出于大局利益,喜来乐要去帮他。结果他自己的老婆以死相威胁不让他去,弄得死去活来的。喜来乐说,就是休了你,我也要去。你看他表面是怕老婆,其实是尊重老婆。我觉得跟现实一样,平时家里有什么事家里说,夫妻之间有啥不能说。在外面(丈夫)还是要有烈性,做事要果断。这个电视剧的主题曲的歌词写得也好,有真情实感。(C26)

在手机上看电视剧,主要看《恶作剧之吻》,里面的氛围比较好,特别是家庭和睦让人羡慕。将来自己的家庭中,夫妻之间能够这样就好了。(C11)

老婆常年吃药,很早乳腺就出现了问题,还有肺结核。一年四季药就不断,多的一天七八十(元),少的也得一二十(元),这样家庭经济就比较困难。自己也很努力干活,比如开加工厂、收藏古钱币等,挣钱也还可以,但还是满足不了家里的花销,花钱如流水。后来买了智能手机,主要是用手机联系客户。闲了在短视频里看到我这种情况的也不少,有的是老婆瘫痪了,常年卧床不起,老汉(方言,指丈夫)得常年照顾,不离不弃;有的家里出了车祸,夫妻之间相依为命。还看到有个人好像是河南的,因为照顾老丈人一家感动了大家,还上了"感动中国"。[1]看了这些视频对自己也有影响。(C1)

C10从小就看到父辈们家庭里夫妻之间经常吵架,而现在身边这种现象不多了,他认为这与媒体的影响是分不开的。新媒介传播实践中,通过比较,农民重新认识了家庭单元中的夫妻关系,逐渐改变了不和谐的家庭关系。《神医喜来乐》虽然是一部历史剧,但C26在观看中领悟到,在家庭中恰当处理"听老婆话"与坚持原则的关系;他也从该电视剧的歌词中感受到夫妻相守一生的不易。C11通过观看网剧,构建了自己未来的家庭图景应该是夫妻和睦、关系融洽的良好氛围。C1在各类短视频中似乎看到了自己的影子,发现了与自己生存状况相似的"他者",认为这也是让他一直坚持改善家庭经济状况而"努力干活"、拼命挣钱的精神动力。

古德在《世界革命与家庭模式》中提出,在工业化和城市化的发展进程中,不同规模类型的家庭向夫妇式家庭类型的转变。[2]夫妇式家庭即核心家庭,是构成现代社会的基本社会单元。核心家庭为现代社会中的个体成长提供了重要的物质和精神条件。通过媒介化超时空的社会符号互动,个体对家庭存在意义的理解愈加深刻,认识到现代社会中的家庭是个人成长稳定的后方。笔者

---

[1] 经笔者查阅,访谈对象谈及的人物是谢延信。详见2007感动中国年度人物——谢延信,http://news.cctv.com/society/20080217/102454.shtml。

[2] 参见王思斌:《社会学教程》(第四版),北京大学出版社,2016年,第113页。

认为，乡村社会中核心家庭的稳定性，将是中国式农业农村现代化的基础性保障。而以新媒介技术为中介的超时空传播实践，其呈现价值导向正确的现代家庭图景，无疑为构建和谐稳定的新型乡村社会家庭面貌，创造了新的可能性。

二、重新认识其他家庭成员的关系

现代家庭中除了具有核心地位的夫妻关系，还有许多围绕夫妻关系形成的其他关系，如子女、父母等等。如同费孝通先生指出，中国乡土社会中的关系结构为"差序格局"。① 随着乡村社会的迅速转型，不少学者对此概念进行了反思。② 笔者无意参加相关的争论，而在调研中发现，乡村社会中"差序格局"的交往秩序，虽然在工具理性的影响下受到了一些冲击，但仍然是我们所调查村庄中明显的社会交往结构。在新媒介传播实践中，这种交往结构还影响到农民对家庭其他成员社会互动的重新认知。

> 最近在快手里看到一个视频，记忆很深刻：一位老人在街上卖气球，一不小心气球全飞了，老人着急忙慌地满大街抓气球。我看了之后既感到好笑，又为老人着急，能感受到老人生活多么不易。我爷爷跟他差不多，这么大年龄了还下地干活，也不容易。（C3）

---

① 费孝通：《乡土中国》，北京出版社，2004年，第29页。
② 相关的争论参见翟学伟：《再论"差序格局"的贡献、局限与理论遗产》，《中国社会科学》，2009年第3期；杨善华、侯红蕊：《血缘、姻缘、亲情与利益——现阶段中国农村社会中"差序格局"的"理性化"趋势》，《宁夏社会科学》，1999年第6期；陈俊杰、陈震：《"差序格局"再思考》，《社会科学战线》，1998年第1期。

> 手机短视频对我有触动，尤其是看到爱情类、家庭剧内容的时候，我也会想以后会嫁给一个什么样的人，还有结了婚，我怎样和婆婆公公相处。看了这些内容也会对自己有教育意义。（C18）

> 平时喜欢听通俗类的歌曲《天下第一情》。听这首歌与自己的生活是有联系的。自己作为女儿，对父母的养育之恩，一直没能报答。（C22）

从上述访谈对象对新媒介中相关内容的理解中，可以发现他们对初级群体中的亲人关系重新有了感悟。C3将快手中看到的视频与自己的爷爷进行比较，并能够感受到老人家生活的"不容易"。C18在短视频中联想到自己会有怎样的家庭关系，也提前了解到与婆婆公公如何相处的方式，为将来家庭中的交往储备了相关经验。C22在流行音乐中反思自己作为女儿的角色，觉得自己对父母有亏欠，常能想起报答父母的养育之恩。新媒介传播实践已经参与到访谈对象家庭成员关系构建的社会化过程中，并且对其个体的社会化产生积极作用。然而，在调查中，笔者也发现农民在新媒介提供的符号资源中，对乡村中的家庭关系进行了反思，认识到在家庭成员交往中的新关系。

> 我父母辈的思想比较保守，和我的思想差距比较大。教育背景不一样，思维也会不一样。抖音里看到一个视频，讲的是个女孩，人家的姥姥、妈妈都是独生子女，思想就比较开放，认为女孩必须婚前买房，不需要靠男方买。这样女孩在婚后财产上就有一定的独立性。我妈妈就和这些人的思维

差距很大,还是传统观念。(C25)

  今天农村人的交往和以前的差别也是很大的。现在人们的经济水平不一样了,人们之间的交往也势利了。比如亲戚们,你家这几年生活条件好了,亲戚们就会和你家走得很近;如果经济条件不好,亲戚们走动也很少。现在人与人的交往,包括亲戚间的,更带有利益性了。这种现象在抖音里经常能看到。今年过年的时候还看到一个视频里说,以前走亲戚从初一到十五都走不完;现在走亲戚,一天就能走十来家。放下东西说句话就走,也不吃饭,就像送快递的。说得特别真实。(C18)

  我对农村家庭调解方面的视频内容比较感兴趣。家庭是社会的细胞,家庭和睦了,社会也会安定。现在生活比以前是富裕了,但诱惑性也大了,导致年轻人可能会走弯路。我平时喜欢看《今日说法》,但事情多,顾不上在电视上看,一般在手机上看"过期"的。最近在手机上看到一则视频,说儿子不成器,把父母的别墅卖了,卖了620万,但没有经过父母同意。买家住进来后,那个儿子的父母向买家要100万过路费。原因是别墅外面院子的过路不属于买家的,买家需要另付费用。买主将卖家告上了法院。经法院调解,买家给这家父母再付15万元。这个事在网上还引起了争议。实际上,父母也是无奈之举,管不了自己的儿子,也只是想通过法律手段来治治儿子。父母与子女关系,现在也要靠法律来解决了。(C7)

C25 将父母的言行与短视频中的父母进行比较，在父母是否也给女儿买房这个问题上，认为自己父母的思想保守，不能为女儿将来的生活考虑。C25 的核心家庭成员有 4 人，除了父母，还有一个弟弟，弟弟在城里刚买了商品房。她认为其实女儿和儿子一样，也是需要婚前财产的。由此可见，在乡村社会家庭成员交往中，经济因素也日益凸显。C18 也发现了亲戚交往中的工具理性，传统的亲戚间单纯的血缘关系因素正在减少，利益性交往已经影响了乡村家庭成员的关系。在 C7 看来，现代农村社会中，法律也正在成为解决家庭成员矛盾的重要手段。传统乡土社会中基于血缘关系的家庭伦理，与来自新媒介传播中所呈现的家庭新关系的符号图景进行碰撞、互动、阐释与消解，成为个体社会化资源的一部分，参与到其现实社会关系的构建之中。

一个有意义的世界既由传播所造就，也在传播中得以存在。个体关于社会世界的经验，无一不是来自传播活动。新媒介作为一种常规性的传播技术，围绕新媒介展开的传播实践，日渐成为形塑使用者精神文化意义的重要符号资源。在此期间，使用者通过新媒介重新认识个人与他人的关系，个体社会化也在悄然发生。库尔德利和赫普指出，随着现代社会中社会化条件的变化，社会化在其基本方面已经日益变得媒介化了。[1] 因此，从某种意义上说，参与新媒介传播，已经不仅是一种生活方式或时尚选择，而且是媒介使用者在网络空间中对各类符号资源重新配置的必然反应。由此可见，社交媒体为个体自由活动提供了新型网络

---

[1]〔英〕尼克·库尔德利、〔德〕安德烈亚斯·赫普：《现实的中介化建构》，刘泱育译，复旦大学出版社，2023 年，第 185 页。

空间，个人在与各类平台的符号互动中，持续反思已经成为一种常态。在反思中，个体的社会化悄然发生着。

三、对现代化家庭的想象

党的二十大报告里提出了实现农业农村现代化的远景目标，为未来的乡村社会发展绘制了蓝图，这将是亿万中国农民努力奋斗的目标。农业农村现代化离不开农民生活的现代化，对现代化家庭的想象，能够反映出农民对现代化生活的向往。田野调查中，笔者观察到国家已经在所调查的这个村落里实施了一些现代化的改造：对农村环境方面的升级改造，如厕所改造、垃圾集中处理、天然气壁挂炉取代污染较大的煤等；增设农村公共体育设施，如篮球场、乒乓球台、健身器材，还有老年人棋牌室等，这些通常设置在村里的公共文化活动室里或门前相对开阔的区域。另外，在农村新盖的房子里，通常都进行了装修，房间布置有客厅、厨房、书房、主卧、客卧等，功能设置也做了明显的划分。一些访谈对象家里还购置冰箱、智能电视机、洗衣机等现代化的家用电器，有的人家还购买了轿车，在附近县城里购置了商品房等。由此看出，农村在物质方面日益呈现出现代化趋势。在精神文化层面，访谈中，他们表示出对现代化生活的憧憬，也对现代化家庭图景充满了想象。这些想象与新媒介传播实践有着密切关联。

> 最近手机上看了个农村题材的电影，里面反映的农村很落后。现在村里也有了一些改变，比如以前做饭用煤、电

磁炉、液化气,现在使用的是天然气,取暖也用的是气(指天然气)。在这些方面,我觉得跟城里也差不多。但是在看不见的那些方面,如家庭的生活方式、思想观念、子女教育等,还是差距明显。(C25)

抖音上经常看到呈现城市人生活方式的视频,我对城市的这种生活还是比较向往的。看见人家活得有意义,家庭妇女每天也能上班,每天有事干,还能挣钱,活得有价值。现在我就完全是一个家庭主妇,每天除了给丈夫做做饭,给家里打扫打扫卫生,就是拿个手机玩,一点价值都没有。(C30)

现在国家的政策是好,这几年农村的变化也比较大。在家庭方面,农村人肯定还是向往城市的生活。特别是在冬天,城市里集体供暖,暖气费用少还暖和。抖音里经常看见,城里人冬天在家里穿的都是半袖,真是太舒服了!在农村,冬天供暖对老百姓来说确实是一大笔消费,天然气收费很高,关键是花了钱,家里还不暖和。(C20)

C25通过观看与农村相关的电影,认为自己所在的农村比电影里呈现的更加现代化。但在生活方式、思想观念以及子女教育方面,农村的家庭状况还是要落后些。C30认为农村家庭的妇女除了相夫教子、干好家务事外,似乎也没有事情可做,由此流露出对城市家庭中妇女角色的羡慕之情。C20也认为近些年来,农村在物质层面的确已经有了改善,具备了一些现代化特点,趋向于城市里的生活。与使用煤相比,天然气虽然干净一些,但高昂的燃气费用让自己觉得,农村这种现代化的生活方式与城市还是不可同日而语。

从这些访谈对象的表述中,我们能够感受到农民对现代化家庭生活方式、家庭关系的憧憬。事实上,在他们看来构成这种现代家庭的判断标准,正是新媒介传播平台中所呈现的城市家庭生活样式。新媒介技术正是以一种不同于以往的传播形式,改变着社会空间与社会秩序,将遥远地方发生的人与事,通过"脱域"(disembedding)、"嵌入"(embedding)的现代性社会机制,影响了人们的传播实践活动。[①]换言之,在深度媒介化传播语境下,原先发生在一地的人与事,越来越受到遥远时空中因素的影响。农民正是在由新媒介技术所构建的家庭图景中,想象自己未来家庭应该具有何种景象。舒茨和卢克曼(T. Luckmann)在电话媒介的研究中指出,在社会环境中,自己直接或间接接触到的个体伙伴关系,对我们的影响越来越小,而我们越来越多地受到由电话所呈现的高度匿名关系的影响。[②]在新媒介传播实践中,无疑这种中介作用更强了。正如夏瓦所指出的,现在媒介化影响下的各种制度的虚拟化,意味着家庭失去了规范家庭成员行为的部分能力,转而由社会个体来决定其选择何种生活方式,并据此调整相应的行为。[③]换言之,新的制度语境不再是由个人所处的物理地

[①]〔英〕安东尼·吉登斯:《现代性的后果》,田禾译,译林出版社,2011年,第15—18页。

[②] Schutz, A. & Luckmann, T., *The Structures of the Life World, Volume II*, Evanston, IL: Northwestern University Press, 1973, p.44.

[③]〔丹麦〕施蒂格·夏瓦:《文化与社会的媒介化》,刘君等译,复旦大学出版社,2018年,第36页。

址所定义，而是逐渐成为一个由超越现实地理空间的媒介化所影响下的个体来决定。

笔者认为，各种新媒介平台中的城市家庭符号，对农民既有积极作用，又存在消极影响。积极作用表现在，可以激发农民为实现心目中的城市家庭图景而努力奋斗，调动起他们改变生活现状的积极性，具有正向的吸引作用。然而，新媒介所构建的现代家庭符号也可能对农民精神世界产生不良影响。我们无意说，农民现代家庭观念的变化全部由新媒介传播所决定，但与此相关的各种媒介符号，必然会参与构建农民的日常生活世界。正如 C30 对自己作为家庭主妇的角色定位感到不满，逐渐开始厌倦现在农村的生活方式。我们对新媒介传播实践中的这种现象应该有足够的关注。

第二节　新媒介传播对乡村人际交往的影响

与中国农村社会转型相伴随的，是农村社会交往关系正在悄然发生着变化。这些变化不仅体现在家庭的社会化层面，而且反映在其他类型的农村社会交往中。齐美尔探讨了社会形成的微观机制。他认为，各种主体借助另一个范畴，观察自己和相互察看，使他们在形式上能够产生经验的社会。[1] 社会统一体只有通过一种意识的过程才能够获得，即根据一定的交往规则，使处于

---

[1] 〔德〕盖奥尔格·齐美尔：《社会是如何可能的：齐美尔社会学文选》，林荣远编译，广西师范大学出版社，2002 年，第 366 页。

特定形式中单一的个体要素，与另一个单一的要素发生关联，社会关系正是在此过程中被构建。从传播媒介来看，如今深度媒介化的社会明显不同于齐美尔所处时代的媒介境况。随着数字媒介技术的普及，现实的人际交往越来越受到媒介中介的影响。如同访谈对象说道："以前农村人生活比较缓慢，吃饭在街上边吃边聊，现在这种现象没有了，因为农村人的生活节奏也变快了，种大棚的、打工的，再没有时间出来聊天了。另一方面，有空余时间还想看看手机，刷刷视频。这种现象肯定跟手机有关，手机已成了人们生活的必需品。"[1]在日益媒介化的传播语境下，个体在参与各种新媒介所提供的符号互动之中，逐步学会理解和建立与他人、与世界的关系。在田野调查中，发现农民日常生活中许多为人处世的经验道理，与其新媒介传播实践有着密切联系。

一、工具理性下的农村人际交往

韦伯将社会行动分为四类形式，即目的理性式、价值理性式、情感式和传统式。[2]目的理性式是指通过对周围环境和他人客体行为的期待所决定的行动，这种期待被当作达到行动者本人所追求的和经过理性计算的目的的条件或手段。换言之，为达到某种目的，个人在社会行动前总要进行理性计算，从而决定是否

---

[1] 访谈对象C6，访谈时间：2023年2月10日。
[2] 笔者在此借鉴了韦伯对现代人社会行动中关于工具理性的分析。其余三种社会行动类型的分析参见韦伯：《韦伯作品集Ⅶ：社会学的基本概念》，顾忠华译，广西师范大学出版社，2005年，第31—32页。

与他人展开社会行动。这种行为也称为工具理性下的交往行动。在访谈中,农民表示现在农村人际之间的交往,也发生了一些变化。

> 农村人与人的交往是有差距的,以前村里人交往是带有感情的交往,是精神上的交往;现在人的交往,是带有经济利益的交往,比较讲究实际,而且戴着有色眼镜。如果你在外面混得好,来了非常尊重你;如果混得不好,即使你在饭桌上敬他们酒,他们也很抵触。在村里朋友家圆锁的时候,就是这样。要是混得不好,在微信群里说话也没有人接茬,没人搭理你。(C10)

> 最近看了一个视频,说一个农村人过年回家,全村人逢人就跟他打招呼。一开始感觉视频拍得夸张,想想其实现实就是这样的。村里人的交往也戴着有色眼镜。在外面混得好的人,回家过年、办事,离50米远就开始打招呼,见了面就让座,端茶、倒水、敬酒,很明显就是抬举人家发展得好;那些在外面混得不好的,回到村里大家看见也是躲着走,碰到面也是当空气。用一句话说:都比较势利了。(C20)

> 现在农村人跟以前的相比,有天差地别!以前的人带有人情味,比如谁家有事,马上放下手边事,去帮忙;现在是带着利益关系进行交往,你要是没利用价值,办事的时候很难叫来人帮忙,没有纯粹的人情味了。抖音上说的就很现实,农村人也变了。(C7)

农村人的人际交往确实发生了变化，越来越没有人情味了！以前大家经常串串门，现在人都不想出门了。这和手机是脱不了关系的，大家想说的事，手机都能解决了。还有手机里的一些短视频，也会影响人们的人际交往，人心都发生了变化，俗话说："近朱者赤，近墨者黑。"①（C6）

从上述访谈中可以看出，农村社会中人际交往与以前已经明显不同，访谈对象认为以前农村人注重乡土人情，现在人更看重实际利益。传统社会中基于血缘、地缘的乡村社会秩序，已经介入了新的社会行动因素。如上一章中所列举的，C15运用新媒介技术，解决现实社会中遇到的法律问题的案例中，可以发现其正是通过法律手段来调节与村里其他人的关系，而且在案例中，人与人的交往也转向工具性关系；C7也谈到，其经常观看《今日说法》节目，认为法律可以帮助自己处理日常生活中遇到的棘手问题。易言之，在农村社会人际交往中，在经济利益、相互利用等交往逻辑中，法律正逐渐成为农村人际交往中使用的常规性手段。因此，农村人际交往日益呈现出工具理性的特点。从访谈对象陈述之中，发现他们将这种人际交往逻辑的变化，与日常生活中的新媒介进行比较、互动、阐释，有的人将之归结为"近朱者

---

① C6还谈到自己对短视频中有教育意义的内容比较关注，视频里的那些话都说得很好。比如最近看了一个视频，内容大致为：当你对别人有用时，人性就是善良的；当你对别人没用时，人性就是自私的。当你阻碍别人赚钱时，人心就是险恶的；当你能帮别人赚钱时，人性就是忠诚的。你所有的烦恼，都来自你的无能，来源于存款太少。只有你的实力强大了，才能感受到这个世界的美好。访谈中，C6频频引用各类"生活哲理"类（类似于心灵鸡汤）的话语，告诉笔者人在社会中如何处理与他人的关系。

赤，近墨者黑"。

正如社会学家赵善阳认为，在线交流不是现实世界中面对面交流的补充，而是我们接触了解他人的基本方式之一。[①] 人们社会交往的方式由单一的"此时此地"变为"此时此地"与"此时彼地"二者共存的传播现实。舒茨也提出周遭世界和共同世界的区分，前者是由面对面直接接触所构成的环境，我们也可以称之为现实环境，而后者是非直接交往所构筑的环境，我们也可以称之为经由各种中介所形成的环境，其中最主要的中介是各类媒介技术。[②] 伴随新传播技术下沉，共同世界重要性更加凸显。日常生活中的新媒介传播实践，无须身体上的共同在场，却是我们了解他人、接触社会的基本方式之一。在此，媒介在影响人，人也在构建媒介，二者在传播实践中形塑着"共同世界"的样貌。在现实社会中农民个体间的交往，越来越趋向工具理性特征，而有关现代人交往之道的"生活哲理"，也在新媒介中不断呈现，如同在上述 C6"近朱者赤、近墨者黑"的朴素表达中，可以看出媒介与使用者并非单向影响，而是相互建构，并持续参与农民个体的社会化过程。

二、比较媒介中呈现的村干部

在笔者调研的村落里，去年刚经过选举产生了新村支两委。

[①] Zhao, S., "The Internet and the Transformation of the Reality of Everyday Life: Toward a New Analytic Stance in Sociology", *Sociological Inquiry*, 2006, 76(4).
[②] 〔奥〕阿尔弗雷德·舒茨：《社会世界的意义构成》，游淙祺译，商务印书馆，2012年，第282页。

由于乡镇对新参选的干部尤其是关键领导有新的要求，[1]目前该村村支书和主任由乡镇指派 1 名副镇长担任，副主任、会计等是本村村民。在探讨农民人际交往中，除了上文中邻里交往，还应该将普通村民与村干部的人际交往包括进来。本小节主要论述经新媒介传播实践所呈现的村干部形象，在农民日常生活中表现为何种意义。下一小节将专门论述新媒介对农民与驻村干部日常交往的影响。

本村村干部属于本村常住人口，身处在传统农村交往秩序之中，与村落里其他人的交往属于"熟人社会"，需要遵守乡村社会中熟人交往的基本逻辑。[2]随着手机等新媒介技术的普及，村干部与普通村民的交往日益通过这些平台进行，比如在笔者调研的村落中就专门组建了"本村工作联络群"，群主是本村的会计，目前群人数 340 人。[3]群里经常转发一些镇政府下发的通知，还有一些疫情防控、农业物资供应等方面的服务类信息。正如 C21 谈到，在防疫期间，什么时候需要在哪里做核酸，在哪里领退烧药等，都会在本村工作联络群里发这些信息。大家看到后相互转告，很快就把全村人召集起来了，非常方便，再不用挨家挨户跑

---

[1] 由于调研的村落里没有符合竞选村支书和主任条件的人，所以镇政府指派 1 名副镇长担当该村的支书兼主任。村里的副主任、会计、民调主任、妇女主任等其余干部还是从本村村民中产生。

[2] 贺雪峰：《熟人社会的行动逻辑》，《华中师范大学学报》（人文社会科学版），2004 年第 1 期。

[3] 笔者所观察的微信群里，有许多人不是完全生活在村里，即他们在县城里买了商品房，也住在城里。冬天的时候在县城里，因为城里暖气比较好；夏天的时候也常回村里，因为村里比较安静。这些人通常在遇到村里亲戚、朋友家办事的时候回来，或者农忙的时候也经常回村里。

腿了。原来农村社会中的个体与村干部面对面的人际交往，也逐步受到新媒介技术中介的影响。这种由各种媒介所呈现的传播实践，既包含了面对面的交流，如微信视频，也将媒介化情境中的意义进行延伸、替代、融合与调节，如网络新媒介中各种拓展的弱连接。在新媒介传播中，个体不再需要如以往那样，为获得周遭世界的信息而付出太多的努力，在唾手可得的新媒介中，不仅可以增强既有的社会联系，还可以开拓新交往。

> 看电视愿意看涉及农村题材类的，经常会把看的电视跟咱自己的现实相对比。最近看了《高山清渠》，感觉人家那里的村干部能够带领大家一起走向幸福生活，尽管中间也经历了许多矛盾和困难，但正义终将赢得胜利。相比之下，本村的干部就差很多。（C20）

> 我还在村里的微信联络群中，把自己跟WB家的事发出来让众人评评理。人家根本不讲理，看到我发的信息，他老婆就开始骂，骂得很难听。村里干部也在群里，没一个人敢吭气，假装看不见信息。（C15）

> 现在的村干部跟短视频里看到的那些还是不一样，人家那是既有能力也有意愿带领全村人一起干。现实的还是不行。（C6）

> 我愿意看法律方面的电视，《人民的名义》真实反映了现在的社会现象。现在的年轻人法律意识太欠缺，特别是村里发生的事，有些国家政策到了底下实施中，肯定会有克扣。如果懂法律的话，拿法律说话，一些事情很快就解

决了。(C17)

前几天看了《幸福到万家》,主人公开了一家旅馆,吸引的游客比较多。她还把这些游客引到其他村民开办的农家乐里。这就是有钱一起挣,如果现实也是这样做的话,农村里的贫富差距就会小。(C18)

从上述引用访谈对象的谈话中,可以看出他们在新媒介中将现实村干部与媒介呈现的村干部进行比较,并发现了二者之间的差距。C20、C6 和 C18 认为电视中的村干部能带领大家一起干,奔向未来幸福生活,而现实中身边还缺少这种能人;C15 认为一些村干部不负责任,在群众中也缺少威信,虽然他们在微信群里,但对村里有些事务"假装看不见";C17 认为国家政策在基层社会落实过程中,村民可以通过新媒介来查询相关政策,必要的时候可以拿起法律武器。笔者试图想说明的是,农民个体与村干部的交往,也越来越呈现出媒介化特点,即农民会以新媒介中呈现的村干部形象来想象、期待和要求现实社会中的村干部。无论会有怎样的想象、期待和要求,在实际工作中,这些被媒介化的符号总会成为农民与村干部交往经验的一部分,并构成其评价村干部、构建新关系的基础。

三、新媒介与现实中的驻村干部

上面论述了普通村民与村干部社会交往中的媒介化现象。传统村落中基于乡村礼俗的交往逻辑,日益受到来自新媒介传播实践的影响。村干部作为乡村社会中的重要权威,在某种程度上,其社会角色和政治身份正在经受新媒介传播的某些消解。驻村干部[①]因其身份的特殊性,不同于村干部,他们与村落里人属于一种不远不近的关系。[②] 在笔者调查的村落中,发现所在村中也有一名驻村干部。因其主要担任副镇长,兼任调查村的书记和主任,属于"一肩挑"。镇政府所在地与调研的村相距4公里,且几乎全是山岭路,路不太好走,需要开车来村里。村民对驻村干部的角色和形象,有自己的一些理解。

> 最近在看电视剧《江山如此多娇》,濮泉生就是驻村干部,你看人家把村建设搞得多好。咱们这里的驻村干部和村里人联系少,顶多来了跟副主任、会计交流一下,安排一些最近的任务。(C12)

> 国家在村里派驻干部的政策是好的,但是在现实中就变味了。电视剧里和现实是有差距的。驻村干部主要引导农民致富,但在现实中这些干部有时一个月不来一次,有名无实,完全没有起到真正的引领作用。(C9)

> 在脱贫攻坚类的电视中,看过驻村干部的形象。有的村里也有驻村干部,我们下乡打疫苗时,就是驻村干部接待我们。但是我们这个村的驻村干部没有在村里居住,也没有深入村民了解情况,最起码他们应该对整个村里村民情况有所

---

① 驻村干部指的是村级以上单位派人前往行政村或自然村开展帮助村级工作的一类人。驻村干部既是党的路线方针政策的宣传者,也是基层群众能真切感受到党和政府关怀的体现者。参见张小丽:《驻村干部"驻村"更要"助村"》,中国青年网,2023年1月25日。
② 李红艳、冉学平:《以"乡土"为媒:熟人社会内外的信息传播》,《现代传播》(中国传媒大学学报),2022年第1期。

了解。(C21)

　　驻村干部最起码能了解村里的方方面面,比如每家的经济情况、每户的生活状况。只有了如指掌了,才能为农民谋福利。现在他们到村里来,主要是听村干部意见,村干部反映啥情况驻村干部就听啥。农民有时在网上发抖音,也会对这些情况发发牢骚,宣泄一下。(C14)

如同对村干部形象所形成的落差,从上述访谈对象陈述中,我们可以感受到农民对驻村干部形象也表达了相似的落差意见。农民对一些驻村干部的不满意,既来自他们对新媒介中呈现的驻村干部形象的比较,也与现实社会中一些驻村干部不能深入基层掌握驻村的基本情况致使出现一些错误决策有关。驻村干部在乡村社会中处于上传下达的角色,应当发挥好沟通基层社会与乡镇政府的桥梁作用。驻村干部因其掌握如此多的信息,应该在乡村社会发展中起到引领作用,成为乡村振兴的重要依靠力量之一。然而,从实际调研的情况来看,"驻村干部不驻村",缺乏与普通农民日常交流,不了解实际情况,一些驻村干部渐渐与农民之间形成了传播隔阂。笔者认为,驻村干部作为村里的第一书记和主任"一肩挑",一方面他很少驻村,与农民缺少现实面对面的交往;另一方面他不在本村的工作联络微信群里,也不能通过新媒介及时掌握村庄里发生的情况。正如罗蒂(Richard Rorty)所言,只要交谈还在继续,就永远有达成共识的可能。[1] 因此,我们主

---

[1] Rorty, Richard, *Philosophy and the Mirror of Nature*, Princeton: Princeton University Press, 1979, p. 318.

张从"交流共识"视角出发，驻村干部应当充分利用线上线下的交流渠道，增加与普通农民沟通的机会，真正发挥其在乡村振兴中的引领作用。

小　结

杜威（John Dewey）认为，社会不仅因传递与传播而存在，更确切地说，社会就存在于传递与传播之中。[①] 换言之，传播是社会构成的基础。在媒介化传播实践语境下，这一点体现得愈加明显。凯瑞也谈到，我们人类区别于其他动物的一个重要标志，先是用符号创造了世界，然后我们又栖息在由我们自己创造的符号世界里。[②] 本章从两个方面论述了农民在新媒介传播实践中，如何构建关于家庭的符号世界，又是如何通过新媒介中的符号理解与村里人的社会交往。农民在由自己创造、编织的符号意义之网中，理解周遭世界和共同世界。社会化过程也由此悄然发生着改变。

在新媒介传播实践中，农民个体社会化呈现出不同的样貌。访谈对象表示，手机成为其了解世界的第一传播媒介技术，农民的日常生活无法忽视手机对其深入、持久的影响。以手机为代表的新媒介，参与到农民日常生活世界中，并成为其经验知识的一部分。由各种新媒介技术所呈现的传播，将不同的社会关系整

[①] Dewey, John, *Democracy and Education*, New York: Macmillan, 1916, p. 5.
[②] 〔美〕詹姆斯·凯瑞：《作为文化的传播："媒介与社会"论文集》（修订版），丁未译，中国人民大学出版社，2019年，序言，第11页。

合到网络空间中,既开拓了人们的交往范围,为农民打开了新世界,也给日常生活带来了新的矛盾。原本乡村社会中的各种关系,包括家庭夫妻关系、其他成员关系以及农村社会中,其他次级群体的人际交往关系,都需要在新媒介传播实践中重新对话与反思。如此,一方面农民在新媒介符号中进行比较,从而获得关于现代家庭图景的想象;另一方面在比较之后,也会对现实世界产生部分失落感,影响个体实现社会发展的动力。访谈中也发现了他们对现实状况的一些不满情绪。笔者认为造成这种状况,部分是与新媒介传播中的信息隔阂有关。由此,通过疏通传播机制,建立顺畅的普通村民与乡村干部的沟通体系,成为必然的路径。

第五章　太行老区农民在新媒介传播中的国家观念

较早关注媒介对现代国家形成的影响，当属本尼迪克特·安德森（Benedict Anderson）。他将民族共同体的形成视为想象的过程，而想象的资源正是来自各种媒介中所传播的象征符号。他认为即使最小的民族，大家也不可能全部相互认识。媒介在日积月累的信息呈现中，扮演着象征性社会黏合剂角色，使不同社会个体紧密团结在一起。[1] 杰弗里·亚历山大（Jeffrey Alexander）也认为，媒介能够在文化层面构建起社会组织的象征符号，并借此创造出社区共同体。[2] 媒介不仅为个体理解社会创造了共同经验的参照，同时还构建了一个传播语境，个体在其中可以从自我的角度观察和理解社会。

---

[1]〔美〕本尼迪克特·安德森：《想象的共同体：民族主义的起源与散布》（增订版），吴叡人译，上海世纪出版集团，2011年，第6页。

[2] Alexander, J. C., "The Mass News Media in Systemic, Historical, and Comparative Perspective," in Katz, E. & Szecsko, T. (eds) *Mass Media and Social Change, Sage Studies in International Sociology*; 22, London: Sage, 1981, pp. 17-51.

夏瓦认为,在创造共享经验领域方面,媒介具有三类功能。首先,媒介构建了一个经验分享的领域,即媒介对大千世界事物状态的持续呈现与解读,个体在其中建构身份认同感和社群意识;其次,媒介扮演着机构内部与机构之间关系的联结纽带,如电视新闻将政治带到起居室,手机将人间百态带入个人经验世界;最后,媒介还创造了政治公共领域,即媒介为各个制度和机构,提供了一个维护自身利益而相互交流的公共舞台。夏瓦继续说到,媒介有助于精神交往的移动性,其建构起一个跨越制度和机构的经验的公共视野,消解地区性文化,建立起共享的国家层面的经验领域。[1] 由此,更进一步讲,媒介化已经成为与城市化、工业化同等的社会力量,对构建社会共同体具有不可替代的作用。从夏瓦的论述中,不难发现国家作为符号经验层面的精神意义,其很大程度上取决于媒介。基于这些论断,本章主要论述太行老区农民在新媒介传播实践中形成了怎样的国家观念,这些观念又是如何与其日常生活联结在一起。

国家观念是指在媒介化影响下,个体在新媒介传播实践中形成的,有关国家的政治知识、国家政策以及国家情感等方面的精神文化意义,其中也包括在这些观念形成中的一些倾向性评价。国家观念的形成离不开媒介,媒介不仅描述世界,更重要的是它提供了理解和解释世界的基本范畴框架。[2] 下面从太行老区农民国家观念的三个层面分别进行论述:新媒介中的政治新闻、对新

---

[1]〔丹麦〕施蒂格·夏瓦:《文化与社会的媒介化》,刘君等译,复旦大学出版社,2018年,第39页。

[2] 同上注,第40页。

媒介中涉农政策的理解以及新媒介里的国家情感。

第一节 新媒介中的政治新闻

笔者从50名访谈对象中了解到,他们平日生活里有目的性地搜集和观看政治新闻的不多,在50人中只有10人,占比20%;大多数人是无意间看到手机里出现了政治类的信息,才进行阅读或观看,这些人有21人,占比42%;另外,还有一部分人表示不看政治新闻,尤其是女性。有目的性地搜集和观看政治新闻者,其主要渠道是今日头条、腾讯新闻、百度新闻等,他们手机里下载有相应的软件。无意间阅读或观看政治新闻者,主要是在登录手机浏览器时跳出的新闻页面,或微信群里看到大家转发的政治类信息,或刷短视频的时候"不小心"刷到的。那些不看政治新闻的女性表示自己不感兴趣,因为对自己生活没什么用。

一、接触政治新闻

《新闻学大辞典》中对政治新闻(政治新闻报道)的解释是,对国家、政党和公民的政治思想、政治会议、政治事件、政治外交及日常政治生活等方面的报道。政治新闻曾被称为是"报纸的心脏和灵魂"。[1]《新闻传播学大辞典》称政治新闻是以党政机关为采访领域,以国家方针政策贯彻执行过程和领导层的重要公务活动为报道范围的新闻体裁。综合二者来看,政治新闻实质是对

---

[1] 甘惜分主编:《新闻学大辞典》,河南人民出版社,1993年,第151页。

与党和政府有关的人和事的一种新闻报道文体。当前的主流新闻媒体应该是报道政治新闻的主力军，对团结人民、凝心聚力具有重大意义。[1]有学者针对国内提供政治新闻的重要媒体节目《新闻联播》进行研究，发现《新闻联播》更主要的是建构共识的政治仪式功能，而非信息媒介功能。[2]由此可见，政治新闻对人们日常生活的重要意义。笔者在调查中发现，农民在日常生活中对政治新闻也有自己的理解。

> 家里装宽带3年了，用智能手机主要是为了看新闻方便。一有时间，我就在手机上看新闻，看（今日）头条的新闻比较多。我喜欢看国际新闻，要是不看，就觉得好像有个事情没干。（C7）

> 早晨起来就看手机，打开今日头条，有以前看过新闻的最新进展情况。最近看的是俄乌冲突，关注了好长时间，不知道最后结果是个啥，跟看电视剧一样，一直揪着你看下去。（C12）

> 每天都会打开今日头条，因为下载了它的App，使用起来会比较方便。关注了地方政府，比如最近县委书记换了谁等这类信息。另外，还对俄乌冲突比较关注。（C21）

从上述引言中，我们可以看出一些农民对手机政治新闻的

---

[1] 童兵等主编：《新闻传播学大辞典》，中国大百科全书出版社，2014年，第307页。
[2] 周勇、黄雅兰：《〈新闻联播〉：从信息媒介到政治仪式的回归》，《国际新闻界》，2015年第11期。

接触，呈现出每日"稳定"阅读的特点，如同研究者针对《新闻联播》仪式功能的分析，笔者认为农民对手机中的政治新闻也有某种"仪式"性接触。按照库尔德利所指出的，所谓的媒介仪式研究，不是把具有某些特殊性的表演活动拎出来进行解读，而是要把握媒介所提供的整个社会空间。在此空间中，任何涉及媒介的东西都可能成为类似仪式的东西。他将之称为"媒介的仪式空间"（the ritual space of the media）。[①] 因此可以说，上述农民对手机政治新闻的"稳定"接触中，呈现出仪式化特点，也应当属于一种媒介仪式。在新媒介传播条件下，进一步拓宽了媒介仪式的研究领域。新媒介中的各种信息，包括技术本身，都可能构成参与媒介仪式的重要组成部分。一方面媒介仪式可以将日常生活中的媒介使用，久而久之养成一种习惯，成为解决问题、寻找经验首先想到的媒介物，即海德格尔所分析的由"在手"之物变为"上手"之物；另一方面任何媒介仪式都会提供一种与此种媒介有关的社会秩序观，使身处其中的参与者逐渐变得习焉不察，并成为使用者理解和解释世界的基本范畴和底层逻辑。需要说明的是，与库尔德利对资本主义媒介仪式批判所不同的是，笔者认为中国当前新媒介传播中的政治新闻整体传播态势较好。然而，新媒介的超时空特性，也为来自国内外乱七八糟的各类政治信息和截然不同的观点，提供了便捷的传播平台。对待这些不良政治信息和观点，我们应该保持足够的警觉。

[①]〔英〕尼克·库尔德利：《媒介仪式：一种批判的视角》，崔玺译，中国人民大学出版社，2016年，第2页。

二、政治新闻有什么用

中外学者已有关于政治新闻对政治观念和政治行动的相关研究。如布朗等认为，人们大量接触媒体中的政治新闻，可以激发公众对政治的参与兴趣。政治新闻不仅影响人们的政治意识，而且会影响人们的政治行动。[①]笔者认为，这些研究过于将政治新闻的影响限定在政治领域，从而忽视政治新闻的其他社会影响。事实上，在日常生活中，政治新闻有多层面的社会文化意义。

> 在政治新闻方面，我主要是了解政府法律法规，比如劳动合同方面的，进城打工就得跟单位签订合同，这些贴近自己的生活实际。从实际层面看，目前国家对法律的执行力度还是不够强硬。不是有人说嘛，如果想挣钱就多看《新闻联播》，了解国家倡导什么，跟着国家政策去投资，肯定对老百姓是有益的。（C11）

> 看新闻是今日头条，平时推送的内容很多，有时候就会点开来看。最近对政府在村里拆迁方面的新闻感兴趣，万一要是轮上我们这里拆迁，好提前了解一下。另外，还喜欢看外交官员的新闻，口才好、有胆略，非常羡慕人家的表达能力。（C13）

> 我比较关注国家政策方面的新闻。感觉到国家已经给老百姓提供了不少政策帮助，但我们仍然没有明显感受到多

---

① 转引自王童辰、钟智锦：《政治新闻如何塑造参与行动：政治心理的视角》，《国际新闻界》，2018年第10期。

少实际的好处。比如每斤玉米国家给你增加1毛钱，你肯定感受不到，但要是每斤增加1元钱，你肯定能感受到。这就是咱们国家现在追求稳定，而老百姓希望跳跃式发展，二者存在矛盾。我读书虽然不多，但能从这些内容中悟出许多道理。(C10)

从新闻上了解到，现在国家提倡共同富裕，虽然国家政策导向上发生了很大的变化，更加注重为老百姓谋福利，但我们老百姓感觉生活上有些方面仍然比较难，看病、做事，到处有困难。不过看了这些新闻最大的好处，就是你知道别人不知道的，能跟村里人闲聊的时候瞎吹。(C8)

从这些访谈对象谈话中，我们可以发现他们不只把政治新闻视作政治观念和政治行动的一部分来认知，而且把政治新闻中的"所得"与自己的社会实践密切联系在一起。C11从政治新闻中了解到法律的作用，从《新闻联播》中领悟到国家政策与投资的关系；C13看政治新闻是因为羡慕外交官员的口才，并从中模仿语言表达的技巧；C10从国家制定政策的稳定性，体验到理想与现实之间的微妙关系，并且他喜欢从政治新闻中感悟这些道理；C8接触政治新闻，可以在与邻里交往中获得一定的优越感。由此可以看出，政治新闻带给农民的"用处"，远比我们通过量化研究发现的那些关系更加复杂、更加多元。事实上，笔者在前文中已经论述过，农民通过新媒介平台进行的多种学习活动。本部分主要探讨他们从政治新闻中，获得有关日常生活的间接经验。

三、理解政治新闻

笔者从政治新闻对农民的"有用"性层面进行了论述,他们的这些功利性是与其现实生产生活实践密切关联的。笔者认为,恰恰因为政治新闻有如此嵌入实践活动的适用性,他们才会经常接触这类内容。而所谓的媒介仪式,才有了形成文化惯习的现实依据。在调查中,发现访谈对象除了对政治新闻产生功利性学习之外,还有着更加丰富的意义理解。

> 最近看乌克兰和俄罗斯的冲突,这场冲突主要是美国在里面瞎掺和。中国、俄罗斯、乌克兰、美国之间的关系很复杂。美国还联合欧洲势力,力量就很强大。但美国离不开中国,当然中国也离不开美国。国与国之间既存在矛盾又存在依赖。跟村里的人也差不多,最好不要得罪人。(C7)

> 除了在今日头条里看政治新闻,也会在浏览微信里的信息时,稍带看一下腾讯新闻。里面也大多是关于俄乌冲突的。我感觉在这场冲突中,中国处于中立面是对的。跟两人打架一样,向着谁都不好。(C12)

> 我喜欢看一些政治新闻,包括下面的评论,能从中了解一些知识。比如关于俄乌冲突的进展,俄乌形势的分析等,那些网友分析得还挺有道理。我们国家就应该保持中立。国事如家事,你帮助邻居,他也会记得你的好。(C21)

> 政治新闻就是国家让我们有安全感的新闻。这些新闻经过层层把关,最后才能呈现出来。你看短视频平台里,有的国际新闻也能播出来,还会呈现两种不同观点。这也反映出

国家对一些事情上的放松，但这也容易让一般人不知道该信哪个，该怎样判断。（C34）

我们可以看出，C7、C12 和 C21 从不同角度理解俄乌冲突事件，但他们都拿这次军事冲突与邻里之间的矛盾相比，比如"不要得罪人""向着谁都不好""你帮助邻居，他也会记得你的好"等。通过比较，农民认为邻里间应该团结，相互帮助。换言之，他们把原本超越自己认知世界的事物，又重新纳入已有知识框架中进行熟悉化的理解，最终转变为日常生活经验的一部分，成为今后理解其他事物的经验基础。

南希·贝姆（Nancy Baym）提出"网络化集体主义"，[①] 即一群人通过互联网以及其他新媒介技术建立的新型网络关系，从而构建起一种新媒介传播实践中的经验共有但分散于现实各处的群体认同。库尔德利和赫普也提出了"媒介化的集体"概念。他们认为家庭、同辈群体等，这些人有意义的归属形式，在一定程度上是通过媒介的使用得以建构的。[②] 笔者认为，他们提出的相关集体主义的理论，侧重基于网络技术构建的具有一定外在形式的新型集合体形态。与此相比，访谈对象在对政治新闻的理解中，所阐释的并非是一种"有一定外在形式"的集合体，而是一种无外在形式的新型媒介集合体，即人们在新媒介传播实践中，经由符号互动所形成的对他人的感知和理解，进而产生相互团结、彼

[①] 参见 Baym, N. K., *Personal Connections in the Digital Age*, 2nd edn, Cambridge, MA: Polity, 2015, p. 101。

[②] 〔英〕尼克·库尔德利、〔德〕安德烈亚斯·赫普：《现实的中介化建构》，刘泱育译，复旦大学出版社，2023 年，第 212 页。

此认同的新型精神集合体。笔者认为，农民在日常生活中形成的精神结合体，类似于安德森从文化意义层面上对"想象的共同体"的分析。这种"无形的精神集合体"既补充了库尔德利等学者提出的网络共同体理论，同时又丰富和拓宽了探讨新媒介传播实践中新型集合体的知识边界。有关这一点，笔者还将在后文中进行分析。

第二节 对新媒介中涉农政策的理解

党的二十大报告中，在总结既有的成绩方面有这样的表述："我们深入贯彻以人民为中心的发展思想，在幼有所育、学有所教、劳有所得、病有所医、老有所养、住有所居、弱有所扶上持续用力，建成世界上规模最大的教育体系、社会保障体系、医疗卫生体系，人民群众获得感、幸福感、安全感更加充实、更有保障、更可持续，共同富裕取得新成效。"在田野调查中，农民对涉及自身利益的相关政策也格外关注。在访谈中，他们提到最多的有三类，即农村教育、农村医疗和农村养老。这也体现在上述党的二十大报告中。不同的访谈对象，向笔者提供了他们浏览短视频的相关记录。[①] 笔者发现他们对上述这些政策的了解，与短视频平台有很大关系。[②] 短视频中有许多账号对上述三类政策都

[①] 比如访谈对象C6、C8、C10、C17、C32等人，为笔者提供了他们近期在快手、抖音平台上的使用记录。

[②] 比如访谈对象C8的抖音短视频里，有温铁军教授对文化教育的看法，他主张"文化教育不在庙堂之上，而在乡野之中"，短视频时长1分50秒，呈现了他对现代教育的一些观点。其核心是：教育文化交给农村，让农民去发展教育和医疗，因为他们最懂得农村中的各种资源，知道丰富的在地化的知识，可以帮助农村社会如何发展，从而转化为本地化的效率。

有一些不同层面的解读。下面分别予以阐述。

一、对农村教育政策的理解

笔者从中国知网检索有关中国农村教育政策的相关研究，发现最早始于20世纪90年代。主题设置为"农村教育"，检索范围只限定在核心期刊和CSSCI期刊，相关研究总计5552篇（检索时间：2023年3月1日）。农村教育始终是中国教育体系中的重要组成部分，也是乡村振兴战略实施的重要抓手。我们党和政府历来重视农村教育工作，尤其是党的十四大以来，我国坚持教育优先发展战略，逐步实现教育公平，合理配置教育资源，重点就是向农村、边远、贫困、民族地区倾斜，农村教育状况明显改善。调查中，访谈对象也感到近些年来农村教育有了明显进步。比如孩子的书本费不用交了，来农村支教的高学历大学生多了，孩子学校里的教学环境、教学设施得到明显改观等等，但与他们想象中的教育还有一些距离。

> 现在人们的生活条件好了，希望自己的孩子得到更好的教育，农村的教育其实是城市化了。现在乡村上学的学生越来越少，城市的学生越来越多。实际上进城学习并不一定就能取得好的成绩，但有的人为了面子，还是要让孩子进城里接受教育。快开学的时候，在手机上就能看到进城送孩子的视频，有的骑电动车、有的开车，黑压压的一片，挤着还怕呢！现在手机对孩子的影响也很大，比如一些不文明的视频经常会跳出来，可能影响孩子们的身心健康；还有一些视

频，男人女性化，打耳钉、穿奇装等，对当代年轻人来说，这成了一种流行风。国家应该对网络和这些内容严格把关，为孩子们创造一个良好的教育环境。（C2）

手机看多了，大家就会受到潜移默化的影响。跟城市比，农村还是落后，国家应该加大对农村教育的支持力度，多给老百姓开设一些文化课堂，提升农村人的文化素质。时间长了，老百姓才能逐步改变，乡村才能振兴。（C21）

上述中可以看出，访谈对象对农村教育政策的理解，是与他们的新媒介传播实践联系在一起的。C2家里有两个正在上学的孩子，一个在县城上高中，一个刚在乡镇中学读初中。C2既在手机里看到"黑压压的一片"家长们望子成龙的身影，又在短视频里感受到不良信息对自己孩子可能带来的戕害。C21是田野调查地乡村卫生室的一名工作人员，疫情期间有不少人对他的工作不太理解。他认为农村教育应该扩大范围，提升农民文化素质，这样开展工作就能顺利一些。

霍尔提出"建构主义的表征"，认为表征是一个符号意义生产的过程，作为表征符号本身没有任何固定的、最终的或真实的意义，只有在社会个体的实践中，从一个文化到另一文化传播过程中，意义才最终产生并始终处于变动之中。[1] 笔者对上述访谈对象的描述，恰恰说明了"建构主义的表征"实践，形塑了农民理解国家对农教育政策的某种现实意义。换言之，新媒介传播

---

[1]〔英〕斯图尔特·霍尔等：《表征：文化表象与意指实践》，徐亮等译，商务印书馆，2003年，第61页。

实践中的意义理解，始终受到农民现实社会的"实践感"的影响。[①]在接下来的分析中，霍尔所提供的理论洞见仍然有实践指导意义。

二、对农村医疗政策的理解

笔者从中国知网检索有关中国农村医疗政策的相关研究，发现最早始于20世纪90年代。主题设置为"农村医疗"，检索范围只限定在核心期刊和CSSCI期刊，相关研究总计2811篇（检索时间：2023年3月1日）。从一些学者对于中国农村医疗事业发展的研究来看，他们指出了农村医疗仍面临的发展困境，认为农村医疗卫生的服务质量不高，对农医疗服务的功能性不全等，已经影响了农民参与农村医疗保险的积极性和满意度。从制定政策实践来看，近年来，国家在农村医疗卫生基础设施、医务人员配备等方面采取了许多举措。[②]农村医疗政策与落实也是访谈对象日常生活中关心的重要内容之一。许多农民表示在大病报销、农村公共卫生服务等方面，确实明显感受到了改善。但是，在新媒介传播实践中，在每日与短视频互动中，他们也产生了一些新的看法。

---

① 〔法〕皮埃尔·布迪厄：《实践感》，蒋梓骅译，译林出版社，2012年，第122页。

② 除了"新农合"相关的配套政策，政府工作文件中也有体现。比如2022年2月，在"中央一号文件"《中共中央国务院关于做好2022年全面推进乡村振兴重点工作的意见》中，多处提到有关农村医疗的内容。参见 http://www.news.cn/politics/2022-02/22/c_1128406721.htm，2022年2月22日。另外，在2023年2月23日，国务院又发布《关于进一步深化改革促进乡村医疗卫生体系健康发展的意见》，对农村医疗事业做出了新安排。参见 http://www.gov.cn/zhengce/2023-02/23/content_5742938.htm。

第五章　太行老区农民在新媒介传播中的国家观念　151

新农合方面，国家这些年制定了不少政策，在短视频里也有各种专家解释。但有的专家说的话也不切实际，比如主张增加（医疗）保险费。咱们就不比别的，粮食价格的涨幅，肯定没有医疗保险涨幅大，还交得一年比一年高。当然，国家针对的是全国，全国有全国的情况。（C4）

我今天早上还看到一条视频说，一个病人父亲患了急症需要住院。医院因为病人不能垫付医药费而拒绝接收病人。现实中确实有一部分人，因交不起医药费，错过治疗期而导致死亡的。针对这种现象，国家应该出台政策，只要有医保就能先住院后缴费，不用交押金，直接交报销后的医疗费用。（C8）

农村医疗、乡村公共卫生室，还有健身器材等，都有很大改进。前一段时间村里还免费发了布洛芬片，一个人6片。后来，还发了扑热息痛片，也是6片。老百姓能感受到国家的关怀，但我从手机里看到人家城里的这些免费药很早就发了。（C12）

在访谈中，他们对农村医疗相关政策的理解也是与新媒介传播实践联系在一起。他们在日常生活中对农村医疗政策的认知、理解甚至是情感、态度，在一定程度上都受到新媒介表征的影响。C4通过短视频中专家的中介，来理解农村医疗政策；C8通过在手机中感知他人的"痛苦"[①]来认识国家医疗政策；C12则将

---

① 〔美〕苏珊·桑塔格:《关于他人的痛苦》，黄灿然译，上海译文出版社，2018年，第5页。

自己的实际感觉与手机中呈现的城里人的状况进行比较,从而产生对农村医疗政策不均衡的意义理解。笔者只是列举了访谈中,他们提到农村医疗政策相关的部分叙述,但从这些理解中,一方面,我们能感受到国家的农村医疗政策确实惠及了广大农民,他们在实践中也能理解国家出台相关政策的"困难";另一方面,随着数字媒介技术下沉,手机中多样化信息已经参与到农民对国家农村医疗政策的意义构建当中,并且形成多元化的"意指实践"。[①]

意指实践的实质是表意,即通过符号的隐喻机制,意义构建者将某些关键性的、戏剧性的元素,与接触到的符号联结起来,从而产生对符号意义新的理解。[②]笔者认为,这种与上述霍尔的"建构主义的表征"有异曲同工之妙。实际上二者都是将意义的阐释者、象征符号以及意义阐释者过往的经验等,在人们的日常生活实践中彼此勾连起来。如此,意义的理解就不仅是与符号有关,而且或者更为关键的是,与阐释者的日常生活实践紧密联系在一起。换言之,上述访谈对象之所以有对国家农村医疗政策的不同理解,我们不能忽视他们所处的日常生活世界。在加强对新媒介平台治理的同时,更要切实解决农民在医疗卫生方面所面临的困境,不断改善农村医疗卫生条件,为农民提供更优质的服务。

---

① 刘涛:《符号抗争:表演式抗争的意指实践与隐喻机制》,《中国地质大学学报》(社会科学版),2017年第4期。
② 〔法〕罗兰·巴尔特:《符号学原理》,李幼蒸译,中国人民大学出版社,2008年,第45—46页。

三、对农村养老政策的理解

笔者从中国知网检索有关中国养老政策的相关研究，发现也是最早始于20世纪90年代。主题设置分别为"农村养老""农民养老"，检索范围只限定在核心期刊和CSSCI期刊，相关研究总计2894篇（检索时间：2023年3月1日）。党的二十大报告中明确提出，实施积极应对人口老龄化国家战略，为全体老年人提供基本养老服务。在2023年全国两会上，代表委员再一次提出备受关注的农村养老问题，一时间成为网络舆论关注的焦点之一。一些学者也在城乡养老保障均等化、以地养老、集体养老、资源养老、梯度养老等农村养老措施方面，进行了新探索，提出了新观点。[①]访谈中，农民尤其是年龄较大者对农村养老政策表示出了自己的担忧。

> 在手机上看了关于党的二十大报告的一些解释，我主要关注的是其中与农民有关的事情。短视频里有许多人提议国家应当增加农民养老金，但目前好像只是提出了意见，还没有实质性的方案。我现在的养老金还是100多元，刚够买一袋面粉。（C1）

> 现在媒体的宣传力度很大，现实中解决不了的问题如果

---

① 关于农村养老的一些相关论述，参见朱勤：《实现城乡基本养老保障均等化的改革路径——兼议农民退休制度》，《人民论坛》，2020年第25期；李增元、李艳营：《乡村振兴战略背景下的农民"资源养老"及其实现形式》，《齐鲁学刊》，2020年第6期；刘向东：《梯度养老：渐进城市化中的农民养老模式及农地角色分析——一项基于嵌入理论视角的田野研究》，《农业经济问题》，2021年第1期；陈晓琳、王忠：《农民以地养老意愿及影响因素分析——基于河南省176位农民的实证调查》，《中国农业资源与区划》，2020年第6期。

经媒体曝光，有的很快就会解决，比如那个唐山打人事件，就是一个很好的例子。关于农村养老方面，网友也应该多在各种短视频里反映反映，让国家看到，然后引起重视，这样可能就能得到改善。(C2)

我很愿意看一些农村养老方面的视频。国家的农村养老政策确实难。全国范围的农民那么多，每人增加1元钱，就是十几个亿！不过，现在的农村养老金一个月只有100多元，感觉确实太少了。人家城里人就好一些，东南沿海那些发达地区的农村，肯定比咱强很多。像我这种没有儿子的，只能靠政策养老啊。(C6)

从上述访谈对象的表达中，可以感受到他们对农村养老方面政策的意义理解。这些意义与其日常参与新媒介传播实践分不开。C1在手机上看到有关农村养老政策，感受到100多元的养老金确实少；C2在手机上看到事件经媒体曝光，可以促进问题解决，他想到也可以经常在新媒介中反映农村养老方面的问题，这样有可能改善这项政策；C6经常关注农村养老信息，也能理解国家困难，但在新媒介所呈现不同地区的比较中，认为还是应该适当增加农民的养老金。

霍尔指出文化是一种过程、一种实践，也是一种意义创造。它通过在三种不同世界序列、事物之间建立联系达到，即由人、事、物所构成的经验世界，盘绕在我们头脑中思想观念的概念世界，以及语言等传播这些概念的符号世界所构成。[1]访谈对象在

---

[1] 〔英〕斯图尔特·霍尔等：《表征：文化表象与意指实践》，徐亮等译，商务印书馆，2003年，第62页。

对农村养老政策的理解中（当然也包括上述对农村教育政策、医疗政策的意义理解），我们不难发现这种"序列"：如 C6 的经验世界方面，每月 100 多元的养老金、膝下没有儿子养老等；概念世界方面，对国家农村养老政策的观点、对农村没有儿子的看法等；符号世界方面，她在新媒介平台中接触的与各类农村养老相关的短视频，并在不同短视频中进行比较。建构主义的表征实践，即将三个序列之间建立联系，意义也就由此产生。换言之，"三个序列"的任何一方面发生改变，意义的阐释也就相应发生变化。笔者认为，霍尔指出的"三个序列"与威廉斯的"情感结构"比较相似。所谓情感结构即一种现时在场的，处于活跃着的、正相互关联着的连续性之中的实践意识。[①] 情感结构是在客观结构与主观感受之间形成的一种张力，强调了在社会实践中，个体的情感与经验对既有思想意识的改造和挪用。在对媒介文化的理解中形成的情感结构，一方面体现了个体文化意义形成的过程是生产性、动态性的；另一方面也体现了文化意义的实践性、经验性的特点。

因此，通过考察农民对涉农政策的意义理解，了解到他们对国家相关政策理解时的"三个序列"或"情感结构"，我们就需要从三个方面着手，即改善和调整国家既有对农的相关政策，让农民感受到经验世界的变化，由此逐步改变农民既有的概念世界，进而治理好与农民朝夕相伴的新媒介传播中的符号世界。如此，在日常生活的文化实践中，才能持续性地形塑农民的情感结

---

① 〔英〕雷蒙德·威廉斯：《马克思主义与文学》，王尔勃等译，河南大学出版社，2008 年，第 141 页。

构，不断提升农民生活的幸福感，增强他们对国家的认同感。

第三节　新媒介里的国家情感

安德森在分析民族意识形成的根源时指出，印刷资本主义与新教的结盟，通过廉价的普及版书籍，迅速地创造出为数众多的新的阅读群众，并且同时对他们进行政治或宗教目的的动员，进而促进了民族共同体意识的觉醒。[1]从媒介类型来看，安德森探讨的是传统媒体对民族共同体意识的影响，侧重分析印刷品带来的同时性观念、标准的书写语言等民族共同体形成的基础性文化要素。在进入深度媒介化传播语境下，高度嵌入普通人日常生活中的各种新媒介，无论在共享时间性还是标准语言（普通话）方面，具有明显的传播优势。库尔德利和赫普认为，媒介及其基础设施在集体互型中扮演着不同角色，对不同集体类型，媒介有不同的作用形式。具体而言，大致分为两类：基于媒介的集体和媒介化的集体。在第一类方式中，媒介在建构这些集体意义的边界方面是构成性的。如果没有媒介，这些集体就不可能存在。[2]换言之，基于媒介的集体是完全借助媒介得以存在的，如在线群组等。在第二类方式中，媒介在其中的作用并非构成性的，而是集体通过与媒介相关的传播活动逐渐得以建构，并由这些传播活

---

[1] 〔美〕本尼迪克特·安德森：《想象的共同体：民族主义的起源与散布》（增订版），吴叡人译，上海世纪出版集团，2011年，第40页。

[2] 〔英〕尼克·库尔德利、〔德〕安德烈亚斯·赫普：《现实的中介化建构》，刘泱育译，复旦大学出版社，2023年，第209页。

动持续进行塑造。易言之，媒介化的集体中成员有意义的归属形式，在某种程度上正是通过使用媒介来建构的，如家庭、移民群体、国家等共同体的建构过程。从二位学者对两类集体类型的分析中，不难发现，个体与国家关系的构建过程，主要属于第二类方式，即媒介化的集体。

前文中，我们已经对新媒介中的政治新闻，以及新媒介中的国家对农政策类新闻进行了意义阐释。事实上，这些政治类信息为建构和形塑农民与国家的关系，提供了源源不断的象征符号资源，从而构建起个体与国家"想象的共同体"关系。本节将主要分析，农民对新媒介传播平台中的各类流行文化，如何进行有关国家意义的文化阐释，这些阐释与其日常生活中的经验结构如何联结起来？

一、流行文化中的国家情感

麦克唐纳（Dwight Macdonald）认为文化研究中有两种文化类型：其一是传统文化即高雅文化；其二是与高雅文化相对的大众文化，即专门为市场而批量制作的，包括电影、电视等大众媒体中传播的文化。[1] 与高雅文化的精英品质相比，大众文化一直被视为一种低劣的文化活动。为区别传统研究中的大众文化，英国文化学者更加关注流行文化。有学者将大众文化与流行文化进行了区别，即前者具有操控性，总是按照文化生产者的利益，强

---

[1] Macdonald, Dwight, "A Theory of Mass Culture", in Rosenberg, B. & White, D. W.(eds), *Mass Culture: The Popular Arts in American*, Macmillan, New York, 1957, pp. 59-73.

迫受众接受他们的观点,其属于自上而下的影响;后者是围绕人们的生活经验展开,按照自己的经验来解读文本,更加自由,属于自下而上的理解活动。①事实上,实践中这种标准似乎很难将二者区分开来,因为流行文化中也有大量的商业利益的影响。雷蒙德·威廉斯在《关键词:文化与社会的词汇》中指出,文化并非是上层社会的专利,更非是与工人阶级相对立的文化,而是普通人皆可参与的文化实践活动。②流行文化围绕着人们的生活经验展开,它至少给予人们按照自己的经验解读文本的自由。③在文化研究中,流行文化逐渐取代大众文化,成为文化研究的主攻方向。④

这里所说的流行文化,就是指以社会上的一般公众为传播对象,利用现代化的媒介手段,进行大规模复制传播的文化。比如短视频、流行音乐、电影等传播形式与内容。在调查中,访谈对象对他们在日常生活中接触到的流行文化,从个人与国家关系层面进行了意义解读,体现了较强的爱国主义情感。

> 我愿意看一些战争片,比如《亮剑》《雪豹》,还有一些谍战片等。因为我一直充满着对祖国的热爱,看了这些片,我感到无比的痛快。中国人民只要能够团结一致,用自己的

---

① 〔美〕劳伦斯·格罗斯伯格等:《媒介建构:流行文化中的大众媒介》,祁林译,南京大学出版社,2014年,第53页。
② 〔英〕雷蒙德·威廉斯:《关键词:文化与社会的词汇》,刘建基译,生活·读书·新知三联书店,2016年,第106—107页。
③ Fiske, John, "British Cultural Studies and Television", in Allen, R. C., *Channels of Discourse*, London: Routledge, 1989, pp. 254-289.
④ 姜华:《大众文化理论的后现代转向》,人民出版社,2006年,第15—17页。

智慧和力量,一定能打败敢于侵犯我们的敌人。(C5)

在手机上主要是看电视剧,这段时间看了《破冰行动》。从这类电视剧中,我感觉到国家为了保护老百姓能过上平安的生活,对消灭毒品的决心很大。演员演得也好,表现了普通警察为国家利益敢于牺牲自己的生命,比较感动。(C8)

印象比较深的还是看电影《八佰》。电影演得很实在,比较现实,能把你带入情境中。你就想着有这样的时候,也要为国家献身。国家让拍这类影视剧,就是时时提醒人们不要忘记历史。如果现在有战争,我肯定是第一个冲在前面,对民族和个人安危来说,我把国家安危放在首位。另外,马云演讲的短视频,我也很感兴趣,他的思路非常清晰,家国情怀也非常明显。(C10)

我是在手机上看的《长津湖》。让我印象最深刻的一个片段,就是"冰雕连"的故事。在条件异常艰苦的情况下,志愿军战士为了保家卫国,能在冰天雪地里,严守纪律、纹丝不动,最后牺牲了自己的生命,让人非常感动。(C28)

上述中,我们能够明确感受到访谈对象对国家的情感,而这种情感的形成是与他们日常生活中的新媒介传播实践有关。C5认为在观看《亮剑》等电视剧中,强化了自己对国家的情感,有强烈的爱国主义精神。其实前文中,在引述C5的访谈内容时,也流露出他的爱国情感,如他平时喜欢听军旅题材、爱国题材的歌曲,朋友圈的背景封面是自己当兵时的照片等等。C8从缉毒类电视剧中,感受到国家对普通人的保护性意义。C10不但对抗日类电视剧解读有着强烈的爱国情感,而且对马云演讲的短视频，也能与爱国情感联系起来。C28看主旋律电影《长津湖》时，对"保家卫国"的"冰雕连"产生了情感共鸣。

凯瑞在分析公民与政治之间的关系时指出，作为公民，意味着在空间上与同代人的关系，这是一种所有人的一视同仁；作为爱国者，就是时间上与美国共和传统产生一种关联，即共享前辈的文化遗产。凯瑞接着指出，将这些空间、时间联系起来的纽带正是文字、车轮、运输等传播技术，通过这些手段把广袤的地域和庞大的人口凝聚成一个文化整体，从而构建起一个想象的共同体，即媒介化的集体。① 笔者认为，新媒介技术广泛而深刻的影响，远非凯瑞所分析的那个时代可以比拟，但媒介对勾连普通人，在时间、空间里共享国家共同体情感的基本逻辑没有发生根本改变，反而是更加得到了强化。从地理分布来看，农村处于国家政治统治权力的地理"末梢"，极易产生"离心"性的意义解读。然而，从传播实践来看，访谈对象表达出比较强烈的国家情感共鸣，为何如此？笔者认为，一方面与访谈对象的人生阅历无法分开，另一方面可能也是更加重要的因素，即新媒介中传播的具有正能量的影视文化产品，已经对访谈对象产生了积极影响。正如库尔德利和赫普提出，媒介使用者的集体感，是在一系列相互依存的活动中，将不同地方性群组联系起来的一种复杂的"互型之互型"。② 农民在线上与线下等各种混合复杂的互型交往结构

---

① 〔美〕詹姆斯·凯瑞：《作为文化的传播："媒介与社会"论文集》（修订版），丁未译，中国人民大学出版社，2019年，第4页。
② 〔英〕尼克·库尔德利、〔德〕安德烈亚斯·赫普：《现实的中介化建构》，刘泱育译，复旦大学出版社，2023年，第211页。

中，逐渐塑造了对国家的认同情感。

二、家国同构里的国家认同

本节分析的家国同构，是指家和国原本属于大小不同的治理或管辖范围，但他们蕴含着相似的政治架构和社会功能，而呈现出比较接近的文化理解结构。一些学者从传播与文化视角，指出主旋律影视作品中，潜藏着比较强烈的家国情怀，传达了家国意识并在观众心理产生了国民依恋，形成了国家认同，家与国也就成了相互指涉的表意载体。[①] 过往的这些研究，主要还是从宏观层面上进行分析，缺少从微观层面的实证研究。在此次调查中，访谈对象谈到日常生活中，他们看过很多主旋律的影视作品，也将国家的"大家庭"与自己的"小家庭"进行比较，形成了家国同构的阐释框架。在日常生活的实践理性中，农民细腻地表达出个人对国家的认同。

> 《亮剑》里能体现出个人和国家在发生冲突时，个人把自己的生命奉献给了国家的必要性。这种牺牲的代价也有具体情况：如果一个人家里只有一个孩子，唯一的孩子牺牲了，我觉得这个代价比家里有好几个孩子的肯定更大。但不管怎样，无论是怎样的牺牲，为国家的付出都是值得的。

---

① 对主旋律影视作品中国家意识的分析，参见杜莹杰、周振海：《中国电视剧的家国同构性》，《艺术百家》，2013年第3期；李小华、覃亚林：《论主旋律影片家国情怀的历史脉络与现实逻辑》，《现代传播》（中国传媒大学学报），2018年第7期；刘余莉、聂菲璘：《家国情怀的精神境界与历史文化内涵》，《甘肃社会科学》，2021年第5期。

(C17)

　　最近我又看了一遍《亮剑》，我觉得这个电视剧适合经常看。咱们国家是在那样艰苦的环境中，才逐步取得了胜利，个人要敢于为国家富强而奋斗。李云龙一开始其实也是没有什么装备，后来通过自己的努力一步一步壮大起来。我觉得家庭的不富裕并不能说明什么，一样可以逐渐发展起来，一样可以为国家做贡献。（C20）

　　我喜欢听励志类的歌曲，如最近听张杰的《少年中国说》。听这首歌我会感觉到一种激情澎湃、奋发图强的冲动。少年是国家的希望，是民族的未来。这就跟一个孩子是家里的希望是一样的道理。努力将自己的孩子好好培养，争取培养成国家栋梁之材。（哈哈）（C22）

从这些访谈中可以感受到农民在与主流影视剧、音乐等作品的符号互动中，在家国同构中阐释独特的文化意义。C17从一个家庭孩子数量的多寡来理解为国捐躯价值的大小；C20从李云龙及其队伍的一步步成长壮大，领悟到自己不太"富裕"的家庭状况，一样可以为国家发展做出贡献；C22从流行歌曲中，体会到少年与国家，自己家的孩子与国家的"栋梁之材"之间的相似"隐喻"。我们从他们的叙述中，能够辨别出家国同构的情感结构。这也从实证角度证明了过往研究的宏观分析。

　　然而，我们也发现，一方面，不仅影视剧作品中具有这种"家国同构"的情感体验，而且在其他流行文化中也有类似的情感结构；另一方面，农民在形成家国同构的意义阐释中，是与其日常生活中的实践无法分开的。换言之,我们再次看到了霍尔所说的"建构主义的表征"实践,即访谈对象正是在"三个序列"传播实践中,建构起个人与国家的关系,并自我生产着对国家的情感认同。

小　结

凯瑞在分析传播的传递观和仪式观时强调,作为仪式观的传播实际上是一个意义创造、修改和改造的共享文化的过程。其典型的情形应该是人类学家所认为的那样,传播是仪式和神话;还有文学批评和历史学者所认为的,传播是艺术和文学。因此,传播的仪式观不是指空间上信息的拓展,而是指时间上对社会的维系;它不是一种传递信息或影响的行为,而是共同信仰的创造、表征和庆典,即使有的信仰看起来是虚幻的;它不是以控制为目的的信息在地理上的扩展,而是将人们以团体或共同体的身份召集在一起的神圣典礼。[1]笔者在分析太行老区农民在新媒介传播实践中的国家观念时,也认为作为文化传播的新媒介,在"召集"普通民众一起加入主旋律流行文化的传播中,逐渐形塑着农民的国家共同体意识,进而产生了国家情感与政治认同。

首先,在政治新闻的接触中,农民形成了"媒介化集体"或"想象的共同体",将自己与超越村落实体范围中更多的陌生人联系在一起。政治新闻除了有其现实的社会功用外,其仍然是农民

---

[1]〔美〕詹姆斯·凯瑞:《作为文化的传播:"媒介与社会"论文集》(修订版),丁未译,中国人民大学出版社,2019年,第40页。

形成更大意义共同体的精神纽带。其次，在对涉农国家政策的理解中，农民将农村教育政策、农村医疗政策和农村养老政策的认知经验，与个人头脑中的概念世界，以及日常生活中的新媒介传播实践结合起来，共同参与了"建构主义的表征"的文化传播实践。最后，农民在新媒介各类主旋律的流行文化消费中，理解个体与国家的关系，形塑了他们在新媒介传播实践中的国家情感和政治认同。

笔者认为，新媒介技术在农民日常生活中发挥着潜移默化的文化形塑作用，从知识形态的政治新闻、政策形态的国家大政方针宣传，再到日常生活文化消费形态的各种影视、音乐、短视频等等，国家观念与国家认同会以文化政治的方式，深入持久地影响农民的日常生活，并建构他们有关"想象的共同体"的精神文化意义。

第六章　太行老区农民在新媒介传播中的城市文化

在齐美尔笔下对城市的论述中，总是蕴含着对乡村文化的某种眷恋之情。雷蒙德·威廉斯在《乡村与城市》中，谈到人们对乡村形成了这样的观念，即那是一种自然的生活方式，宁静、纯洁、纯真的美德。与此相比，城市则是代表了成就的中心，智力、交流和知识。①因此，说起乡村，就认为那是落后、愚昧且处处受到限制的地方；谈到城市，往往是吵闹、俗气而充满野心家的地方。他认为乡村与城市在基本生活方式中相互对立的观念由来已久，并在资本主义发展过程中，强化了二者的区分。城市与乡村的关系，不论怎样调节二者的平衡关系，它们都是与资本主义发展相适应的产物。威廉斯认为，事实上，城市与乡村并没有先进与落后、文明与野蛮等二元之别。因此，二者也就不存在对立关系。然而，从世界各国发展的现实情况来看，城市与乡村

---

① 〔英〕雷蒙德·威廉斯：《乡村与城市》，韩子满等译，商务印书馆，2013年，第1页。

正如威廉斯所批评的那样，前者代表了一个国家未来发展的方向，而后者则代表了需要被改造，有待追上前者的相对落后的状态。城市文化通常被看作现代性的一个载体，有时其本身就是现代性的化身，其成为一种现代的文化、先进的文化的符号隐喻；与此相对立，乡村文化通常被视作传统社会最后的文化堡垒，有时其本身就是传统的代表，其成为一种传统文化、后进文化的符号象征。

如此二元对立的乡村与城市的观点，在西方经典社会学家那里也得到了验证。如滕尼斯（Ferdinand Tönnies）将城市与乡村分别用社会（society）和共同体（community）来代表两类不同文化形态，前者强调思想的和机械的联系，后者被理解为现实的和有机的生命或联系；[1]而涂尔干则用机械团结和有机团结来描述二者的差别。[2]由此也说明，城市与乡村也代表了两类社会形式，或者说两种生活方式。城市是多元复合体，从地理空间来说，它是一种人类的聚集方式；从经济属性而言，它是一片经济区域；从社会文化方面来看，它又是一种生活方式。[3]19世纪以来，现代大都市出现了，乡村也开始了它延续至今的衰弱历程。而对城市文化的理解，也只有从"乡村-城市"的视角才能加以把握。本章主要分析农民在新媒介传播实践中，对城市文化的理解。

---

[1]〔德〕斐迪南·滕尼斯：《共同体与社会：纯粹社会学的基本概念》，林荣远译，北京大学出版社，2010年，第44—45页。

[2]〔法〕埃米尔·涂尔干：《社会分工论》，渠敬东译，生活·读书·新知三联书店，2000年，第89—90页。

[3]杨东平：《城市季风：北京和上海的文化精神》（修订本），新星出版社，2006年，第11页。

何为城市文化？城市文化就是超出乡村及其文化的东西，城市生活也就是乡村生活以外的生活方式。城市是现代性本身，它是对乡村及其生活方式的某种取代或替换，也是后者在现代化过程中追赶的目标。① 改革开放以来，中国乡村与城市的关系，也在现代化的进程中发生了明显的变化。随着市场经济发展和农民工进城，"老三农""新三农""空心化"等农村社会问题日益凸显。与西方国家的发展道路与发展模式不同，中国的现代化进程不应该以牺牲农业农村为代价。在继续实现城市繁荣的同时，包括亿万农民在内，广袤的中国乡村社会也要振兴。党的十九大报告中，明确提出了"乡村振兴战略"：实施乡村振兴战略，农业农村农民问题是关系国计民生的根本性问题，必须始终把解决好"三农"问题，作为全党工作的重中之重。

在调查中，访谈对象从新媒介中对国家乡村振兴战略，也有一定的了解，并对未来的美好生活有了一些憧憬。本章将主要考察与城市文化相关的两方面内容：其一是农民如何理解新媒介传播中所呈现的城市生活，这种现代生活如何与其现实的农村生活进行比较，并建构出何种意义；其二是他们如何理解经由新媒介所构建的现代消费文化，消费文化对其日常生活产生怎样的意义。通过这些意义理解，进一步分析乡村与城市的文化表征，建构适合农民生产生活需要的现代生活方式，进而为探讨乡村和城市和谐共生的关系提供文化依据。

---

① 汪民安：《前言：如何体验和研究城市？》，载汪民安等主编：《城市文化读本》，北京大学出版社，2008年，前言，第6页。

第一节　新媒介传播实践中的现代生活

约翰·伦尼·肖特（John Rennie Short）认为，所谓的城市生活，即把城市看作普通人度过自己的生活、实现成功的地方。城市既是人们谋生的地方，也是人们表演的舞台，还是旅行者的游览地。[①] 约翰·厄里（John Urry）则认为，城市生活与人们不同的感官相联系，它是视觉、嗅觉、触觉等多种感官的集合体。[②] 换言之，作为一种生活方式的城市，通过呈现与普通人紧密相关的衣食起居等日常生活场景，作用于人们的不同感官，建构起有关何为现代的生活方式。农村人所了解的现代生活，也是从这些有关城市"现代"的人、事与物开始。这些有关现代生活中的事物，是原来农村不曾存在的，属于外的世界，如前所述，属于城市的世界。在新媒介传播中，这类"城市事物"的传播变得随处可见。移动短视频带来的视频化生存方式，它既是日常生活的媒介化，也是媒介化后的日常生活，二者相互建构。农村与城市通过农民日常生活中的新媒介传播实践勾连起来。

在新媒介传播实践中，城市凭借其现代性的优势，经常被赋予先进的、发达的、消费的等文化意义。因此，在传播方面具有某种强势和支配性，成为新媒介传播的重要内容之一。笔者通

[①] 〔英〕约翰·伦尼·肖特：《城市秩序：城市、文化与权力导论》，郑娟等译，上海人民出版社，2015年，第263页。

[②] 〔美〕约翰·厄里：《城市生活与感官》，苏馨译，载汪民安等主编：《城市文化读本》，北京大学出版社，2008年，第155页。

过观察访谈对象的朋友圈，涉及朋友圈的背景、微信头像、微信签名等信息，发现这些内容呈现的许多是农村之外的场景。比如C20 的微信头像是旅游时拍的个人照片，C10 的朋友圈背景是在八达岭长城旅游时的个人照片，C14 微信头像是在上海东方明珠塔下面拍的个人照片，他的个性签名是"不努力，你的未来永远都只是一个梦"等。这些视觉图像和文字表达，在一定程度上反映了农民所追求的现代生活，传播了他们理解的何为现代生活的文化意义。

一、对现代生活方式的向往

随着信息传播技术的普及，城市形态正在被重塑，即城市快速视觉化、影像化正成为一种趋势。[1] 有关现代的生活场景，通过媒介转变为影像，从而呈现出城市生活的形态。[2] 因此，影像是城市的透视镜，城市形象与场景也得以展示；影像也是城市的载体，城市生活方式也因此得以延展。在新媒介传播实践中，农民借助各类新媒介传播平台，对这些图像符号进行日常接触，并勾连起他们有关现代生活方式的意义理解。

> 我比较喜欢看泰剧、韩剧，尤其是看电视剧里呈现的城市画面，有时也很羡慕和向往。看到大海、城市地标、浪漫的用餐场景等等，有时会想如果自己能过上这样的生活该多

---

[1] 陆晔：《影像都市：视觉、空间与日常生活》，复旦大学出版社，2018 年，第 1 页。
[2] 〔澳〕斯科特·麦奎尔：《媒体城市：媒体、建筑与都市空间》，邵文实译，江苏教育出版社，2013 年，第 41—42 页。

好。(呵呵)(C29)

咱们这里的生活还不能跟人家城里人比。不用说别的，就连生活中基本的取暖、取快递、送外卖等都非常不方便，或者干脆就没有。你看电视剧里就不一样，一个电话搞定这些。只要有钱就能实现，在农村有钱也实现不了，这就是差距。(C9)

在农村生活的最大感受是不方便，各方面都不方便，在城里购物、生活都方便，自己还是喜欢留在市里。如果有机会还可以去更大的城市发展。经常看手机抖音里说东南沿海城市的发展机会多，这些地方都是发达地区。我们村里的人有的就在那里打工，有的在江苏常州、广东深圳的，他们还经常在朋友圈里发，关于他们所工作生活城市的照片，看见确实比我现在待的地方更发达，有机会也去看一看。(C38)

最近看了《欢乐颂3》，之前一直追这个剧看，看过"1"和"2"，① 很喜欢剧中城市里的生活。大家每天上班都有自己的工作和事业，忙忙碌碌；下班休闲娱乐，生活方式多样。这种生活方式正是自己追求和向往的。(C18)

现在我经常刷抖音，也玩微博。在微博上主要看一些明星的动态，刷刷好看的图片，一些花花新闻(方言，指明星八卦等娱乐信息)，还看一些精品文摘，浏览的时候也下载一些头像装饰等，好挂在自己的微信里，展示一下生活的品位。在城里生活，跟村里不一样。(C11)

---

① 指《欢乐颂1》和《欢乐颂2》，分别在2016年、2017年播出。题材上都属于都市类女性励志电视剧。

库尔德利主张从媒介文化研究的视角,分析媒介使用者与媒介的关系,从而规避"媒介中心主义"的倾向。他认为,媒介文化是意义建构习惯的集合体,主要的意义资源来自媒介。媒介文化所关注的核心,是使用者的媒介经验,以及通过媒介参与和建构的生活方式。[1] 在这里我们再次看到了,威廉斯对文化研究的经典定义,即文化是一种智力、精神和美学的一般过程;文化还是一群人、一个时期某种特定的生活方式;文化还指由智力所产生的作品的指意实践。[2] 在威廉斯看来,作为生活方式的文化,以及作为指意实践的文化,对普通人的意义重大。笔者认为,库尔德利对媒介文化"生活方式""意义资源"等方面的界定,与威廉斯的文化定义有诸多相似之处。媒介文化是个体理解世界的重要方式之一,而世界的运行也主要通过或依靠媒介来实现。因此,在一定意义上,参与各种新媒介平台中的多种媒介文化实践,可以归因于人的各种需求,同时,这种需求也形塑了我们与世界互动的方式,以及我们作用于世界的方式。

在上述访谈中,C29谈到,她在与泰剧、韩剧所呈现的现代都市生活图景的符号互动中,表达出向往媒介视频中构建的生活方式。这种向往之情,当然是建立在与其现实的农村生活相比较基础上的。在符号差异比较中,意义从中得以生成。C9也表达出对便捷性的城市生活方式的喜爱之情,并认为有了现代化的服

---

[1] 〔英〕尼克·库尔德利:《媒介、社会与世界:社会理论与数字媒介实践》,何道宽译,复旦大学出版社,2016年,第166页。
[2] 〔英〕约翰·斯道雷:《文化理论与大众文化导论》(第五版),常江译,北京大学出版社,2010年,第2页。

务设施，才会有较高水平的现代生活。C38谈到，与农村生活相比，城市生活的各种便捷与现代气息，使她对城市充满眷恋之情。而且在新媒介传播实践中，她又对更发达、更现代的南方城市产生了新的憧憬。C18则在电视剧中，看到工作中忙碌的都市女性，下班后能享受休闲时光的现代感，而且在工作中实现了个人的价值，由此产生了对现代生活的向往。C11将新媒介传播实践中获得的符号经验或资源，装点自己的微信，从而获得某种现代感，提升自己的人生品位。

从这些访谈对象与新媒介的符号互动中，不难发现他们对由城市所引领和建构的现代生活方式，有某种强烈的向往之情。访谈中，笔者了解到，这些人中有一部分经济条件较好的，已经在县城里购置了商品房，有些人则计划通过奋斗，将来能在城里买房。笔者认为，农民对城市所代表的现代生活方式的憧憬，一方面与其现实农村生活中的诸多"不方便"等客观因素有关，另一方面可能更为值得关注的现象是，由各种新媒介传播符号所构建的城市形象，向农民传播了何为现代生活方式的文化标签和判断标准。这种文化标签与标准，通过新媒介的意义生产机制，对农民产生了文化吸引，进而促使后者认同前者，并为之付出实际的行动努力。

二、农村生活有种"安静"感

上述农民在新媒介传播实践中，对各种媒介平台中所呈现的城市现代生活方式表达了向往之情。笔者在访谈中，发现大部分访谈对象都有在城市务工的经历，他们对自己在城市社会中的这些经验,也使得他们对现实生活存在一些新的理解。换言之,他们在表达对城市美好生活憧憬的同时,也有对现代生活方式的一些反思。

> 我还关注过李子柒的一些视频,都是关于乡村田园生活的。她的视频里通常会有非常原生态的农村情节,比如早晨的鸡叫、远处的狗吠,还有牛、羊、猪等自然生长的家畜,一派典型的农村景象。看了这些视频,你内心里会感到特别安静。这是在嘈杂的城市里所没有的。(C28)

> 我在北京打工,粗算也有10多年了吧,大城市是繁华,各种基础设施也齐全,只要有钱,生活方面也不用发愁。村里跟我关系好的朋友,他们要是通知我家里有事情,比如孩子圆锁(方言,指给孩子过十五周岁生日)、老人过世等仪式活动,我肯定还是愿意回村里来。村里还是很自在,晚上躺在床上闭上眼,周围会无比安静。听着熟悉的蟋蟀声,感觉很舒服。最近在手机上看了反映20世纪80年代,农村过年时的动画片,全家人躺一个炕,星星在天上,太真实了。(C10)

> 在市里生活方面的压力大,平时工作也紧张,心里总感觉发慌。睡前免不了要刷视频,要么是打开淘宝看看东西,也算是缓解压力吧。每天一睁开眼就是想着怎样去挣钱,经常担心活不下去了。肯定还是在老家待着舒服,晚上睡觉也踏实,一觉睡到自然醒。(C37)

> 我在县里买上了房子,孩子上学的时候会在县城里生

活,冬天冷的时候也在县城里住。不过有的时候,我晚上也跑回来住,有时跟朋友们在老家喝喝酒,然后睡个好觉。孩子放了假,或者夏天,我一般就回来农村家里住了。在城里总是睡眠不好,刷手机也不能帮助睡眠。回到家里(农村)就不存在这个问题,心里会很平静,睡觉也能睡得安稳。(C13)

克拉里(Jonathan Crary)在《24/7:晚期资本主义与睡眠的终结》里,讨论了在发达资本主义社会里睡眠时间、睡眠质量的下降趋势,严重干扰了人作为生命体的健康状态。书中谈到,贯穿20世纪,与资本主义全球扩张相伴随的是,北美成年人每天睡眠时间约6.5小时;与此相比,上一代人睡眠是8小时,而20世纪之初的人们则要睡眠10小时。睡眠作为抵抗资本主义最后的生命空间,也日益受到侵蚀。[1] 人类学家马塞尔·毛斯(Marcel Mauss)提出了"身体技术"概念,认为睡眠看似属于本能行为,但实际上在个体成长过程中,也是受到各种身体技术的影响。[2] 因此,睡眠也是可以通过后天人类的模仿或教育而习得。

C28从李子柒团队制作的关于乡村社会的视频中,重温了典型的农村生活场景,他在这些视觉符号中,感受到了农村节奏的舒缓和内心的"安静"。C10在北京打工了10多年,但始终没有断绝与农村人的联系,经常回去看看,对农村里的"蟋蟀声"依

---

[1] 〔美〕乔纳森·克拉里:《24/7:晚期资本主义与睡眠的终结》,许多等译,南京大学出版社,2021年,第15页。
[2] 〔法〕马塞尔·毛斯:《社会学与人类学》,佘碧平译,上海译文出版社,2003年,第312—314页。

旧那么熟悉，晚上睡下心里也是无比安稳踏实。C37和C13也认为，农村能带给自己"安静"感，睡眠质量也提高了。总而言之，访谈对象认为，虽然城市所代表的现代生活是梦寐以求的，是个人人生奋斗的目标，但经过在城市里短暂的生活，发现还是农村生活环境比较安逸，至少"安静"的夜晚可以让自己睡个好觉。中国社会发展速度在持续加快，快节奏的生活方式也产生了睡眠时间减少和睡眠焦虑症增多的现象。在城市里生活的焦虑感，如"每天一睁开眼就是想着怎样去挣钱"，令农民无法安稳踏实地入睡，只能通过刷抖音、逛淘宝等消磨时间。然而，事实上，无论是抖音还是淘宝，它们又依赖农民在休闲时间里形成的一种流量型"注意力经济"，从而让农民被迫牺牲本就不多的睡眠时间，参与到另外一种新的数字资本运作当中。换言之，用来消除焦虑的手段变成了新的焦虑产生的源头。部分农民发现，回到农村家里可以享受宁静的夜晚，可以睡一个安稳的觉，从而可以抵抗数字资本对自己私人时间的挤压。

三、融合乡村-城市生活方式

城市与乡村代表了两种不同类型的生活方式，然而，在农民日常生活中，二者是否可以进行调适？一方面在现实社会中，农民个体通过打拼，努力过上心中理想的现代生活；另一方面在新媒介传播实践中，他们对新媒介中有关城市现代生活的象征符号，与自己的乡村实际生活结合起来加以认知和理解，进而阐释二者之间的文化意义关系，逐渐形成"乡村-城市"融合式的生活方式。

虽然自己比较喜欢流行文化，就是那些比较时尚的东西。但是，在手机短视频里，看到里面的人大部分说的都是普通话，一开始也不是很理解，感觉说这些话的人是为了显摆自己，显得很牛。后来，进到城市里打工，发现身边人说的也都是普通话。一开始自己也不习惯，慢慢地自己也说开了。一般情况下，我想着是在老家讲家乡话，在城里打工时讲普通话。不过，现在回到农村家里，有时候会不自觉地冒出普通话。现在我成了半土不洋的说话方式。（哈哈）（C39）

我经常在手机里看小说一类的文字，比如读鲁迅的文章，可以在交际时彰显自己的谈吐。在小说平台上看到一本书叫《厚黑学》，里面讲了，你在做一件事之前，一定要给做这件事寻找一件光华的外衣。我觉得讲得很对。《三十六计》不只是一本军事书，还可以教人怎么去跟其他人交往等等。看这些书主要是为了交际需要，尤其是在城市里的工作、生活场所闲聊时，这些都用得到。但有时回村里，和村里人打交道时，从中学习到的方法就未必能用上，还需要根据实际情况进行调整。（C11）

城里人的生活方式看起来是不错的。我在城里就要按照城里人的要求和标准生活，比如出门要化妆，至少要化个淡妆，穿上像样的衣服去上班。不然，会被人指三说四。回了村里，这些不需要，如果也化了妆，村里人肯定会说跟个鬼一样，也会说三道四。这就叫到什么山上唱什么歌。有关这些化妆出现问题的，短视频里有很多，闹出了许多笑话。（C40）

从上面的引述中，可以发现 C39 对普通话的学习有一个比较复杂的文化调适过程。他一开始从短视频平台中发现，天南地北的人都在讲普通话，对此不太理解，到进城后，他也开始讲普通话，再回到村里后，还时不时地"冒出普通话"，到最后成为"半土不洋"的说话方式。这一系列的变化，背后都有城市与乡村生活方式的调整过程。C11 将在手机里学到的社会交往技巧，运用到城市社会当中。当他回到农村，觉得曾经学过的方法未必有用，还需要结合农村人与人交往的实际情况进行调整。C40 在"化妆"方面，分析了城里与农村的区别，还将新媒介里所呈现的传播情境，作为符号资源指导自己的现实行为，从而规避在邻里交往中被人"笑话"。西尔弗斯通（Roger Silverstone）认为，日常生活的世界会受到各种力量交错压力的牵制，并且通过这些力量形塑受众的生活世界。这些力量包括官僚体制、科学理性、各种技术以及大众文化，其中占据主要位置的是电视，以及其他信息和传播技术。[1] 笔者认为，虽然与西尔弗斯通所分析的，电视媒介占主导地位的传播时代不同，但新媒介技术已经成为形塑媒介使用者生活世界的关键力量。

访谈中，农民在日常生活实践中所形成的"乡村－城市"相融合的生活方式，在相当程度上是受各种新媒介技术所影响。詹金斯（Henry Jenkins）认为，融合文化的发生并不完全依靠媒介技术设施，而是通过每个媒介消费者的头脑，以及媒介使用者之

---

[1]〔英〕罗杰·西尔弗斯通：《电视与日常生活》，陶庆梅译，江苏人民出版社，2004 年，第 241 页。

间的社会互动来实现。①因此,融合文化正是发生在个体掌握媒介之时,而且体现为一种与他人符号互动的集体性过程。在新媒介传播实践中,诸类个人生活、社会交往、梦想、情感等象征符号,穿梭流动于各种新媒介平台之中。这些象征符号也参与到农民的线上线下的传播互动过程,并勾连起城市与乡村的新型交往关系。笔者认为,有关"乡村-城市"相融合的生活方式,既是乡村与城市混合型的文化形式,又包括了线上线下的传播实践。一方面在城市社会实践中,农民已经具有了一定的城市现代生活的相关经验,但这些农民仍然觉得农村社会有"安静"感,始终对农村念念不忘;另一方面在农村社会中,他们又将在城市生活中,积累的资源与农村社会实践相融合,积极参与乡村日常生活。这终将有助于促进新型城乡关系的构建,服务于乡村振兴发展。

第二节 新媒介传播实践中的消费文化

20世纪70年代,美籍波兰裔作家耶日·科辛斯基(Jerzy Kosinski)在小说《身在何处》(*Being There*)中,塑造了一个日常生活中深受电视影响的经典人物形象昌斯(Chance)。小说中描述,昌斯所知道的一切都是通过电视获得,包括了解自己是谁以及世界的样子,甚至如何生活、如何交往,以及自己的

---

① 〔美〕亨利·詹金斯:《融合文化:新媒体和旧媒体的冲突地带》,杜永明译,商务印书馆,2012年,第31页。

喜怒哀乐。他通过电视所呈现的世界来了解社会、认识自己:

> 昌斯走进去打开电视机……通过换频道他就能改变自己。他可以经历阶段的变换,就像植物经历四季。只不过他调换频道的速度有多快,随心所欲转换自己的速度就有多快。在某些情况下,他无须停顿就可蔓延到屏幕上,正如电视中的人物蔓延在屏幕上。通过转换频道,昌斯把其他东西收归眼底。如此这般,他开始相信这是他,昌斯,而不是别人造就了自己。①

当然,昌斯这个人物是小说家杜撰的。然而,我们从中也可以发现,电视与现代人日常生活的关系:一方面现代生活日益受到电视媒介的影响,另一方面也反映了我们身处包括电视媒介在内的各种媒介包围当中,与它们接触占据了我们日常生活的中心。按照雷蒙德·威廉斯的观点,媒介的发展是现代社会日常生活得以形塑的关键组成部分。② 媒介不仅在宏观层面上影响社会结构的形成,而且在点滴的微观世界中,影响日常生活中人们的世俗生活方式。

鲍德里亚在《消费社会》的开篇部分,就对现代社会中物的拜物教仪式进行了描述。他谈到,今天在我们的周围,存在着一种由不断增长的物、服务和物质财富所构成的惊人的消费和丰盛现象。这些构成了人类社会自然环境中的一个根本变化,即富

---

① Kosinski, J., *Being There*, New York: Harcourt Brace, 1970, p.5.
② 〔英〕雷蒙德·威廉斯:《漫长的革命》,倪伟译,上海人民出版社,2013年,第183页。

裕的人们不再像过去那样受到人的包围，而是正在遭受到物的包围。[1]鲍德里亚看到了现代媒介与消费文化之间的关系，并对二者在资本主义大生产中的联系，进行了深刻分析。他认为，作为消费主体的人实际上是不存在的，消费者不会自发产生任何需求。这些所谓的主体性、消费者自主的需求等等，只不过是由媒介所制造出来的幻觉。只有经过精选包装的媒介广告宣传，消费者才会被安排在商品流通的流水线上，从而进入资本主义的"物体系"当中。鲍德里亚对现代社会中，媒介广告所宣传的商品对人奴役的分析，当然是深刻的，但同时也是悲观的。笔者认为，要想了解媒介对现代社会中的商品宣传最终产生多大力量，还必须从日常生活中，人们使用它的方式、习惯入手，即消费文化依赖于人们在现实社会中如何理解、使用和消费它们。本节主要分析访谈对象如何理解现代消费文化的意义，他们在日常生活中如何将消费文化与现实的社会实践联系起来。

一、手机的品牌意识

根据《现代汉语词典》（第7版），"品牌"的解释即产品的牌子，特指著名产品的牌子。按照《新闻传播学大辞典》对"品牌"的界定，即用以和其他竞争者的产品或劳务相区分的名称、术语、象征、记号或设计及其组合。作为符号性的品牌意识，其着眼于品牌的识别功能，从最直观、最外在的表现出发，将品牌

---

[1]〔法〕让·鲍德里亚：《消费社会》，刘成富等译，南京大学出版社，2014年，第1页。

视为一种标榜个性、具有区别功能的特殊符号。[①] 在访谈中，笔者发现访谈对象对自己手机的品牌概念非常熟悉。比如问到现在用的手机是什么牌子时，他们都能清晰地记得，并能很清楚地回答出来。品牌意识的形成是一个长期经验累积的过程，而且受到各种中介因素的影响，其中各类传播媒介在其中扮演了重要的作用。因此，笔者首先从访谈对象关于手机的品牌意识入手，分析农民对现代消费文化意义的理解。

在购买手机时，不买太便宜的，选择中等价位的就行。现在使用的智能手机，价值1700元左右。对于大件来说，好的品牌肯定能使用得长久一些，功能也多，用起来也有面子。比如我们家的电视机是名牌的，这个牌子主打网络电视，跟家里的宽带连接，既能看电视又能手机投屏，一举多得，而且再不用交闭路费了。在电器的使用上，我也比较注重品牌质量，冰箱也用名牌的，洗衣机也是。（C2）

我虽然收入不多，但我买东西喜欢买有牌子的东西，觉得能用得住。手机一共用了3个了，现在是国产名牌手机，价值2000多元。手机里经常看到这些手机的老总宣传自己的爱国情怀，我们肯定也应该支持国货。（C8）

我现在的手机基本上一年一换，这个手机是2000元钱买的。实际上，3000—4000元的手机也不算太贵，像国产手机的大牌子都比较好。买东西肯定考虑品牌，大的电器更

[①] 童兵等主编：《新闻传播学大辞典》，中国大百科全书出版社，2014年，第498页。

是注重看品牌,再一个穿衣服也比较看重品牌。买手机的时候,也看别人买啥,包括看网上的评价。别人说好的,应该错不了。(C13)

现在用了3部手机,用手机主要是为了工作方便,经常要和客户联系。第一部手机是世界名牌的,当时是从网络上看到最新款的刚出来,就买了,朋友们也都用这个名牌手机。现在用的是国产名牌手机,8000多元买的。好牌子的手机关键是能用得住,性能也好,存储量大,能够保存很多客户资料,方便日后查找。(C18)

从这些访谈内容中,我们可以清晰地感受到,他们在手机消费中有明确的品牌意识。C2不仅在购买手机时选择品牌,而且在购置家用电器时都比较看重牌子,如电视机、洗衣机、冰箱等也能清晰地回忆起当时选择了何种品牌。C8比较倾向国产的手机牌子,并且认为这个牌子与爱国情怀的意义相联。C13从网络中看大家都买什么牌子的产品,对手机、衣服、大型家用电器等产品,格外关注品牌。C18认为知名的手机品牌是值得信赖的,他们的质量都是高标准的。

玛丽·道格拉斯(Dame Mary Douglas)等在对《物品的用途》分析中认为,民族志研究的典型做法是,假定一切物质财产都有社会意义,因此,主张分析物质财产的文化传播用途,从而揭示物品对人的文化意义。[1] 如果说传统民族志研究,关注在

---

[1] 〔英〕玛丽·道格拉斯、贝伦·伊舍伍德:《物品的用途》,萧莎译,载罗钢等主编:《消费文化读本》,中国社会科学出版社,2003年,第54页。

特定仪式中，物品被赋予了何种意义，那么在新媒介传播实践中，物品的意义则更多地与媒介文化的意义赋予有关。手机企业在铺天盖地式地宣传关于手机消费的各类广告中，赋予了不同品牌以差异性意义。媒体文化成了一种特别强劲的文化时尚构建的源头，其提供外表、行为以及风格等的榜样。[1] 通过购买手机等商品，农民在此过程中也进行着文化消费。消费本身除了对物的占有外，还彰显着由手机品牌所带来的其他文化价值与意义。正如莫利的分析，购买了某种商品，其也意指着一种特殊鉴别力的显示，对所有东西具有的"高标准"要求，从而显示出购买者的某种"特殊性"。[2] 因此，我们对农民日常生活中的手机消费，除了分析手机作为物品的使用性层面，还应该注意分析手机作为消费品的象征层面或文化层面。换言之，消费是一种社会行为，人们是在特定的时空中购买或使用手机，从而体现出某种手机品牌的拥有者区别于他人的身份特殊性。布尔迪厄将之称为"品位"，通过品位把现实中的个体进行社会"区隔"，进而建构了身份认同，形塑了个体所追求的文化价值标准。[3]

二、消费文化中的身份认同

吉登斯在分析现代性与身份认同的关系时认为，自我认同是

---

[1] 〔美〕道格拉斯·凯尔纳:《媒体文化：介于现代与后现代之间的文化研究、认同性与政治》，丁宁译，商务印书馆，2013年，第451页。
[2] 〔英〕戴维·莫利:《媒体研究中的消费理论》，凌海衡译，载罗钢等主编:《消费文化读本》，中国社会科学出版社，2003年，第484页。
[3] Bourdieu, Pierre, *Distinction: A Social Critique of the Judgement of Taste*, Routledge Press, 2010, pp. 255-258.

一种反思性的结果。^①这与传统社会中的个体身份源自血缘、地缘等因素存在明显的不同。在地方性与全球化极具二元张力的条件下，关于自我身份认同的叙述，在迅速变化着的社会生活情景的关系中被形塑、修正和被反射性地保持下来。自我身份的认同也日益参与到日常生活的文化政治当中。正如桑多·罗扎克（Theodore Roszak）指出，我们今天生活在这样一个时代，个人身份认同的找寻，以及个人命运定向的私人体验本身，都变成了一种颠覆性政治力量。^②在新媒介传播语境下，自我身份认同经常性地通过各种新媒介中介来进行。因此，由媒介所构建的消费文化，成为理解和分析身份认同的文化修辞。^③换言之，在媒介所构建的消费文化里，各种图像、场景、故事等媒介文本，提供了大量的主体立场和文化意图，形塑了媒介使用者个体自我身份认同。

现在牌子的东西特别多，连卫生纸都开始讲牌子。抖音直播里天天在宣传这些东西。像女士有不少名贵牌子的包包，一个小包包就得10多万，还有各种名贵汽车的牌子，这些都属于高档的；次一点的服装牌子也有很多，当然就属于中等的了；吃的东西也有三六九等，工薪阶层也能消费得

---

① 〔英〕安东尼·吉登斯：《现代性与自我认同：晚期现代中的自我与社会》，夏璐译，中国人民大学出版社，2016年，第253页。
② Roszak, Theodore, *Person-Planet: The Creative Destruction of Industrial Society*, London: Gollancz, 1979, p.xxviii.
③ 〔英〕罗杰·西尔弗斯通：《电视与日常生活：关于电视观众的人类学研究》，载〔英〕罗杰·迪金森等编：《受众研究读本》，单波译，华夏出版社，2006年，第267页。

起；还有针对普通人的一些牌子。现在农村人，尤其是年轻人，买东西的时候也开始看重这些。我的选择就属于普通人的牌子。（哈哈）(C18)

我对家里大的物件还是看重品牌，比如家具都是实木的，实木家具可以传给后人。广告上说得好，好实木、好家居、好生活。好的东西确实耐用、好看、上档次。邻居们来我家串门，都说我的家具不错。(C8)

现在用的手机就是一个大牌子，价值5800元。用手机主要是刷抖音、转账，一天能玩7—8个小时。我有时候自己也制作视频，经常在朋友圈里发视频，让大家看看我现在的生活。最近我就把跟朋友们一起喝价格贵的酒的场景，发到了朋友圈里，点赞的人还不少。(C10)

我不喜欢跟别人争抢什么，也不喜欢跟别人比，只想着能过好自家的日子。最近在短视频里看了一段内容，感觉说得挺好的："猫喜欢吃鱼，可猫不会游泳；鱼喜欢吃蚯蚓，可鱼又不能上岸。上天给了你许多诱惑，却不让你轻易得到。要想实现，就要自己奋斗。人生就像蒲公英，看似自由，却往往身不由己，生活没有如果，只有结果。自己尽力了、努力了，就好"。朋友圈里经常看到有人在晒节日里收到这个花、那个礼物的。我从不羡慕，平平淡淡的日子才比较真实。(C40)

现在在抖音上主要是买东西，进入抖音直播平台就能购物，经常会买一些用处不大的东西。其实当时看着很好，结果买回来没什么用。我感觉抖音上的东西质量确实比淘宝上

的要好，家里的小东西都在抖音上买。农村人现在买东西也讲牌子，穿名牌，戴名牌，可以展示一个人的身份地位嘛。（C11）

C18在日常生活中，通过抖音直播认识了很多品牌，并将不同的品牌与不同的社会阶层身份联系起来，同时也认为自己属于普通人一类。C8对家里新买的一套实木家具比较欣赏，在向笔者介绍时，边说还边抚摸着自己心爱的家具，认为可以传给他的子孙后代。在邻居串门时，这套家具也获得了大家的一致认可。C10平时在北京打工，他不仅买了价格不菲的手机，在访谈中时不时向笔者展示一下这款手机不一样的性能，而且经常在朋友圈里晒自己在城里日常生活中的场景，比如他想通过新媒介，展示他喝上了"好酒""贵酒"，让大家肯定他现在的生活。他在朋友圈的点赞中获得了一种满足感。C40则从短视频提供的文本中，认识到在平平淡淡的日常生活中，过好自家的日子才是最重要的。她不喜欢跟他人进行比较，因为比较就会带来情感伤害。索性不去计较这些，接受生活中的平淡之真，只要"自己尽力了、努力了，就好"。C11也是从抖音平台中获得了品牌方面的日常经验，认为品牌可以展示一个人的社会身份。我们从这些访谈内容中，可以感受到新媒介传播平台中的消费文化，正在建构农民的消费观念与消费意识，并影响了他们的反身性经验，形塑了他们关于自我的身份认同。

凯尔纳认为，媒体文化是构建主体、形塑认同性的重要力量。他指出媒体文化为当代人提供了媒介图景，如合宜模仿的榜样、合宜的性别角色以及得体的风格、品位和形象等。以前是关于你是谁、做什么、属于哪类人等有关自我身份的问题，今天更多是注重你的外表如何、形象如何、品位如何、个人风格如何等等，构成了新的自我认同性。[①] 因此，正是各种媒体文化，为自我身份认同提供了构建这些认同性的象征资源和符号材料。如果说凯尔纳分析的媒体文化，主要还属于传统媒体文化范围，那么当前由各种新媒介技术所构建的新媒介文化，对个体自我身份认同的形塑的作用明显是越来越强了。新媒介技术日益嵌入到媒介使用者的日常生活世界当中，无须像大众传媒那样去打开电源、正襟危坐地在沙发上接受媒体文化，而是在碎片化的生活时间和空间里，随时随地浏览手机、刷刷视频等，就可以轻松将我们卷入由新媒介所构建的媒介文化之中。

我们知道，由新媒介所构建的各种消费文化，在市场经济社会中是一种必然现象。然而，消费文化在形塑自我身份认同时，自然会存在两种不同的文化影响。从积极方面而言，消费文化是实现商品从生产、交换到消费整个流程中的重要一环，它促进了社会生产的大循环，实现了社会良性运行，可以为个体在消费文化中形成积极的自我认同，并实现心中目标而努力拼搏。如同C40那样，恰当看待消费文化对个人的影响。但是，从消极方面来看，消费文化在构建自我身份时，也可能会产生负面影响，即当个体将努力追求的消费品牌作为衡量成功与否的唯一标准，进而作为个人奋斗和生活的全部意义时，就会逐渐丧失理智，产生

---

① 〔美〕道格拉斯·凯尔纳：《媒体文化：介于现代与后现代之间的文化研究、认同性与政治》，丁宁译，商务印书馆，2013年，第441页。

非理性的消费冲动。

三、非理性的消费文化

凯尔纳在分析麦当娜所代表的现代大众传媒消费文化时指出,麦当娜通过媒体文化来指点大家:"摆好姿势!时髦至上!"[1]这为普通人在媒体文化中寻找新的认同性来源、打破既有文化传统和身份束缚创造了可能,彰显了社会个体的多样化和文化的多元性。但媒体文化中将自我认同变得平面化、浅薄化,等同于诸如时尚、外表、消费、品牌等具体事物,人们逐渐以这些外在的东西来确定自己的形象、财产标准以及生活方式。这种认同带给人们一种人生游戏感、随意感,进而将自我身份认同变成一种缺乏理性的无谓狂欢,从而可能出现一些消极的社会影响。

> 我记得看过一个短视频,印象很深刻。反映的是一个北京老百姓,住20平方米的四合院,一家四口挤在一起。与此形成对比的是,另一家人买的商品房别墅,每平方米价格是27万,晚饭吃的是大龙虾,一顿龙虾饭消费掉1万多(元)。老百姓吃的是白菜馒头,真是天差地别!现在社会就是有钱人拼命消费,没钱人拼命挣钱。(C10)

> 农村人现在买东西也注重品牌。过年给孩子买衣服,就必须选择牌子的,不然孩子们就不喜欢,觉得穿不出去。后来,就从网上直播间买带牌子的衣服。买品牌的东西其实也

---

[1] 〔美〕道格拉斯·凯尔纳:《媒体文化:介于现代与后现代之间的文化研究、认同性与政治》,丁宁译,商务印书馆,2013年,第442页。

是一种炫耀，主要让懂牌子的人瞧瞧，这个衣服值多少钱。这些都是心理因素，但也没办法，大家都这样看人的品位。（C20）

有时看抖音直播间卖东西，本来是冲着牌子去的，看着东西也不错。但买回来，跟专卖店的一比，天差地别了！要是穿出去，别人一看就是假货，会打心里低看咱。所以，还不如把标签剪下来，反正看不到牌子就无所谓了。（C5）

最近在网上看到一个视频，说幼儿园老师要小朋友把头一天晚上吃的饭，第二天带到学校，告诉大家吃的是什么。结果一个小男孩把吃剩的大龙虾，第二天带到了幼儿园。许多网友就开始喷，说这是炫富。后来小男孩的爸爸说，我们平时吃的就是这些，这是我们的家常便饭。这就是人的价值观不一样。我觉得富一代和富二代都值得尊敬，不管人家怎样有的钱，只要是合法的，就应该受到尊敬。人家都是靠自己的本事富裕的，现在出来高消费，难道有错吗？这不正常吗？最近有网友就说一些网上名人，有的说这些人是浪荡公子，不靠谱。我对网上的评论很不满，我写了反驳的意见：你靠谱吗？你到三十好几的人了，你还要出去创业，还要辛苦地备战各种考试，还嫌长治这地方太小了，容不下你了。我说有本事你就出国去，有本事像网上的名人一样，无忧无压力地生活。你现在这样才是不靠谱的举动。（C25）

从上述引文中可以看出，在新媒介传播实践中，部分农民在消费文化中呈现出不正确的价值倾向，并且成为他们建构自我身份认同的符号资源。C10在手机里看到在消费文化中呈现的贫富差距，总结出"现在社会就是有钱人拼命消费，没钱人拼命挣钱"的生活道理。C20把是否能买上带牌子的衣服，作为购物的一个基本标准，并且将在日常生活中穿着名牌服装作为一个人社会地位和生活品位的标志。C5认为，如果衣服的品牌被人识别出是"假货"，那是一件丢面子的事情。索性撕掉标签，让自己穿着随意一些。C25则通过对网络中一些名人的高消费现象进行分析，她认为富人炫富本身无可厚非，因为这是他们凭自己的本事赢得财富，然后又通过消费行为来展示他们生活的品位，要比那些评论区写评论的人更值得让人尊敬。她将是否拥有财富作为判断一个人成功与否的基本标准。

凯尔纳在谈及媒体文化时指出，我们应该学会辨识何为最佳的媒体文化，何为最糟糕的媒体文化，同时还应该培育反抗性的亚文化，以及媒体文化的替代品。正如一个人吃什么就可能会变成一个什么样的人一样，从媒体中看什么、听什么，也会让媒体文化的接受者逐渐变成怎样的人。因此，重要的是让人铭记，我们需要避免媒体文化中的垃圾食品，从而选择更为健康而又有营养的产品。[1] 今天浸淫在各种新媒介文化中的年青一代，并不天然具备批判媒体文化的品质或者称为新媒介素养。正如凯尔纳对文化研究者的呼吁：对新媒介传播实践所进行的文化研究，其一项主要任务就是将文化分析作为赋权（empowerment）和启蒙（enlightenment）过程的一部分，从而使文化研究不再仅仅是文化

---

[1]〔美〕道格拉斯·凯尔纳:《媒体文化：介于现代与后现代之间的文化研究、认同性与政治》，丁宁译，商务印书馆，2013年，第568页。

资本的分析手段，同时也是一种社会批判、启蒙大众与变革社会的文化武器。

小　结

习近平总书记强调："从中华民族伟大复兴战略全局看，民族要复兴，乡村必振兴。"习总书记铿锵有力的声音，在九百六十万平方公里的中华大地上久久激荡，为乡村振兴吹响了总号角！探讨乡村与城市的关系，再次成为众多学科关注的焦点之一。

在现代资本主义发展过程中，城市被赋予了先进、文明等积极意义，成为现代性的代名词，也成为未来社会发展的方向。因此，城市就具有了天然的合法性。而与此相对，农村却被赋予了传统、落后等消极意义，成为与现代性相对立的传统社会代表，是需要被改变和革新的对象，并最终以现代城市标准为发展依归。在新媒介平台中，城市的合法性也获得了明显的传播强势；农村则成为农民内心深处的精神家园和乡愁的诞生地，成为梦中挥之不去的文化记忆。

本章从文化分析的角度，主要分析了农民在新媒介传播实践中，如何理解媒介呈现的城市文化符号，进而建构有关现代生活方式的意义。通过深度访谈发现，他们对城市现代生活方式，普遍存在向往的情感倾向，但他们对城市中的喧闹、嘈杂以及追求效率的时间节奏，又产生无法言说的焦虑感。而慰藉这种情感的，正是他们曾经想方设法逃离或超越的农村生活的"安静"感。白天在城里打工，晚上回农村老家里看星星、听蟋蟀声，与朋友喝酒聊天,然后睡一个安稳觉,从而抵抗现代商品经济对人生命价值的挤压。这在部分农民中逐渐形成"两栖"的生活方式,即融合乡村－城市的生活方式。一方面新媒介传播实践中呈现的城市现代生活方式,无论在物质层面还是精神层面,都对农民的现代观念产生明显影响;另一方面"两栖"式的生活方式,为农民重返乡村参加乡村文化建设,提供了一些主体性的情感依据,进而为乡村文化共同体的构建提供了可能性。

我们还分析了与现代城市文化紧密联系的消费文化,从农民的手机品牌观念入手,分析了他们的品牌消费观念,侧重探讨了农民如何理解新媒介传播平台中呈现的消费文化,以及这些消费文化如何形塑农民的自我身份认同。笔者发现,农民对手机的消费已经不只是关注手机的功能,而是更看重手机所带来的象征意义。访谈对象还在其他消费文化中产生了自我身份认同。各种新媒介技术平台中的图像、场景、故事等城市消费文化元素,与农民的日常生活实践相结合,对农民现代观念产生影响。在认同感形成过程中,受消费文化的影响,访谈对象还形成了不恰当的价值取向,在一定程度上影响了他们生活世界中的交往价值和精神意义。因此,我们主张文化研究,不应只是分析文化意义的生产机制,还应当肩负起文化启蒙与赋权的学术使命,为提升农民新媒介素养,增强农民的文化自觉意识,提供文化行动方面的帮助。

第七章 太行老区农民在新媒介传播中的乡村文化

滕尼斯认为，乡村是一个自然的共同体社会。[①]农村作为地理空间中的存在，既为生于斯、长于斯的人们提供了生产空间，也为他们创造了交流和生活的文化空间。在乡村共同体内，人与人、人与自然，经过长期的社会互动，逐渐形成了独特的乡村文化。费孝通在《乡土中国》中认为，生活在乡村社会中的农民，他们以乡土为根基，以乡情为纽带，在长期的、稳定的农业生产生活中形成了难以割舍的恋乡情结。[②]在今天的乡村社会中，赓续至今、绵延不绝的传统文化仍有影响，如日常生活中农民朴素的价值观、道德观、交往观等，仍然有明显的历史遗风，淳朴善良。[③]另外，乡村文化还受到各种外来文化因素的影响，

---

① 〔德〕斐迪南·滕尼斯：《共同体与社会：纯粹社会学的基本概念》，林荣远译，北京大学出版社，2010年，第44页。
② 费孝通：《乡土中国》，北京出版社，2004年，第6页。
③ 赵霞：《传统乡村文化的秩序危机与价值重建》，《中国农村观察》，2011年第3期。

其中既包括传统大众传媒文化的影响，也包括各类新媒介文化的影响。

在第一章中，笔者已经对太行老区媒介技术的历史沿革过程进行了相关的阐述。在新媒体技术方面，从早期的互联网宽带普及，到电脑技术的扩散，再到移动互联网技术的逐渐推广，太行老区农民也进入了移动数字传播时代。随着国家提出乡村振兴战略，以及一系列与乡村振兴相配套举措的实施，[①] 各种数字媒介新技术持续向乡村社会下沉，为更多太行老区农民所采纳。数字媒介技术在加快乡村社会信息化、网络化建设，推动和提升农业农村现代化发展方面无疑具有重要作用。与此同时，数字化所推动的乡村群众的文化生活也在发生着巨大改变，正如从第二章到第五章所分析的那样，新媒介传播实践已经对农民日常生活产生了明显的影响。有研究者也指出，媒介在乡村文化构建中作用明显，移动媒体技术可以为农民文化主体性赋权，为进一步重建乡村文化的公共性创造了可能。[②]

凯尔纳认为，媒体文化通过图像、音响和宏大的场面主宰着人们的休闲时间、塑造了人们的政治观念和社会行为，同时也提供给人们用以形塑自我身份的符号材料等，促进了日常生活结构

---

① 如2019年5月，中共中央办公厅、国务院办公厅印发的《数字乡村发展战略纲要》，党的十九大以来每年的"中央一号文件"，以及国家建设县级融媒体中心的会议与文件等等，都体现了国家对乡村社会发展的政策倾斜与发展导向。

② 沙垚、张思宇：《公共性视角下的媒介与乡村文化生活》，《新闻与写作》，2019年第9期。

的形成。[①] 媒体文化构建了人们关于美与丑、积极与消极、道德与邪恶等观念世界，创作出供今天许多人们所共享的文化。换言之，当今的媒体文化已经渗透并影响着普通人的精神文化世界，即使是乡村文化也在与各种媒体文化碰撞中，互动、修改、融合，从而呈现出新的面貌。在本章中，笔者将继续分析新媒介技术对乡村文化的影响，探讨重构乡村公共文化空间，激发农民主体性力量的可能性，为乡村振兴提供文化支持。本章主要通过三个方面内容达到此目的：首先是分析农民对新媒介传播平台中主流媒体所传播内容的意义理解；其次是农民对新媒介传播实践中乡村传统文化的意义理解；最后是探讨新媒介传播影响下，由农民自身构建和参与的乡村新文化对农民的文化意义。

第一节　新媒介中的主流媒体

主流媒体是指承担党和政府重要宣传任务和功能，覆盖面广、影响力大、传播力强的重要媒体，其能够体现国家意志，具有较强的政治属性，属于一种制度化传播媒介。这些媒体既包括中央级报纸、广播、电视以及其官方网站、微信公众号、视频号等，也包括各省级、地市级、县级的报纸、广播、电视及其官方网站、微信公众号、视频号等。在新媒介传播语境下，这些主流媒体利用数字媒介技术迅速占领各大新媒体传播平台，开辟新媒介账号，拓展新的传播空间，积极引导网络舆论，这些构成了笔

[①]〔美〕道格拉斯·凯尔纳：《媒体文化：介于现代与后现代之间的文化研究、认同性与政治》，丁宁译，商务印书馆，2013年，第9页。

者此处分析的新媒介传播中的主流媒体。

媒体文化是一种图像文化,常常调动人的视觉和听觉,对媒体文化接触者在情绪、情感和观念层面产生影响,为当代社会生活提供种种行动和意义的参照。调查中,访谈对象虽然对主流媒体的概念并不熟悉,但他们对中央电视台和各省级、地市级媒体的官方新媒介账号有一定的了解,并且也接触了这些媒体中的一些内容,尤其是其中的短视频内容。他们通过在日常生活中接触这些主流媒体,建构起个人与国家之间的关系(关于此,笔者已经在第五章中进行了相应的分析),形塑了个体对乡村文化的意义理解。

本节结合调查中访谈对象提到的主流媒体类型,分别从新媒介中的主流媒体和县级融媒体两个方面予以论述,前者指除了县级融媒体之外的主流媒体,后者专门分析县级融媒体中心的传播活动。自2018年开始,从国家层面提出建设县级融媒体中心的要求,构建新型主流媒体,以更好引导群众、服务基层群众。自此,县级融媒体作为基层社会治理重要抓手的地位日益凸显。①

一、在新媒介中接触主流媒体

从2017年开始,传统主流媒体相继入驻抖音平台,无论是中央级媒体还是省级、地市(区县)级媒体均呈现出快速发展势

---

① 方提、尹韵公:《县级融媒体中心是基层社会治理的重要抓手》,《光明日报》,2020年12月18日。

头,其中电视媒体的抖音账号是数量最多的。①据《2021年全国党报融合传播指数报告》显示,在新媒介传播平台中,党报新媒体的开通率依旧呈现高增长态势,为95.9%;78.7%的党报已经建成自主性的新闻客户端。党报在微博、微信、聚合新闻客户端、聚合视频客户端等平台中的入驻率,均接近90%。各级党报在各个渠道的覆盖率日趋接近。②传统媒体在抖音、快手、微博、微信公众号、今日头条等各主要新媒介传播平台中,开辟账号或拓展传播新空间,从而逐渐在新媒介传播平台中占有了一席之地。

> 我在今日头条上面,能看到一些党和国家的信息,主要还是政策方面的内容,比如农村医疗、养老保险,还有跟农村相关的法律等。农村人生活比较简单,盼望国家制定的政策能多考虑考虑农民的利益,提升农村人的发展水平和生活层次。(C6)

> 农民应该接受最基本的教育,以前村里有农家书屋,设置在党教活动室里,有些人也去看书。有了手机以后,基本没有人看了。因为网络太方便了,现在都在拨拉手机,刷各种短视频。手机几乎是无事不知了。最近看了党的二十大方面的内容,主要看与农村有关的内容,觉得国家乡村振兴提出得好,就是不知道该怎样落实。咱们这里还是没有什么厂矿,振兴起来也不容易。(C4)

---

① 张志安、彭璐:《混合情感传播模式:主流媒体短视频内容生产研究——以人民日报抖音号为例》,《新闻与写作》,2019年第7期。
② 彭琪月、鲁婧:《2021年全国党报融合传播指数报告》,参见 http://media.people.com.cn/n1/2021/1229/c14677-32319846.html,2021年12月29日。

公共文化活动肯定对农村人团结有好处，但现在农村公共文化活动少了。唱戏、说书①这种文化活动也明显少了。县电影放映队有时也到村里放电影，一年也就3次左右，每次看的人也不多。还有村里党教活动室里有农家书屋，里面有不少跟农村农业相关的书，如种地、种经济植物、打农药等方面的书，但看的人几乎没有。后来我看大部分书就不摆出来了，直接堆在柜子里。自从有了手机，大家都在玩手机。看今日头条、腾讯新闻，了解一下国家大事。但觉得这些事离自己的生活较远，还是喜欢看跟农村相关的一些信息，比如农村教育、养老、医疗方面的政策。（C21）

农村公共文化很单调，特别是对老年人来说。现在的智能手机也难以操作，老年人还是主要看电视。以前看电视，自己家一次性买上个接收天线，就可以看些地方电视台，虽然接收的台不多，但是老百姓有电视看就行了，不需要太多的花费。但现在的电视不让自己接天线了，想要看电视就得交闭路费。对大部分老年人来说，每年交200多元钱看电视，还真是舍不得。这就造成部分老年人每天确实很无聊，感觉没有以前方便了，只能每天晒晒太阳。针对这种情况，我觉得可以从两方面入手，一是政府调整广播政策，闭路费取消，免费给老年人看；二是把智能手机变成真正智能化的，老年人简单操作就能使用，让老年人很快了解国家大事，跟上国家最新的政策。（C34）

---

① 唱戏主要指唱地方戏，如上党梆子、上党落子、豫剧等地方剧种；说书指长子鼓书，在当地文化中知名度较高。

今日头条虽然不是完全意义上的主流媒体，但一些主流媒体已经进驻了今日头条，[①]从而使这些市场媒体也具有了主流媒体的某些传播属性和政治使命。C6 从今日头条中关注国家政策方面的信息，对国家对农政策表达了盼望之情。C4 比较关注国家对农政策，关注了党的二十大内容，尤其是关心乡村振兴战略的实施，并且对当地没有这样的条件表达了相应的看法。C21 一方面对乡村电影放映、农家书屋等公共文化活动，表达了自己的一点忧虑；另一方面对新媒介中的"国家大事"，尤其是农村教育、养老、医疗方面的政策，表现出比较强烈的兴趣。C34 描述了农村老年人日常生活中对主流媒体的接触情况，也提出了发展数字媒介技术，应该考虑老年人的实际需要，从而使老年人也能享受媒介技术提供的便利。

西尔弗斯通认为，分析观众与电视之间的关系，最根本应该是考虑观看媒介文化的背景，尤其是关注观看的社会向度和技术向度。[②]笔者认为，西尔弗斯通的观点，同样适用于农民在日常生活中对各种新媒介的使用。从社会向度方面而言，访谈对象主要生活在农村社会环境中，乡村社会中的教育现状、农民养老、农村医疗、农村老龄化现象，以及乡村公共文化活动等等，与农村社会紧密相连，因此，他们对这类国家政策也就格外关心。这些问题也构成了乡土社会中，农民生于斯、长于斯，每日需要面

[①] 邓卓、唐晓蓉：《〈人民日报〉"党媒推荐"频道登陆今日头条》，2018 年 6 月 16 日。详见 http://media.people.com.cn。《央视网联手今日头条传播两会好声音，推荐量突破 37.2 亿》，2018 年 3 月 20 日，详见央视网。

[②] 〔英〕罗杰·西尔弗斯通：《电视与日常生活》，陶庆梅译，江苏人民出版社，2004 年，第 234 页。

对的基本社会问题。对这些问题的关注和意见表达，在一定程度上反映了农民作为传播主体，已经受到新媒介传播的影响，形成了自主性意见。从技术向度层面来看，农民在日常生活中，与各类媒介技术打交道，如引文中提到的传统媒体电影、图书、电视等，传统文化形式鼓书、唱戏等，新媒介传播平台今日头条、短视频平台等，这些媒介共同构成了农民日常生活的媒介技术环境。不同媒介平台之间交互融合、彼此影响，也就形塑了农村社会文化生活的独特样貌。正是在这些媒介技术所提供的融合文化环境中，农民才构建起文化主体性，逐渐形成对国家、社会、自我的价值与意义。

二、县级融媒体

近年来，随着国家对县级融媒体中心建设任务的进一步明确，新闻传播学界关于县级融媒体的相关研究成果也日益丰富。我们在中国知网"期刊"中，进行主题检索"县级融媒体"，共获得3641项相关研究论文；将期刊检索范围限定在核心（核心和CSSCI），一共获得662项研究论文；在"硕博论文"中检索主题"县级融媒体"，共发现130余项相关研究。据中宣部发布的数据显示，截止到2022年8月，全国已经有2585个县级融媒体中心建成运行。[①] 县级融媒体作为新型主流媒体，其在打通信息传播"最后一公里"，联结中央与地方关系，构建乡村公共文

---

① 李洪鹏：《中宣部发布：全国2585个县级融媒体中心建成运行》，参见《上游新闻》的相关报道，2022年8月18日。

化，实现基层社会治理等方面意义重大。①

在访谈中，笔者单独对县级融媒体的使用情况进行问询，并且在他们提供的手机中，查阅了县级融媒体的相关软件。因为关注疫情信息和做核酸检测的具体业务，有部分农民关注了县级融媒体中心的微信公众号。但访谈对象中，没有人下载当地的县级融媒体的 App。他们对县级融媒体中心设置的意义还比较陌生，尚不清楚该媒体对基层社会的舆论宣传作用。但我们也发现，他们对县级融媒体的微信公众号平台也有一些接触。

> 我现在的信息传播渠道主要是通过微信。现在有信息联系的群有 3 个：一个是村委群，里面经常发布一些和本村工作有关的一些信息，平时村里人有什么事也在里面发，大概有 300 多人；② 一个是电业局群，我种的有大棚菜，镇政府供电站的人会提前通知停电，还有提醒及时交电费等信息，大概 100 多人；还有一个是农资群（农业生产资料），主要是联系买肥料、农药、种子等，大概有 250 多人。因为我比较

---

① 探讨县级融媒体对基层社会治理的相关研究，参见朱春阳：《县级融媒体中心建设：经验坐标、发展机遇与路径创新》，《新闻界》，2018 年第 9 期；谢新洲、朱垚颖、宋琢谢：《县级媒体融合的现状、路径与问题研究——基于全国问卷调查和四县融媒体中心实地调研》，《新闻记者》，2019 年第 3 期；陈国权：《中国县级融媒体中心改革发展报告》，《现代传播》（中国传媒大学学报），2019 年第 4 期；李彪：《县级融媒体中心建设：发展模式、关键环节与路径选择》，《编辑之友》，2019 年第 3 期；胡正荣：《打造 2.0 版的县级融媒体中心》，《新闻界》，2020 年第 1 期；黄楚新、黄艾：《超越链接：我国县级融媒体中心建设的 2.0 版》，《编辑之友》，2021 年第 12 期。

② 笔者参与式观察的群，也即这个工作群。

关心疫情信息，还关注了县政府的微信公众号。① 在疫情期间，镇政府在里面及时发布疫情防控方面情况，方便老百姓及时掌握政府信息。但平时看得也不多。（C2）

我经常看县政府发布的信息，还在微信里关注了公众号。最近看到的内容主要是，政府免费给老百姓打水井浇地，还有针对农民职业技能培训方面的信息。……老百姓的观念不行，缺少文化素养，认识不到国家政策的好处。每年国家都有农村培训技能方面的课程，如厨师、月嫂、理发师等，学完还发结业证，只要参加每人每天还发10元钱。但是也有一些人去了也不学真本事，不听老师的讲课内容，学习还是缺乏主动性。（C21）

我关注的有县级融媒体中心（微信公众号），主要是当时疫情期间，为了及时了解相关信息。后来也没有取消关注，就一直留着。最近里面会发布农民技能培训方面的内容。村里也组织了参加培训的人，但年轻人都进城打工了，大部分是老人们，也听不进去，仅仅是为了领10元钱。这种学习就成了一种形式。这个微信公众号里还有其他方面的政府信息，每天要发好几条。我打开看得不多，主要还是没有兴趣，觉得这些内容离自己的生活远。（C30）

从这些接触过县级融媒体中心相关信息传播渠道的访谈对象的回答中可以看出，他们主要对此主流媒体中的一些对农服务类信息比较感兴趣，如疫情资讯，对农民的职业技能培训，以及对

---

① 笔者从访谈对象手机中发现是当地的县级融媒体中心的微信公众号。

第七章　太行老区农民在新媒介传播中的乡村文化　203

农村基础设施建设等。从这些引文中,我们也能感受到,农民对基层政府信息的了解,不仅通过县级融媒体中心专门化的信息传播渠道,也可以通过各级政府工作人员组建的工作群进行了解。

在一定程度上,县级融媒体以及微信群构建了有关乡村社会的信息共享平台。然而,就整体情况而言,笔者在访谈中发现,农民对县级融媒体中心的角色与功能认知相对模糊,主要将县级融媒体视作县各级政府领导和县域政策宣传的一个窗口,觉得离自己的现实生活有距离。换言之,访谈对象在这一新型主流媒体中,尚未形成关于自我与县级政府的共同体认同。正如凯瑞指出,传播是一套社会实践,它以概念、表达方式和社会关系为切入口,建构了各种现实关系,涉及对现实的否定、改造以及延展等,从而将人类关系中的传播技术和概念的符号形式,自然地展现出来。[1]在实践的每时每刻,我们通过传播形成关于真实的概念、人类的表达方式,以及被期待、被达成的社会关系,都同时进行着,我们又都可以在每一个点上对实践进行拆分。然而,从现实来看,农民在县级融媒体传播平台中,确实有一些符号互动,也能帮助农民及时了解疫情动态等方面的信息,但县级融媒体还未能很好承担起像过往研究中指出的,其在基层社会治理的舆论引导作用。

笔者认为,究其原因,一方面与农村老龄化、空心化,以及文化教育仍然比较落后等因素有关,这些不利因素严重影响了农民在县级融媒体传播中,对有关国家、集体的共同体想象,因而

---

[1] 〔美〕詹姆斯·凯瑞:《作为文化的传播:"媒介与社会"论文集》(修订版),丁未译,中国人民大学出版社,2019年,第77页。

也就无法完成凯瑞所述的传播共同体的构建;另一方面也与县级融媒体目前仍然以传统大众传播时代的理念,来开展新媒体业务有关,受传统宣传思维惯习影响,其还未能充分利用新媒介技术所拓展的新传播空间优势,从而将所处的地方性空间纳入传播活动当中,因此也就很难获得农民的认可,无法发挥其对乡村文化的引领作用。关于这一点,笔者将在下一章作进一步分析。

第二节　新媒介中的乡村传统文化

近年来,我国政府已经加强了农村公共文化服务的数字化建设。2018年,国务院印发文件《乡村振兴战略规划(2018—2022年)》,其中就要求"继续实施公共数字文化工程,积极发挥新媒体作用,使农民群众能便捷获取优质数字文化资源"。2019年,又印发《数字乡村发展战略纲要》,明确了数字乡村实施"四步走"发展战略,提出"到本世纪中叶,全面建成数字乡村"的发展目标。伴随着农村接入互联网数量的持续增长,在数字新媒介技术设施方面,城乡之间的差别继续缩小。一些学者指出,在未来互联网技术发展中,将是我国农村数字化基础设施建设快速推进、各项数字化业务迅速增长的黄金期。[1] 5G、大数据、物联网、云计算、人工智能等数字技术在农村的应用,将具备更加坚实的媒介技术基础。这些新媒介技术为各地乡村文化建设创造了新的可能性,它既为农民参与新媒介传播实践,提供了媒介技

---

[1] 丁和根、陈袁博:《数字新媒介助推乡村文化振兴:传播渠道拓展与效能提升》,《中国编辑》,2021年第11期。

术"装置",也为在网络空间中重构乡村文化共同体创造了契机。

我国乡村文化大体上可以分为三类资源:其一是由政府根据现阶段社会发展需要,持续推进的乡村公共文化服务,如农家书屋、电影下乡,以及各种在主流媒体中所承载的能够体现国家意志的文化形式与内容;其二是在千百年农村社会发展中,自然形成的各种物质的和非物质的传统文化资源,如传统的民间仪式、传统节日文化、传统民间戏曲、鼓书等,以及这些传统文化在新媒介传播平台中的重复呈现或重新演绎;其三是经由上述两类文化资源交叉融合,并引入新媒介传播技术,在农民日常生活中形成的创新性文化活动,如近年来的农村广场舞、乡村晚会文化等,在一定程度上,它们体现了农民作为文化主体的创造性。本章在第一节中主要论述了第一类乡村文化资源,本节将论述第二类,第三节将着重分析第三类。

一、短视频平台中的传统文化

随着移动互联网传播技术的普及,普通人制作并发布短视频已经成为一种常态化的参与新媒体传播实践方式。短视频因其制作方式比较简单、发布门槛较低、互动参与性强、内容涉及丰富,大量的农民也参与其中,这些短视频在带动乡村旅游、扩大农村社会的可见性、推动乡村文化传播方面发挥了重要作用。短视频传播为乡村文化构建带来两方面影响:其一在大众传播时代曾经因地理位置偏远、经济条件落后等,无法获得大众传媒青睐,从而长期处于人们的关注视野之外,如今这些乡村文化也可以通过短视频平台,迅速获得传播机会,增强了社会的可见性;

其二那些具有历史底蕴、在长期发展中形成的传统文化样式，曾经属于少数人了解或参与的表演项目，现在经由新媒介传播技术，为普通人接触、了解和参演创造了可能，从而更易被广大人民群众所熟知和接受，进而使得传统乡村文化形式获得了新的生命力。因此，短视频技术不仅为乡村文化开辟了新的传播空间，呈现出大众传播时代不曾具有的"去中心化"的传播态势，而且尤为重要的是，新媒介技术为乡村文化传播赋权，普通农民成为乡村文化的建设者和传播者，激发了他们参与乡村文化传播的主体意识，形成自下而上的参与式传播，呈现出新的传播局面，从而为乡村文化传播注入新的活力。①

我非常喜欢长子鼓书，它是国家级非物质文化遗产项目。它就是长子人的文化之根，我看抖音、快手里有很多人在看虎威、先玲、小五、引红等说书的片段，这些视频点击量也不少，像虎威的粉丝有3000多个。我也喜欢在抖音里演绎长子鼓书，主要是对口型，现在已经发布了80多个短视频，也有2700多个粉丝，自己感觉很满足。在抖音短视频之前，我们这种普通人哪有机会制作和发布这些东西，只有看别人的份。（C5）

以前的村里文化节目很丰富，有各种娱乐活动，如听书、唱戏，还有农民自编自导的传统节目，全村人都能参加；过年的时候可以放鞭炮、贴窗花，还有闹红火、跑旱船、糊

---

① 王德胜、李康：《打赢脱贫攻坚 助力乡村振兴——短视频赋能下的乡村文化传播》，《中国编辑》，2020年第8期。

灯笼，挨家挨户耍狮子，很热闹。现在鞭炮不让放，红火不组织闹，过年也很平淡，没有什么年味了。只能是足不出户，在家里看看手机，看看电视。这样慢慢地村里的人际关系也比较淡了，更难组织起乡村的公共文化活动。抖音、快手里有这些传统文化节目，如唱戏、说书等，看着挺热闹，普通人也能表演，感觉挺有意思。（C1）

我比较喜欢听说书、看戏。村上的煤矿会在一年两次的集会上，出钱说 2 次鼓书或唱 2 次大戏，感觉挺好的。村民们坐在一起可以聊聊天，说说家长里短，肯定能增加全村人的凝聚力。除了这些特殊活动，农村的公共文化活动真的是越来越少了。现在人们有了手机，手机上的内容很丰富，想看什么在里面直接搜索，各种内容、各种演员都有，娱乐类型多种多样。在短视频里看这些内容，既节省时间又能娱乐。我经常也能刷到手机里说书、唱戏类的短视频，那些人还挺有才艺，表演得也不错，高手确实在民间。（C30）

村里的公共文化活动其实比较重要。以前我们村里每到正月十五闹红火都会舞狮，跟我们挨着的那个村组织跑旱船。这种文化活动很有凝聚力。最近一次还是在四五年前耍过狮。不像以前，都是村大队集体组织大家闹红火，现在是你想舞就舞，但自己得出钱买道具，包括灯、狮子那些装备等。如果村里提供活动经费，由村大队出面来组织，全村人都愿意参加。在网上短视频里，看到别的地方人家就闹红火，看着很带劲。估计是那些村里有钱能组织起来，我们这里比较穷，大队也不好组织。（C20）

从上述访谈对象的引述中,可以看出当地农村文化活动明显减少了,农村文化本该具有的凝聚作用,没有充分发挥出来。C5经常从手机短视频里观看传统鼓书表演,其不但对当地鼓书名角比较熟悉,而且积极参与制作鼓书短视频,并且获得了较多的粉丝数,与当地鼓书名演员申虎威3000多个粉丝的数量相差无几。这些短视频参与体验,明显调动了他参与乡村公共文化建设和推广的积极性。C1怀念以前村里公共文化的丰富性,认为那时的乡村文化既为农民带来节日氛围,又团结了乡村社会情感。新的传播手段渗入农村社会,农民也逐渐变得"足不出户",人与人之间的社会联系日渐衰微。如同帕特南(Robert D. Putnam)在《独自打保龄》中所描述的,受电视娱乐等影响,美国年青一代日渐远离公共文化生活,不再参与公共社会交往,日渐成为孤独的个体。[1]C1在短视频平台中也看到了,新媒介传播平台为农民参与公共文化建设提供了新的路径。C30认为乡村公共文化活动,具有明显的在地团结作用。她发现,现实社会中的乡村文化活动在减少,但同时她也看到了在新媒介传播空间中,普通农民身上蕴藏的巨大表演潜力,从而可以为重建乡村公共文化创造新的可能性。C20认为要想发挥乡村公共文化凝聚力作用,还需要村大队作为组织性力量参与进来,一方面可以解决乡村文化活动的后顾之忧,比如经费问题;另一方面还可以发挥村组织在乡村公共文化活动中的政治引领作用,从而发挥基层组织协调和乡村文化凝聚的在地团结作用。

---

[1]〔美〕罗伯特·帕特南:《独自打保龄:美国社区的衰落与复兴》,刘波等译,北京大学出版社,2011年,第286—287页。

赵月枝谈到乡村振兴所依赖的主体时指出，各地政府在国家乡村振兴战略的号召下，已经行动起来了，纷纷成立乡村振兴讲习所；一些资本主体也行动起来了，他们正积极参与乡村振兴；一些有情怀的知识分子也行动起来了，开始进行乡村建设的实践探索；还有一些艺术家也行动起来了，到农村搞设计、开展创作，农村题材的艺术作品不断问世。在这些轰隆隆的行动大军中，唯一缺席的或至今尚未真正登上乡村振兴大舞台的，却是农民自己，或者说农民的主体性还没有被充分调动起来。[1] 在访谈中，笔者问及随着国家乡村振兴战略的进一步落实，最期待的是什么？访谈对象表示，希望国家能制定一些帮助农民致富的政策，向农村引入一些适合的产业，让农民就地可以挣到钱。不要再单纯地发钱了，那样解决不了农村经济发展的根本问题。赵月枝等在对中国农民主体性分析时，认为中国的农民是具有现代意识的农民，是经过中国农村的社会主义改造的农民，这与西方社会中的农民是完全不一样的。我们需要迈出西方中心主义线性历史观和去历史化的表现，重新激活农民身上所具有的现代政治意识，调动他们参与社会主义乡村公共文化建设的主体性，引导他们成为乡村振兴中的主体。[2]

二、作为乡村公共文化建设的土地庙修建

从上文分析来看，一方面是伴随着乡村现实公共文化活动的

---

[1] 赵月枝：《数字传播时代的乡村振兴》，《新闻与写作》，2019年第9期。
[2] 赵月枝、沙垚：《被争议的与被遮蔽的：重新发现乡村振兴的主体》，《江淮论坛》，2018年第6期。

减少，乡村社会人与人之间的"原子化"现象愈加突出，另一方面随着新媒介传播实践中，传统乡村文化样式的持续展演，农民文化的主体性在一定程度上也得到彰显，更多的农民利用新媒介传播平台，拓展了乡村文化的传播空间，扩大了乡村文化的可见性和社会影响力。下面通过访谈中发现的一个具体事例，即农民利用新媒介开展本村土地庙修建活动，探讨新媒介用于乡村公共文化建设的过程，以及农民如何发挥在乡村文化建设中的主体性作用。

> 记得还是在2019年，村里年轻人一起喝酒的时候，大家说咱们村一直以来就没有一座像样的土地庙，你看人家邻村，不但有土地庙还有奶奶庙，都比咱村的好。咱们村里的大庙多年未修，破破烂烂的，看着很是寒酸。他们都喧（方言，指鼓动），让我组织全村人，包括那些工作在外头的人，共同集资筹钱修建村里土地庙。
>
> 没想到喝完酒，第二天XB（当时的村主任）就来找我，重新商议此事具体怎样做。首先成立5人组成的本村土地庙修建工作组，各有分工，我负责筹款工作。我整理出一份本村村内、村外年轻一点的人员名单，尤其是在城里工作的人，跟他们的家人要上手机号码。觉得这些人经济比较宽裕些，更容易支持这个事。根据他们的手机号码，我一个一个加上他们的微信。
>
> 之后，我就开始给这些人逐一打电话，每天能打20—30个电话。电话中会说明村里修建土地庙这个事，是想给全

村人修一个像样的有仪式感的地方。有的人回复比较痛快,立马就同意了。有的人态度就有些不明朗。我把这些人加到了一个微信群里,这个群就叫"土地庙修建功德群",我还写了个性签名:功在当代,利在千秋。我在群里@所有人,跟他们说集资修庙的事,事关全村人的颜面和子孙后代的文化延续,希望身在外地、根在本村的人积极支持,伸出援助之手,尽绵薄之力!通过微信群里的交流,那些一开始态度不明确的人,也变得积极出资了。

在筹钱结束后,我也在这个群里及时跟大家公布开销情况,比如买砖、水泥、琉璃瓦等花费情况。本村内的年轻人主要不是出钱(当然有条件也可以出),而是出力,比如村里有盖房手艺的,就负责盖房子;即使没有技术,只有力气的,也能来干搬砖、和水泥的活。村里年轻人,有的也忙,有在城里打工的、有种大棚的。反正在这个微信群里一喊,大家一般会在没活或比较清闲的时候,主动来参与修建工作。其实盖庙的过程相对还比较简单,关键是后期在挑选房顶的材料,还有屋脊上的一些装饰品时受了些难为。主要是自己也不清楚到底需要什么规格,生怕给弄错了,让村里村外的人笑话。我一方面在网络上查找资料,看图片、看视频等介绍;另一方面到邻村去考察,反正修庙讲究比较多,不能出错。最后,又请了师傅过来给土地庙做了开香仪式。我们还用手机把当时的情景录制了视频,记录下来,也有转发到微信群里,想告诉大家庙建成了。现在每年过年的时候,村里人都会去那里做仪式,大家的凝聚力也调动起来了。

现在庙是修缮完成了，但也有人开始传言，说我在这次集资筹钱中拿了多少钱，然后拿上这些钱出去旅游，因为他们看到我朋友圈晒了几张五一出去玩的时候的几张照片。我跟大家在微信里都说了，把钱用在了哪些方面，感觉都说清楚了啊，已经做到了公开、透明，但不知道为啥还有这些传言。以后像这种事，还是尽量少掺和。（C20）

从 C20 组织修建土地庙的过程来看，新媒介技术已经深度嵌入到该项目全部建设过程之中，从筹款信息发布、修建过程展示到善款使用公示，再到最后完工的全过程。在筹款中，他建立微信群，并通过微信群与大家经常联系。在微信群互动中，对那些刚开始资助修缮工作"态度不明朗"者，形成了心理压力，最终促使其明确支持此项"功德"事业；在修建过程中，及时将善款使用情况在微信群里公布，希望账目做到公开、透明；在工程完结后，把土地庙修好后的视频记录下来，发到微信群里表达善事顺利完工。此外，他还利用手机打电话、利用移动网络查阅信息等等，跨媒介平台的使用，为其解决日常生活中遇到的问题，提供间接经验参考。从这些过程的描述中，我们能够清楚地发现，C20 等部分农民利用新媒介技术，主动开展乡村公共文化建设的努力，并且对乡村公共文化的凝聚力与传承性价值有清晰的认识。这在一定程度上呈现了新时代农民参与乡村文化建设的主体性作用，为乡村振兴发展提供了主体性力量。

另外，因为 C20 在朋友圈里分享了自己旅游时的照片，被村民怀疑他使用了筹集的善款，影响了其参与乡村公共文化建设的积极性。这也提醒农民在自发式的乡村文化建设过程中，如何恰当处理农民自发组织的权利与普通村民的监督权利，发挥好二者本该有的积极作用，进而激发更多农民参与乡村公共文化建设的积极性，还需要继续探索。

第三节 新媒介与乡村新文化

在论述了政府主导性乡村文化建设活动和传统乡村文化，及其重新演绎传播之后，本节主要论述第三类乡村文化，即融合政府提供的资源和传统乡村文化资源，并引入新媒介传播技术，在农民日常生活中形成的创新性文化活动，如近年来的农村广场舞和乡村晚会。这些作为乡村社会中的新文化，呈现了农民新的精神文化追求，反映了他们身上蕴藏着巨大的文化潜力，为未来乡村振兴提供了可以依靠的主体性文化力量。

改革开放以来，与乡村经济社会迅速转型相伴随，乡村公共文化也呈现出新变化。一方面，在乡村经济发展的同时，农民对乡村文化生活提出了更高的要求，以政府为代表的自上而下的文化供给，已经很难及时回应基层民众的文化需要，如传统大众传媒提供的公共文化，以其制度化、单向性等传播特点，已无法满足农民对文化的自主性、参与性等要求；另一方面，随着中国社会个体化的加强，以及新媒介传播技术的普及，农民对文化个性表达的要求进一步明确，并且在短视频传播平台中，他们既学会了文化参与的新技能，又获得了更多的文化展演的新舞台，这些无疑强化了农民对乡村文化的参与诉求。农村广场舞的出现，正是反映了农民对乡村公共文化的自觉组织与参与,他们自下而上地发起重建乡村公共文化活动,实现了对传统公共文化服务模式的反向改造。①

近年来,与广场舞发展过程相似的乡村文化新现象,是各类乡村晚会的出现。赵月枝等认为,乡村春晚代表了中国农民在经过社会主义现代化改造之后,作为中华人民共和国的主人,在新时代展现自己的文化自信和文化主体性,重新在表征层面登上了中华民族的历史舞台。②在乡村晚会节目表演中,村民不再是没有文化的一群人,不再作为传统媒体中的被呈现者和作为城市相对立的文化"他者",而是作为文化表达的主体登台亮相,创造属于农民自己的文化。在更为实质的文化意义层面上,乡村春晚代表了以乡村为单位的集体文化活动的回归,为重塑农村共同体创造了文化条件。

一、广场舞

农村广场舞是农民自发组织的,以平等自由参加的形式,跳舞娱乐为主的乡村公共性文化传播活动。此项活动通常是在晚上进行,劳作了一天的妇女们用过晚饭后,在约定好的时间、空间里,在动感强劲的音乐伴奏下翩翩起舞,规模通常是30—40人。访谈中,也有不少人反映他们是在听到广场舞的音乐声响后,才

---

① 关琮严、李彬:《"舞市":新农村公共文化空间的转型再造》,《江西师范大学学报》(哲学社会科学版),2020年第1期。
② 赵月枝、沙垚:《被争议的与被遮蔽的:重新发现乡村振兴的主体》,《江淮论坛》,2018年第6期。

闻声而来参与其中的,而且都是平等参与,跳舞中也不存在歧视现象。笔者在调查地前后近3年的实地观察中,发现广场舞活动受天气、季节等因素影响明显,通常选择在夏秋之际进行。场地选择在村大队前比较开阔的公共空间,一方面可以借用村集体提供的灯光,以及有播放音响所需要的电源,而且方便在跳舞结束后将音响放置在大队文化活动室;①另一方面开放自由的活动范围,方便大家随时加入与退出,体现了比较明显的自主参与特点。

> 公共文化越来越少了,电影一年放3次,一共也就6部电影,太少了。其实跳广场舞就很好,这样人们就不用一直窝在家里看手机了,不但可以增加村里人之间的相互交流,还能形成全村的凝聚力。我们村跳广场舞是喜欢跳的人组织,我家里人就是组织者之一,她需要从网上下载最新的流行音乐,然后放在U盘里,插到大家筹钱买的音响上播放。下载音乐的人,还得对最新流行音乐有一定了解,知道舞点在哪里,还要指导大家练习一些舞蹈动作。反正这个人得有些奉献精神。(C12)

> 政府可以给农村增加一些娱乐项目,比如一年免费唱几台戏;现在播放电影,夏天还行,冬天天气太冷几乎没人看,可以在农村建一些公共文化场地,特别是冬天老百姓都

---

① 笔者在另外一个村调研中发现,该村并未给村民跳广场舞提供方便,场地选择在村篮球场,灯光是借用篮球场旁边人家院子里的灯,所以整个表演场地就显得幽暗不够明亮。而且因为接电源不方便,他们就选择了带有充电装置的音响。

在家闲坐着,如果有场地又有人组织,参与的人肯定更多。还有广场舞,现在主要还是喜欢跳舞的自己张罗,她们从网上下载最新的流行音乐,给我们到时候一放,动感的舞步确实能够放松自己。跳舞的灯光、设施都是利用现成的,但还缺少一些专门化的条件,如遮风挡雨的活动地方,一到冬天就没人跳了。(C34)

农村的公共文化不多,村里跳广场舞算是公共文化活动。但平时村里年轻人越来越少了,进城打工的人越来越多,有些年龄大点的老人也会出来跳。如果有村里组织,大家都出来跳,参加跳的人可能就更多了。在跳舞中大家都是平等的,不存在你学不会就不让加入或者别人笑话你。大家在一起就很好,跳的就是这种集体参与感,又不是参加什么比赛,不赢奖金不赢房子的,不需要有任何负担。我们也经常在抖音里看到跳广场舞的短视频,现在大家在一起跳,已经稀松平常了。(C42)

我自己就跳广场舞,我们还组成了一个女子广场舞队,有人家办喜事的时候,会邀请我们去跳。挣钱不多,一次每个人也就几十块钱吧,主要是跳着开心。有时候,在过年的时候,村里也会让我们代表村集体,参加镇上组织的广场舞比赛活动,舞队里的人积极性都很高。县里媒体还要报道我们,大家都会把自己最好的一面展示出来,其实这也是在给我们女子广场舞队做宣传。(C41)

夏天的时候,我也会跳广场舞。我记得县城还在网上做过问卷调查,就是问大家是否愿意跳广场舞?调查结果是年轻人不赞同，中老年人赞同。年轻人觉得每天上班很累，晚上回家就想安安静静地休息；中老年人觉得如果不跳广场舞了，感觉生活中缺少了意义。我觉得只要选好场地，不打扰别人，完全可以跳。有的人是一天铆足了劲，就是为了参加晚上的广场舞，你不让大家跳是没有道理的。在村里不存在上面这些问题，我们结束得也比较早，周围人没有说三道四的。跳广场舞能让人神清气爽，提升了整个人的精神状态，最主要是每天活得有心劲。大家每天能聚在一起，无形之中就是交流。（C33）

C12认为乡村公共文化太少了，他认为广场舞可以让大家从"窝在"家里走出来，在乡村公共空间中展开社会交往。他虽然不跳广场舞，但他妻子是广场舞的组织者。妻子会从网络中下载最新流行的广场舞音乐，提供给大家跳舞时使用。C34认为乡村组织应该给广场舞这种文化活动提供更好的舞台，创造更好的参与环境，这样就可以进一步将农民参与乡村文化建设的积极性调动起来。C42认为在广场舞中人人都是平等的，不存在歧视不会跳的人，也不会笑话那些跳得不好的人。大家参与广场舞要的是在跳舞时刻形成的这种集体感，超越了现实的功利性，具有明显的公共文化活动的特点。C41讲述她们组成了"女子广场舞队"，还参加比赛活动或私人喜事的表演活动，挣钱不是目的，更重要的还是在跳广场舞时间里，大家形成的那种团结的精神气。C33认为参加农村广场舞，给自己带来了新的精神享受，不但提升了她的精神状态，满足了她的精神文化需求，而且形成了文化参与中的集体感。

凯瑞在分析伊尼斯的传播观时指出,传播技术的变迁通过利益结构的变更、符号特征的改变、社区性质的变化对文化产生影响。所谓利益结构变化,是指空间束缚型文化还是时间束缚型文化;符号特征变化,是指支撑这些利益结构的符号和概念的发展;社区性质的变化,是指空间、时间意义上的社区。空间社区特征是空间的、可移动的,通过适当的符号、形式和利益进行远距离联系的社区;时间社区的特征是时间的、稳定的,植根于地方之中,有着亲密联系和某种共享的历史文化。① 在广场舞中,我们又看到了曾经被大众传媒所区隔的社会成员之间的联结,在广场舞共享时间的文化空间中,在乡村本土性的传播符号互动里,重新形成了乡村文化共同体。由广场舞创造的文化空间,赋予了农民以文化自主性,在文化的自我组织、自我参与、自我体验中,农民重新发觉蕴藏在共同体里巨大的文化创造性。一方面这种自我意识来自各种新媒介传播实践中所提供的象征符号资源,在符号互动中拓展了他们对未来美好生活的憧憬;另一方面这种自我意识还与参加广场舞的中老年妇女,即她们在经历了集体化的社会主义现代文化改造之后,对公共文化表达权、参与权的重新探索与实践有紧密联系。

二、乡村春晚

田野调查中,笔者发现农民不仅在乡村社会中,积极参加

---

① 〔美〕詹姆斯·凯瑞:《作为文化的传播:"媒介与社会"论文集》(修订版),丁未译,中国人民大学出版社,2019年,第143页。

广场舞活动，在特殊的节日里还自发进行晚会表演。截至笔者的调查时间，调查地已经进行了 2 年的乡村春晚。最早一次是在 2019 年，中间受疫情影响就停止了，最近一次是 2023 年。笔者将之称为"春晚"，实际上村民举办这台晚会并非是在晚上进行，而是在白天，天黑了因为没有像样的灯光，大家就散了。整个晚会，在正月初一的下午大约从 3 点开始，持续到下午 5 点左右，在天黑前结束所有表演。笔者重点对第二次乡村春晚进行了观察。这次表演依然是由村民自行组织，有部分节目是提前安排好的，如村里能歌善舞的，凡有一项才艺者，需要各自出一个节目，广场舞参与者出一个群体参与节目。但仍然有相当节目没有提前安排，是即兴表演，大家谁想表演就表演。整场晚会也没有节目单，没有准备任何果盘等零食，场地设置在村大队的小广场上，表演舞台没有与观众分开。观众在小广场周围，自带凳子或坐在旁边的石头上面。晚会表演过程中，除了安排好的节目表演相对有序，其余节目演出顺序则显得比较乱，但村民都很开心。每一个节目开始前和结束后，观众都有喝彩和鼓掌声，小孩子们玩得也很开心。节目主要以唱歌、跳舞、乐器演奏（吹唢呐、拉二胡）为主，还有一位表演了武术。[①]演唱的歌曲主要分为两类：其一是属于红歌，如《社会主义好》《四渡赤水出奇兵》等；其二是属于比较流行的主流歌曲，如《好日子》《我们都是追梦人》等。在观看期间，不少村民拍了视频发到村里的工作微信群里，

---

① 武术表演者是初中毕业后，在河南武术学校学习了武术。这次属于首次在本村人面前公开表演。他非常重视这次表演，既展示了自己所学之长，也活跃了乡村过年的气氛。他的表演也格外引人注目。

有的还分享到自己的微信朋友圈。

在之后笔者又多次进入调查地，对农民进行了深入访谈，继续了解他们对乡村公共文化活动的一些看法。

> 我也观看了村里的春晚，感觉挺有意思的，大家在一起开开心心过个年，很有意义。其实不需要你有多少才艺，大家在一起就是图个高兴。我觉得通过这些乡村文化活动，村民的凝聚力强了。以前村里这种集体文化活动比较多，比如舞狮、跑旱船等，现在少了，像这种春晚应该多办几次。（C6）

> 我是在手机上看到村里演的春晚，尽管每个视频都很短，但感觉很亲切。乡村文化建设对农村很有意义。我觉得农村要想办好这种春晚，长期开展下去就离不开三个条件，有组织、有资金、有奖励机制，农民们就愿意参加。有组织就是村大队支持，有资金是由企业赞助，有奖励是对参加表演者的奖励，哪怕少一点。村里的活动多了，就能增加村民之间的凝聚力。（C13）

> 今年的乡村春晚我也看了，大家看得玩得都很开心，比看中央电视台的春晚还开心。前一段我在三八妇女节当天，也参加了村里举办的一场文艺活动。有的人跳舞，有的人唱歌，没有任何才艺的就在旁边鼓掌。活动后，村大队最后给妇女们发了个小礼物。这是以前从来没有过的活动。如果在村里多组织一些这种活动，大家肯定很开心，村里人也会更加团结。（C31）

C6 表达了对此次乡村春晚的看法，认为乡村春晚中大家都很开心，农民文化表达的主体性得到了体现，乡村凝聚力也得到了提升，而且她觉得集体文化活动对乡村文化意义重大，建议多举办几次。C13 虽然没能直接参加乡村春晚，但在手机微信里看到了此次表演，感到"很亲切"。熟悉的乡村文化，熟悉的表演者，顿时增进了他对乡村社会的文化亲近感。他认为类似乡村春晚这种文化活动，既需要村干部的统一组织，也需要有一定的资本资助，以及为参与者提供一定的物质激励措施，多种因素共同发力才能把这项文化活动长久地办下去。C31 认为乡村春晚比中央电视台的春晚有意思。她还参加了村里组织的三八妇女节活动，她对这次活动也非常认可，印象深刻。无论是有才艺者还是没有才艺者，在乡村文化活动中，都能获得平等对待，体现了文化方面的民主性。从这些乡村春晚以及这些访谈对象的描述中，我们再次看到，在自下而上的乡村公共文化活动中，一定程度上已经激发出农民身上的文化主体性和文化创造力。而新媒介在乡村公共文化建设过程中，可以调动与乡村文化密切相关的各种因素和力量，让超越现实乡村地理空间的人们，通过新媒介重新组织起来，共同促进乡村文化共同体的构建。

正如，学者赵月枝针对浙江省丽水市缙云县乡村春晚的经验研究，发现乡村文化建设是一个典型的"从群众中来，到群众中去"的过程。乡村春晚具有极强的象征意义，它强化了国家与乡村之间的文化联系，彰显了乡土文化的某种复兴，巩固了国家在乡村文化中的领导权；它自下而上的文化参与方式，反映了农民文化表达的自觉性，以及村庄发展的主体性。这是当下中国农村最稀缺、最珍贵的东西。笔者发现在调查乡村春晚的组织过程中,村组织参与的比较少(除了C31反映的三八妇女节中,有村大队组织之外),并未将乡村春晚纳入村支两委的乡村公共文化建设任务当中,如同在土地庙修建过程中,村支两委也基本上缺席。笔者认为乡村文化建设,离不开村支两委作为基层政府代言人的参与。换言之,村支两委应该在未来乡村文化建设中,承担起更加积极主动的角色,如同C13所期盼的那样,做乡村文化建设的领路人。

小 结

贺雪峰在《新乡土中国》序言中指出,中国农村为中国现代化提供了稳定器和蓄水池作用,"乡土中国"为"市场中国"提供了健康发展的基本条件。[1] 乡村与城市、乡村与国家,构成了今天我们理解中国道路的关键变量。中国乡村社会中,仍然保持着大量优秀的传统文化要素,从乡土中寻找和理解中国现代性的智慧,是一条可能的路径。[2] 费孝通也认为,要把中国文化里好的东西提炼出来,应用到现实中去,在和西方实践保持接触、进行交流的过程中,把我们文化中好的东西讲清楚,适时变成世界性的东西,首先是本土化,然后是全球化。[3] 笔者认为,中国文

---

[1] 贺雪峰:《新乡土中国》(修订版),北京大学出版社,2013年,自序,第2页。
[2] 舒建军等:《导言:乡土中国与文化自觉》,载黄平主编:《乡土中国与文化自觉》,生活·读书·新知三联书店,2007年,第14页。
[3] 费孝通:《费孝通九十新语》,重庆出版社,2005年,第207—208页。

化优秀的传统既有注重人伦、积极入世的儒家文化，也有经过社会主义现代化改造的集体主义精神，它们构成了中国乡村文化的基本底色，影响了农民理解新媒介传播实践中，有关个体与社会、乡村与中国等诸种关系的意义。

本章着重分析了新媒介传播实践中的乡村文化，分析了三类乡村文化资源，其一是由政府主导的乡村公共文化建设，重点呈现了农民对新媒介中的主流媒体所提供的媒介文化的理解。在这些新媒介技术所提供的融合文化中，农民形成对国家对社会对自我的价值与意义，并在一定程度上反映了他们自身的文化主体性。然而，县级融媒体的信息传播方式仍然是媒介中心主义的倾向，仍然未脱离传统大众传播的模式，缺少对在地性文化资源和传播主体的应有重视。因此，其尚不能有效承担起基层社会治理的角色。这也是笔者将在下一章中分析的重要内容之一。其二是新媒介中再现了传统文化资源，重点分析了农民对短视频中传统文化的参与与理解，并结合一个具体案例，呈现了新媒介如何参与到乡村文化建设当中。在传统文化的新媒介传播实践中，可以重新激活农民身上所具有的现代主体性意识，调动他们参与乡村公共文化建设的主体性。其三是在乡村社会，经由政府和新媒介文化共同影响而产生的乡村新文化，笔者重点分析了农村广场舞和乡村春晚。研究发现，在广场舞和乡村春晚创造性的文化共享时刻中，将偏向空间中的媒介与偏向时间性的媒介结合起来，[1]在农民自主参与、平等对话的新文化实践中，激活了农民身上蕴含

---

[1] 〔加〕哈罗德·伊尼斯：《传播的偏向》，何道宽译，中国人民大学出版社，2003年，第27页。

已久的文化主体性，巩固了乡村文化共同体意识，并推动了乡村文化建设。

农民在与各种新媒介传播实践的文化互动中，或通过文化理解，或通过文化参与，或通过文化创造等形式，体现了乡村文化所具有的"从群众中来，到群众中去"的在地性、实践性特点。这种本土化的文化实践，既反映了农民日常生活中的利益关切，也激活了农民文化主体性力量，更联结着国家在乡村社会的文化领导权。

第八章　在新媒介传播实践中重构乡村文化共同体

菲利普·N. 霍华德（Philip N. Howard）在分析卡斯特的媒介观时指出，在数字媒介出现之前，文化更多地处于地理空间的限制之中。例如音乐和食物曾经所具有的特殊地域性，出现在其他地方就成了新奇之物。而在新媒介传播之后，这些可以轻而易举地通过线上的方式，找到新音乐和异国美食，即使相距很远的文化，通过在线的方式也变得具有社会意义上的接近性了。[①]因此，卡斯特在网络社会中才会提出"移动的就是社会的"这个观点。基于数字媒介所构建的公共文化空间，其将国家和文化融合在一个 24 小时的传播网络之中，并成为日常生活中数字媒介使用者建构意义的重要符号资源。卡斯特在《认同的力量》中也曾指出，网络社会中的认同感，是行动者自身意义的来源，并且是

[①]〔加〕菲利普·N. 霍华德：《卡斯特论媒介》，殷晓蓉译，中国传媒大学出版社，2019 年，第 93 页。

在个体化社会过程中逐渐建构起来的。① 事实上，个体是在网络公共空间中积极的意义生产主体。

随着新媒介技术影响的日益深入，媒介化已经成为一种传播现实。库尔德利和赫普认为，深度媒介化社会中，媒介在四个方面已经对社会产生了显著影响，其一是信息交流由传统的直接交流，越来越向中介化传播倾斜；其二是在日常生活中，直接经验的世界与间接经验的世界、现实中信息交流与来自过往历史的信息，日益形成交叉融合的传播特点，共同影响媒介使用者；其三是新媒介中的各类信息，从数码图片的展示到最私密环境下使用的视频，成为人们面对面交流中的持续性符号资源；其四是上述诸种交流形式，逐渐成为人们日常生活中的文化习惯和行为准则。② 换言之，在新媒介传播实践中，我们的日常生活通过媒介的不间断在线传播，直接经验日益受到新媒介传播空间中间接经验的影响，各类新媒介传播活动成为理解我们关于自我意义、个体与社会，以及个体与文化关系的象征符号资源；而且，更为重要的是，我们的社会世界已经弥漫在由新媒介传播技术所形塑的媒介环境之中，人们直接性经验和媒介化的间接经验已经密不可分地相互缠绕、彼此交织在一起，为建构超越现实地理空间的新型文化共同体提供了可能。

太行老区经历了由传统传播形态到新媒介传播形态的变化，

---

① 〔美〕曼纽尔·卡斯特：《认同的力量》（第二版），曹荣湘译，社会科学文献出版社，2006年，第5页。
② 〔英〕尼克·库尔德利、〔德〕安德烈亚斯·赫普：《现实的中介化建构》，刘泱育译，复旦大学出版社，2023年，第35页。

第八章 在新媒介传播实践中重构乡村文化共同体

一方面该地域有着悠久的文化传播历史。在漫长的历史长河中,形成了独特的地域文化,如绵延至今的上党梆子、上党落子、长子鼓书等艺术形式,在战争年代和和平建设年代,这些传统文化艺术也被纳入中国共产党的宣传体系当中,对于宣传党的路线方针政策、调动农民参加革命和国家建设的积极性、发挥他们的主人翁精神产生了积极影响。另一方面随着媒介技术从大众传媒到数字化传播的转变,新媒介技术的互动性、扁平化、碎片化等传播特点,极大地调动起老区农民参与新媒介传播实践的积极性,逐渐形成了一种文化参与、文化的表达中的主体性,同时也将他们的日常生活纳入新媒介传播活动当中,从线上各类新媒介平台中的象征符号互动,到线下生活世界里的文化政治,已经影响了他们对自我意义、个体与社会、个体与文化的理解与阐释,也为重构乡村文化共同体创造了条件。

所谓重构乡村文化共同体,包含有三层含义:一是随着乡村社会的空心化①、农民工进城②等成为农村社会的普遍现象,乡村社会原有基于地缘、血缘的共同体日益松散,而与国家实施乡村振兴战略相适应,新时代对乡村社会秩序的重建提出了新要求,

---

① 探讨乡村"空心化"的相关研究,参见吴重庆:《"界外":中国乡村"空心化"的反向运动》,《开放时代》,2014 年第 1 期;张鸣:《乡村社会的下降线——漫谈中国农村的百年变迁》,《武汉大学学报》(人文科学版),2016 年第 2 期;刘彦随、刘玉、翟荣新:《中国农村空心化的地理学研究与整治实践》,《地理学报》,2009 年第 10 期。
② 关于农民工城市化的相关研究,参见梁辉:《信息社会进程中农民工的人际传播网络与城市融入》,《中国人口·资源与环境》,2013 年第 1 期;赵晔琴:《农民工:日常生活中的身份建构与空间型构》,《社会》,2007 年第 6 期。另有笔者的一些相关研究。

重建文化共同体成为乡村振兴发展、调动和产生乡村内生性力量的必然路径；二是与新媒介技术相伴随，手机等数字媒介已经成为农民在日常生活中朝夕相处的交流中介，他们在与线上各类符号资源互动中，形塑了新的文化意义和自我认同，这些发生在遥远地方的事情，也日益参与到乡村文化共同体构建当中，影响了乡村文化共同体的重建；三是在数字新媒介传播实践中，已经在数字平台中产生了新的共同体，如趣缘群体、粉丝群体等各种亚文化群体，以及笔者调研中C20在本村土地庙修建过程中，通过组建微信群，将分散在不同地域空间中，曾经是同一个村落里的人，通过微信群集结成新的跨地理的文化共同体，即新媒介传播实践为重构乡村文化共同体创造了新的可能性。

本章主要概括新媒介传播实践对重建乡村共同体的结论，之后我们将分析作为新型主流媒体重要成员之一，也是基层社会治理重要抓手的县级融媒体，如何构建地方性传播空间，形塑人们的地方感，进而形成新型乡村文化共同体，最终促进国家政治文化认同。文末对进一步研究构想进行展望。

第一节 新媒介传播实践对乡村文化共同体的作用

本研究中，我们在总体概述太行老区文化传播事业发展状况的基础上，分别分析了在个体层面，太行老区农民如何在新媒介传播实践中阐释自我意义，如何进行个体意义的表达；在社会层面，太行老区农民如何通过新媒介传播实践，进行个体社会化，以及如何在新媒介传播实践中形成国家观念；在文化层面，太行老区农民如何理解新媒介平台中呈现的城市文化,又是如何理解和参与乡村文化建设。通过在三个层面探讨农民与新媒介传播实践的关系,我们提出通过新媒介传播实践,重建乡村文化共同体的可能性。

夏瓦认为媒介发展如此迅速,以至于我们无法从单一角度去描述其对社会的影响。他将媒介化的影响按照两个维度进行分类,即同质化(homogenization)和差异化(differentiation),离心力(centrifugal force)和向心力(centripetal force)。[①] 所谓同质化,虽然夏瓦没有明确界定,但笔者认为,主要是在由各种媒介所形塑的新传播空间里,文化、价值等日渐取向相近或相同的传播过程,如在农民新媒介传播实践中,对新媒介文化意义阐释中的个体社会化、国家观念,以及城市文化的同质倾向。差异化是指不同新媒介传播平台的使用,是在不同的传播语境下进行的。因此,新媒介传播实践也具有个体化、在地化或本土化的特殊性。离心力是指新媒介传播拓展了国家公共领域与外部世界之间的联系,如网络中的跨国、跨文化、跨地理等超时空传播,推动了不同时空中传播活动的开展,从而展示了文化传播中的多样性和分散性。向心力是指新媒介传播环境下的国家区域性网络传播、乡村文化传播等,它可以促成国家认同情感和念兹在兹的地方感。

我们借鉴夏瓦上述两个方向维度,对本研究前述分析中的有关个体、社会、文化的关系绘制成象限图谱(详见图 8-1),以

---

① 〔丹麦〕施蒂格·夏瓦:《文化与社会的媒介化》,刘君等译,复旦大学出版社,2018 年,第 36 页。

直观的形式呈现新媒介中的传播实践对重构乡村文化共同体的不同作用。在此基础上，笔者将呈现新媒介传播影响的复杂性，同时也将提出全书的一些基本结论。需要说明的是，位于不同象限中的元素并非是固定的，它们会随着新媒介传播实践以及来自其他社会力量的影响，如国家对农政策的调整、乡村社会的内生力量、县级融媒体传播理念的更新等，也会对乡村文化共同体产生新的作用表现，从而在不同象限之间可以进行相互转化。本研究从以下五个层面总结新媒介传播实践对太行老区乡村文化共同体构建的影响。

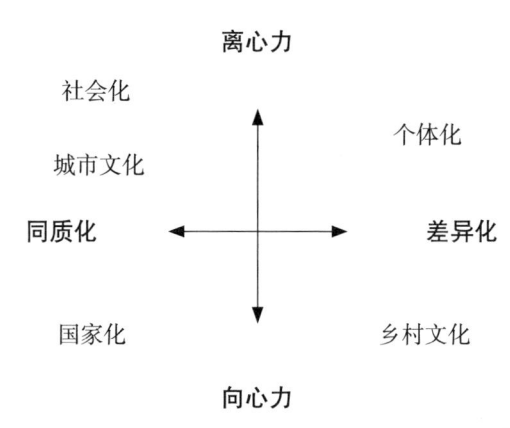

```
                    离心力
                     ↑
   社会化
                          个体化
   城市文化

同质化  ←————————————→  差异化

   国家化
                          乡村文化
                     ↓
                    向心力
```

图 8-1　新媒介中的传播实践对乡村文化共同体的作用 [1]

首先，个体化方面，新媒介传播实践中，农民在追求个体价值、文化表达和生命意义的同时，也潜藏着促进乡村文化共同体

---

[1] 本图受夏瓦研究媒介化对传播和行动影响的启发。通过此图，可以看到新媒介传播实践对构建乡村文化共同体的不同影响。

的可能性。

所谓个体化，是指随着改革开放的日益深入，中国社会也在急剧发生着社会转型，农民个体在身体和社会两个方面的流动性显著增强，个体突破了原有乡村社会团结的纽带，开始在社会中寻找适合自己发展的道路。在新媒介文化阐释中，农民也呈现出个体化趋势。前文分析了农民个体，在新媒介传播实践中的意义理解与自我表达，呈现了他们意义构建中较强的个体化倾向。一方面他们将新媒介作为日常学习的重要符号资源，也是其理解人生意义的重要间接经验参考；另一方面他们也将新媒介传播平台作为表达个体意义的展示舞台，通过微信、短视频等平台传播了其自我价值和个人利益，增强了他们文化表达的自信心，丰富了他们的情感体验，拓宽了农民生活世界的传播空间。笔者认为，农民的个体化传播活动，虽然对乡村文化共同体构建具有一定的差异化和离心力作用，但是农民在与新媒介符号互动中，也潜藏着个体对乡村社会、国家观念等方面的积极理解。例如 C5 在对音乐意义的理解中，他将红歌嵌入个体化的日常生活之中，积极理解个体与社会、个体与国家的关系，形成了具有明显集体主义的国家观念。在新媒介传播实践中，确实产生了如学者阎云翔提出的中国社会的日益个体化趋势。然而，我们也发现个体化的农民在理解新媒介文化时，并非完全是离心的、消极的，而是潜藏着对乡村文化共同体构建的积极影响因素。因此，笔者认为如果在新媒介开展文化传播过程中，发挥其积极方面的作用，将个体化意义理解与乡村社会、国家等层面意义联结在一起，就可以将农民日常生活中的个体化，转变为乡村文化共同体构建的有利因素，从而为形塑和重建乡村文化共同体创造条件。

其次，社会化方面，新媒介传播实践中，农民对新媒介文化的理解日益呈现出普遍的工具理性倾向，从而不利于乡村文化共同体的构建。

社会化是社会学中一项基本内容，核心关注是自然人转变为社会人的过程。在传统社会学中，初级群体是个体社会化的重要影响来源之一。伴随着数字媒介技术下沉，普通人掌握了新媒介传播技术，成为传播活动的重要参与者。日常生活中的各类新媒介平台，如微信、微博、短视频等，也逐渐构建了农民生活世界中的符号边界和意义边界。与此同时，在与这些符号朝夕相伴中，媒介化的符号意义也自然参与到农民社会化的形成过程。从文化社会学角度来看，按照安·斯威德勒（Ann Swidler）的观点，特定文化符号的重要性，只能放在它们和其所支持的行动策略之间的关系中进行理解。在个体社会化过程中，文化的持久影响力不仅是一种局限在个体内部的心理因素，而且更加重要的是，只有那些在日常生活中获得公众认可的意义，才能促进特定文化行动模式的产生。[①] 易言之，在社会化过程中，文化为个体提供了行动的剧目库（repertoire）或工具箱（tool kit），个体利用这些"工具"建立起日常的行动策略。因此，文化从来是在实践中发生，并在实践中形成、修改和建构的，也只有通过公众的文化实践活动才能被理解。在新媒介传播实践中，农民通过新媒介

---

① 〔美〕安·斯威德勒：《行动中的文化：象征与策略》，王化险译，载周怡主编：《文化社会学：经典与前沿》，北京大学出版社，2022年，第22页。

所呈现的符号，理解核心家庭的意义，并重新构建与其他家庭成员之间关系。在访谈中，部分农民在新媒介呈现的现代城市家庭符号中，产生了某种热衷于城市家庭生活方式的"离心力"。

此外，媒介化的乡村人际关系交往，也是形塑个体社会化的重要符号资源。新媒介传播实践强化了乡村社会中人与人交往的工具理性，邻里之间呈现出功利性的交往倾向，改变了传统乡村社会里所重视的价值交往逻辑，如乡村社会中基于血缘、地缘等交际纽带的作用日渐衰微。与此相近，农民还比较了他们村里的干部与媒介中呈现的干部形象的差异，进而对国家在乡村基层社会中的代理人产生了一些负面性评价。一方面新媒介传播实践确实为农民个体的社会化，建构起文化符号认知的知识边界，拓宽了他们日常生活中的交往空间，也为重新理解个体与家庭、个体与他人以及自我现实处境提供间接经验参考；另一方面这些媒介化的中介影响，加剧了传统乡村社会中人与人交往逻辑的衰落或解体，从而呈现出农民与乡村文化公共体的某种疏离关系。笔者认为，这将是长期威胁乡村文化共同体的社会性力量，扭转这种局面，既需要重建乡村人与人关系的基本交往观念，也需要改变整体社会，包括新媒介传播中呈现的"世道人心"，从而矫正日常生活中人们交往的实践逻辑。

再次，城市文化方面，新媒介传播中所呈现的城市图景，激发了农民对城市生活的向往，形塑其媒介消费文化中的价值认同，但也加剧了农民日常生活中对乡村社会的离心倾向。然而，若能加以适当引导，研究中国式的乡村-城市和谐共生、相互促进的发展之路，可以将这种离心作用转变为构建乡村文化共同体的力量。

前述中我们已经引用了雷蒙德·威廉斯关于欧洲文学中对乡村与城市对立关系的描写，分别代表了不同的文化意义。与此相似，一些社会学家如齐美尔、韦伯、涂尔干、滕尼斯等，也是在乡村与城市二元关系中分析现代人的生活状况。在新媒介传播实践的考察中，笔者发现农民也将新媒介中呈现的城市图景，作为自己将来的发展方向，并通过每日的努力奋斗，争取在城里购买房子，将家安置在附近的县城里。但同时我们也感受到，他们对城市社会里忙碌的工作和生活节奏、嘈杂的城市氛围，以及城市里人与人之间的"人情淡漠"等，产生了厌倦和焦虑。因此，他们对熟悉的乡村生活仍有某种眷恋之情，怀念乡村生活里的"安静"感，与朋友喝酒、畅谈，享受乡村社会中自由自在的状态，并由此形成白天在城市、晚上回农村的融合乡村-城市"两栖"式的生活方式。与西方学者基于乡村与城市二元对立关系的观点不同，笔者认为，中国的乡村社会仍然具有费孝通先生所分析的比较鲜明的"乡土文化"特点，这构成了实施乡村振兴战略的现实社会基础，也是形成中国式乡村-城市协调发展关系的理论依据。研究融合乡村-城市相互促进的发展路径，可以将城市文化的离心性作用，转变为构建乡村文化共同体的有利因素。

另外，在新媒介消费文化的意义理解中，农民在日常生活中形成对手机品牌的消费观念，并且将手机分为不同消费层级，反映了他们通过手机消费而产生的自我身份认同。在新媒介呈现的消费文化中，大部分农民能够形成恰当的消费观念，但仍然有部分农民存在非理性的消费现象。如网络中呈现的富二代高消费现象，C25认为，这种富人炫富本身无可厚非，因为这是他们凭自己的本事赢得的财富，以至于出现用财富来衡量一个人成功与否。如此，消费文化不但忽视了人作为生命主体的价值意义，而且影响了农民日常生活中的一些基本价值判断，从而可能对他们产生消极影响。

又次，国家化方面，在新媒介传播实践中，农民在政治新闻、国家对农政策，以及新媒介平台上的诸类流行文化接触中，形成了与国家有关的观念意识和情感倾向，进而促成对国家的政治认同。

夏瓦认为，所谓国家化是指在国家的政治和文化领域，通过各种媒介事件的呈现，进而形成国家凝聚力的过程。[1]与夏瓦将国家化的表征限定在特定的媒介事件中不同，笔者认为，在新媒介传播实践中，农民在政治信息、国家对农政策，以及新媒介平台上的诸类流行文化接触中，也存在国家化的过程，即农民在对这些内容的理解中，也能够体现有关国家凝聚力的过程。安德森在《想象的共同体》中指出，现代民族国家的形成过程与现代大众传播有紧密联系，在报纸等媒介逐日进行的信息传播活动中，民族国家共同体意识得以形成。笔者认为，新媒介传播技术通过嵌入农民日常生活世界的方式，在潜移默化中也会建构他们对国家观念的理解，进而影响国家政治认同的形成。调查中发现，农民接触新媒介中政治新闻，并将之放在日常生活经验中进行理解，形成南希·贝姆所述的"网络化集体主义"，即在新媒介构

---

[1]〔丹麦〕施蒂格·夏瓦：《文化与社会的媒介化》，刘君等译，复旦大学出版社，2018年，第37—38页。

建的新传播空间中,通过逐日的象征符号互动,农民对国家产生了一种虽无外在形态,但在精神方面具有集体主义观念的新型集合体。农民对国家政策的理解,是与农民日常生活实践中形成的情感结构紧密联系,这种联系可以促成农民对国家的认同感;他们在对《亮剑》等主流影视作品的意义理解中,在家国同构的意义阐释中,建构起大家与小家、国家与个人的情感结构,从而对国家产生情感认同。

威廉斯在谈到传播与共同体的关系时指出,任何统治机构都会将所谓的"合法性"观念,灌输到被统治者的头脑之中。[①] 但是,人们的心灵是由他们整体的经验所塑造,任何"合法性"的观念,只有与人民头脑中的这种经验发生联系才能完成这种传播使命,从而形成共同体。易言之,一种文化共同体的观念,只有在特定的社会关系形式中,将自然生长的观念(普通人的情感、经验、价值观等)与扶持的观念(国家推崇的意识形态、价值观、合法性等)结合在一起,才能真正产生社会凝聚作用。笔者认为,在新媒介传播实践中,国家应该通过各种媒介化传播活动,将两类"观念"在农民的文化活动中更好地结合起来,形塑他们的情感结构,持续引导其对国家的政治认同。

最后,乡村文化方面,在新媒介传播实践中,农民通过对新媒介中的新型主流媒体、本土性传统文化以及乡村新文化的意义理解,形成了乡村文化表达中的主体性意识,这对乡村文化共同体构建具有积极作用。

---

① 〔英〕雷蒙德·威廉斯:《文化与社会:1780—1950》,高晓玲译,商务印书馆,2018年,第444页。

前文分析了三类乡村文化资源对农民日常生活的影响。第一类政府主导和推动的乡村公共文化建设，如新型主流媒体（包括县级融媒体中心）、电影下乡工程以及农家书屋等，有的日益与农村社会的文化传播实践相脱节，如电影下乡、农家书屋等，疏离了农民的日常生活，不能获得农民的青睐。在日常新媒介传播实践中，农民对这些媒体有一定的接触，主要了解与农村社会发展和自身利益紧密结合的现实问题，如养老、医疗和教育问题等，在这些政策意义理解中，他们表达了自己的主体性意见，反映了他们作为国家主人翁的意识，也体现了他们对国家的认同。第二类农村传统地域文化在新媒介中重新得以传播，如新媒介短视频平台中呈现的上党梆子、上党落子、长子鼓书、社火表演等本土性文化资源。访谈对象从这些传统文化的数字化展演中汲取文化营养，并将其转变为现实个人奋斗的精神符号资源。这些传统文化以新媒介符号形式得以呈现，并为更多的农民所关注、转发与共享，既体现了他们在参与新媒介文化传播实践中的主体性，也为基于新媒介传播，进而构建乡村文化共同体提供了可能性。第三类乡村文化资源主要是政府主导的文化活动与新媒介文化的融合形式，如广场舞、乡村晚会等。在广场舞中，农民从互联网中下载自己喜欢的流行歌曲，以自愿自主、相互平等的参与原则，在乡村公共文化舞台上迈开愉快的舞步；在乡村晚会活动中，他们也是秉持文化平等原则，舞台就设在普通人中间，人人皆可参与，而表演的歌曲、舞蹈等都来自新媒介文化，且仍然以主流价值观和文化导向为核心内容。前文中分析，这种"从群众中来，到群众中去"的地方性文化实践，激活了农民文化的主体性力量，联结着国家在乡村社会的文化领导权，孕育着重构乡村共同体的文化基因。

另外，笔者在访谈中发现，访谈对象对县级融媒体整体上比较陌生，遑论其对基层社会舆论的影响力。换言之，县级融媒体尚未完全释放其在基层社会治理中应当有的作用。这种传播现状，既与国家对县级融媒体中心的功能定位存在明显差距，也与国内丰富的县级融媒体传播研究成果形成鲜明对比。面对两方面落差，即县级融媒体的功能角色和县级融媒体的学术研究现状，笔者认为在未来乡村社会治理中，县级融媒体理应承担起国家赋予的重要使命，真正起到沟通乡村与城市、地方与国家信息传播"最后一公里"的桥梁与纽带作用。因此，接下来我们将从县级融媒体对地方性传播空间构建的影响，重新审视县级融媒体对重建乡村文化共同体的重要意义。

第二节 县级融媒体对乡村地方性空间的影响

近年来，传播物质性研究开始受到重视。然而何为传播物质性，在学术界仍众说纷纭，笔者对此无意争论。[1]作为"中间道路"的传播物质性判断，为笔者分析提供了参考。戴宇辰认为，传播研究的物质性路径实际是调解或融合了结构主义与建构主义之间的二元划分即所谓的"中间道路"，将主体间性重新纳入传

---

[1] 对传播物质性研究脉络的梳理与分析，参见曾国华：《媒介与传播物质性研究：理论渊源、研究路径与分支领域》，《国际新闻界》，2020年第11期。

播实践的分析范畴。①传播实践中的人既具有人类的意图（建构主义的），同时也具有"社会情境"特点（结构主义的）。这样传播物质性就涉及传播活动发生的基础性设施、对象、身体等物质性装置。日常生活中的媒介技术就与物质空间、文化设施、传播实践等连接在一起。

以县级融媒体为代表的新型主流媒体，其借助数字媒介技术勾连了乡村与城市、地方与国家、虚拟与现实，极大地拓展了基于传统地理位置的传播空间。列斐伏尔（Henri Lefebvre）在《空间的生产》中将空间分为三类形式：空间实践、空间表征、表征性空间。其分别指的是物质空间、精神空间和社会空间。②其不同于将空间僵化、透明化的传统观点，开启了实践指向的"空间转向"。笔者试着将传播物质性取向与空间分析结合起来，探讨县级融媒体如何进行空间生产。

一、传播空间视角下的县级融媒体

（一）地方性的物质空间

政治地理学家阿格纽（John Agnew）认为地方空间有三个基本方面：区位、场所和地方感。③区位是一个地方的客观地理坐标；场所是与社会文化密切相连的物质环境，其强调围绕空间展

---

① 戴宇辰：《媒介化研究的"中间道路"：物质性路径与传播型构》，《南京社会科学》，2021年第7期。
② 〔法〕亨利·列斐伏尔：《空间的生产》，刘怀玉等译，商务印书馆，2021年，第51页。
③ 转引自〔美〕蒂姆·克雷斯韦尔：《地方：记忆、想象与认同》，徐苔玲等译，群学出版有限公司，2006年，第14页。

开与人相关的文化事件；而地方感是人类对地方性空间所形成的依恋性情感。作为客观地理位置的空间，事实上是文化关系和地方感形成的物质基础。县级融媒体作为传播物质性存在，其扎根于县域范围，嵌入在地方社会文化的脉络之中。

上一章中提到，截至 2022 年 8 月，全国已经有 2585 个县级融媒体中心建成运行。体量如此庞大的县级融媒体如何为基层社会治理贡献力量，是摆在我们当前的重要课题。麦夸尔（Scott McQuire）认为，媒介技术常被用于激活本地场景并与特定地点建立连接。县级融媒体中心在地理空间中应当深深扎根于地方性地理位置空间，才能更好发挥作用。[①] 换言之，每个县级融媒体所嵌入的地方社会都具有特殊性。县级融媒体也正是因为其所传播的信息，所关注的"事件"呈现的文化与独特的地理位置属性相关，其所在区域的人们以及身处远方的游子才会逐渐产生念兹在兹的情感所系。新闻价值要素之一"接近性"，强调当新闻事实的发生地，与一定地理空间中人们的心理、期待接近时，更容易获得人们关注，说的也正是此意。因此，县级融媒体中心开展信息传播、舆论引导、服务群众等业务，就不可能离开其深嵌的区域空间。笔者认为，所谓对县级融媒体中心建设具有"普适性"的路径与方法，似乎是可疑的。那些成功的县级融媒体案例有"普适性"，但更多是其存在的"特殊性"。再次提醒我们，县级融媒体建设应该与其所在个性化地理空间联结起来，在地方性物质空间中重构信息，才能真正实现传播"四力"。

---

① 〔澳〕斯科特·麦夸尔：《地理媒介：网络化城市与公共空间的未来》，潘霁译，复旦大学出版社，2019 年，第 5 页。

（二）地方性的表征空间

在列斐伏尔看来，作为物质空间特征集合的空间实践，属于一种前提性、客观性、继承性条件。他提出了"空间本身的生产"即空间表征。事实上，空间表征拓展了物质层面的地理空间，将其延伸到精神文化"秩序"中，丰富了空间生产的领域。空间的表达离不开符号，正如亚当斯（Paul Adams）指出，没有空间和地方作为经验的先在的框架，传播是无意义的，同样，没有传播我们也无法感知空间和地方。[1] 由此可见，传播与空间表征彼此关联、相互成就。

县级融媒体中心处于县域地理空间，承担着传播地方文化、"讲好地方故事"的职责。地方性表征空间与区域社会文化勾连在一起，才能得到人民群众的认同。例如，研究者在针对重庆32区县融媒体调查中发现，具有重庆本土特色的作品在比赛获奖的作品中均有突出表现。[2] 在全国县级融媒体作品比赛中，富含地域文化的作品也广受欢迎，如邳州融媒体中心立足本土资源，利用新媒体技术开发移动媒体创意产品，引来了可观的流量，产生了显著的传播影响力。云南广播电视台建设的融媒体"七彩云"、广西融水苗族自治县建设的融媒体"秀美融水"、浙江舟山市建立的"舟融体"等，将独特的地方空间中的文化符号元素与新媒介技术相结合，传播了地方文化内容，取得了良好的社会影响。

---

[1] 〔美〕保罗·亚当斯：《媒介与传播地理学》，袁艳译，中国传媒大学出版社，2020年，第5页。

[2] 赖黎捷、颜春龙：《政治、技术、市场三维逻辑下的县级融媒体建设——以重庆32区县实践为例》，《中国广播电视学刊》，2021年第5期。

县级融媒体之所以能够拓展地方空间，将地方性空间在无远弗届的网络传播平台中再符号化，正是得益于其所依赖的数字媒介技术本身。各种 H5、VR、AR、短视频等新技术把区域性的地方空间，带入充满文化意义的表征空间之中。

（三）地方性的社会空间

列斐伏尔认识到了空间表征的重要性，但其认为这还不是空间生产的终结性意义，而"表现性空间"即社会空间才是空间生产的最高形式。埃斯在《空间与政治》序言中认为，空间应该被当成一个总体来考虑。① 换言之，空间从来不单纯是一个地理性概念，总是与特定时空中的社会实践相联系。任何传播活动离不开特定的时空，而传播意义正是在独特的社会空间实践中产生。拉图尔的"行动者网络理论"（ANT），夏瓦的"中介化"，苏贾的"第三空间"，还包括上述"中间道路"，以及吉布森的"可供性"概念等，其实质都是将传播中的人、空间、时间、结构等社会实践要素，整体性囊括到传播情境中，重新思考与分析传播活动中"结构—能动"之间的"情境性"关系或称之为"结构性耦合"关系。② 笔者认为，上述理论与列斐伏尔"表现性空间"相似，即在一定的社会空间中，强调参与空间生产各要素之间的实践性关系，并揭示传播活动中不同要素联结、互动的动态过程。

因此，县级融媒体也应该放置在特定的时空中，与具体的地

---

① 〔法〕亨利·列斐伏尔：《空间与政治》（第二版），李春译，上海人民出版社，2015年，第9页。
② 〔澳〕斯科特·麦夸尔：《地理媒介：网络化城市与公共空间的未来》，潘霁译，复旦大学出版社，2019年，第1页。

方、人等传播要素相勾连,才能发挥其积极作用。县级融媒体嵌入基层,与地方性的社会空间实践紧密联结。如果忽视县级融媒体的这种空间性,就很容易将之视作一种传统大众传播媒体,甚至只将其视作一种社会治理工具。而地方社会中人民群众也只能是县级融媒体"新瓶装旧酒"的传播受众,一种被动的治理对象。这是一种典型的"二元论",是媒介中心主义的延续。毫无疑问,县级融媒体是一种新媒体,不能再用传统大众传媒视角来认识这种新媒体,而应该将其与地方性的社会空间实践相联结。从县级融媒体中心的传播实际来看,在上述重庆市区县级融媒体调查中,20 家县级融媒体开辟了"信息发布+便民服务+增值服务"功能栏目,占 74.1%。县级融媒体中心通过便民服务等交互通道,吸引人民群众参与到传播活动中来,激发了基层群众的传播积极性,进而发挥对基层人民群众的影响。一些学者也看到,县级融媒体的从业者也积极利用新媒介技术,如直播、全景拍摄、无人机等设备,开展地方性的传播实践,制作了具有地方民族特点的原创性内容,通过"两微一端"播出后,在西瓜、腾讯等媒体中获得广泛传播,取得了良好社会效益。[1]需要说明的是,尽管一些县级融媒体已经注意到基层民众所蕴藏的传播活力,并将人民群众丰富多样的社会文化实践表达出来,但这种表达仍然是县级融媒体专业从业者的代言,而非人民群众作为传播实践主体的"展示"。

综上所述,传播物质性视角下的县级融媒体,作为一种海德

---

[1] 沙垚:《资本、政治、主体:多元视角下的县级媒体融合实践——以 A 县融媒体中心建设为样本的案例研究》,《新闻大学》,2019 年第 11 期。

格尔所说的技术"座驾",其呈现出不同形式的空间生产。物质性的地理空间是地方性空间生产的基础,表征空间是地方性空间生产依赖的传播途径,社会空间则是地方性物质空间与表征空间相互作用、彼此缠绕的动态传播实践过程。正是在日常生产生活传播实践中,地方空间中的人与人之间、人与空间之间的联结,才能逐渐形成地方性依恋,产生所谓的"恋地情结"[①]"美丽乡愁"等地方感。笔者认为县级融媒体应该在涵化地方空间中人们的地方感方面扮演积极角色,进而促成社会认同和政治认同。

二、县级融媒体地方性空间生产中存在的问题

"空间并不是某种与意识形态和政治保持遥远距离的科学对象。相反地,它永远是政治性的和策略性的。"[②]因此,空间的生产从来就属于社会实践领域,与政治经济文化等因素密切相连,而地方性空间生产也正是各种力量发挥作用的过程。当前县级融媒体在地方性空间生产中存在一些问题,政治、资本和信息生产等力量已经在一定程度上影响了县级融媒体用户地方感意义的形成。

第一,县级融媒体对大众传媒时代宣传策略的"路径依赖"影响了地方性空间生产。传统大众传播媒介的单向性特质非常明显,如此便于传播者控制传播流量与流向,进而对传播效果产生

[①] 〔美〕段义孚:《空间与地方:经验的视角》,王志标译,中国人民大学出版社,2017年,第122页。
[②] 〔法〕亨利·列斐伏尔:《空间:空间政治学的反思》,陈志梧译,载包亚明主编:《现代性与空间的生产》,上海教育出版社,2003年,第62页。

强有力的干预。这为大众传媒开展宣传工作提供了便捷。然而，传播对象在此过程中基本上缺少参与感，属于被动的接受者。县级融媒体作为依赖数字媒介技术构建起来的新媒体，理应鼓励和激发用户参与传播过程，通过新媒介互动技术，将基层人民群众鲜活灵动的社会生产实践内容，纳入信息传播中来，从而丰富和拓展地方性空间生产。但从传播实践来看，县级融媒体依旧执行传统媒体时代的宣传思路与策略，将原来县级传统媒体中的内容搬到了县级融媒体当中来，仍然是单向性传播的"路径依赖"。研究者指出，基层媒体的领导和从业人员仍然依靠传统媒体时代所形成的宣传惯性思维，"埋头写稿件、做节目、搞自我传播"，缺少对用户需求的基本调查，在"以传者为中心"的老路上运营新媒体。①笔者在对 SD 县级融媒体中心的一名工作人员访谈时，他提到虽然他们的县级融媒体中心建起好几年了，但信息传播的基本框架和内容与原来（大众传媒）的差不多。②县级融媒体对地方性空间中用户的需求缺少必要的关照，自然也很难获得后者广泛的关注。

第二，县级融媒体中心的资本逻辑部分妨碍了地方性公共空间的生产。县级媒体从传统广播电视媒介到数字新媒介技术，媒介经营的逻辑也从大众传媒的"发行量""收视（听）率"经济转变为"流量"经济。从积极层面讲，新媒介传播的流量即是影响力，县级融媒体通过提升媒体的服务品质，生产优良内容，吸

---

① 高进忠:《县级融媒体中心发展的痛点与突破》,《中国广播电视学刊》, 2021 年第 10 期。
② 访谈者 S2 是 SD 县级融媒体员工, 访谈时间: 2021 年 8 月 3 日。

引更多基础民众关注,从而实现传播"四力"效能无可厚非。这也是县级融媒体努力创造"流量"的合法性来源。然而,如果对资本逐利的本性驾驭不好,也会妨碍地方性空间生产,将本属于地方社会的公共空间"殖民化"。一些研究者发现,在县级融媒体中心建设过程中,最先意识到并全力推动其投资建设的是技术类企业。这些企业以中央政策为"背书",在各县售卖他们的设备和融合产品,为县级融媒体中心建设的国家政策落地,客观上起到了推动作用。对这些技术企业来说,追逐最大利润才是根本,难怪有技术企业人员讲,如果县级融媒体中心把数据存储在索贝公司提供的技术平台里,他们公司每年就能挣几百万。① 将流量变现成为技术企业盈利的关键,这种逻辑也影响了县级融媒体的工作人员。笔者在对 SD 县级融媒体部门负责人访谈时,其谈到县级融媒体中心发展的核心,是将老百姓每人都会用到的煤气费、电费、水费、暖气费等业务搭载到自己融媒体 App 中,这样就可以增加流量。下一步是看看能不能将医院网上挂号业务也承揽进来。② 在这里似乎看不到县级融媒体为更好建设地方性公共文化空间的努力,感受到的只是注重标准化的信息生产,跑马圈地争取更多资本,千方百计增加流量的逐利行动。县级融媒体对利润的追求,不应该以异化地方性公共空间为代价,只把基层人民群众作为赚取流量的手段,而应始终把社会效益放在首位,将构建基层社会共同体作为责无旁贷的使命。

---

① 沙垚:《资本、政治、主体:多元视角下的县级媒体融合实践——以 A 县融媒体中心建设为样本的案例研究》,《新闻大学》,2019 年第 11 期。
② 访谈者 S3 是 SD 县级融媒体部门负责人,访谈时间:2021 年 8 月 3 日。

第三，县级融媒体提供的主要是告知型信息，少有分析型信息和展示型信息，使地方性空间沦为空洞的存在物。县级融媒体中的新闻产品中大多数属于描述式、会议类等告知型的中低端新闻产品，很少见到解释性、阐述式等分析型信息。[1]告知型信息的技术含量低，其停留在简单的信息告知层面即"是什么"，无法满足用户对高质量信息的需求即"为什么"，以及"信息与个体之间有何关联"，这需要分析型信息来完成。然而，县级融媒体工作者在传统大众传媒时代所形成的"等靠要"的传播观念，与数字媒介技术不断"业务创新"的新要求之间存在不小差距。县级融媒体工作者还不能用地方性的传播符号，将党和政府的决议和政策与基层民众的社会实践联系起来，进而阐述政策对人民群众生产生活的意义。换言之，这些告知型信息还不能与地方性空间生产实践发生关联。县级融媒体中的信息就不可避免地空洞化，远离了基层老百姓的社会实践。以某融媒体中政策类新闻为例，对中央、所在省市最近发布的政策类信息，除了原封不动地转载之外，基本没有结合当地基层社会实际情况进行必要的阐述，缺乏将政策信息与地方性社会空间中鲜活的人发生联系。所谓的政策信息成了僵化的数码物，而地方性空间成了空洞的摆设，沦为与政策信息两不相干的存在物。笔者认为，县级融媒体中除了缺少分析型信息之外，展示型信息也供给不足，即在县级融媒体中，基层民众作为传播主体运用自己的手机媒介将丰富多彩的生产生活实践进行展示。展示型信息是县级融媒体作为新媒

---

[1] 叶明睿、吴昊：《重生之困：县级融媒体中心发展的逻辑断点、行动壁垒与再路径化》，《现代传播》（中国传媒大学学报），2021年第4期。

介技术特质区别于传统大众传媒的根本所在,是县级融媒体勾连地方性社会空间的鲜活呈现,也成为基层民众形成地方感的重要符号资源。

三、重建地方感:县级融媒体根植于地方性空间的价值所系

蒂姆·克雷斯韦尔(Tim Cresswell)认为:"地方最重要,因为它是我们存在的经验事实。"①地方是意义与社会建构的首要因素,是我们日常生活经验的基础,是理解世界、国家、社会与他人等相关项的前置条件。随着改革开放以来激烈的社会转型,中国乡村社会发生了巨大变化,传统村落出现"空心化"现象。传统乡村社会交往中的一些观念,日益受到市场社会和工具理性的侵蚀,曾经视为可贵的道德品格与交往价值正遭遇分裂、肢解。县级融媒体要在基层社会中发挥舆论引导作用,就不能忽视其植根的地方性空间以及由此形成的地方感。

首先,县级融媒体将地方性空间纳入核心关照范围,突破传统大众传媒办新媒体的路径依赖,实现大众传播、网络传播与人际传播的融合。②目前县级融媒体研究集中在探讨融媒体中心自身如何建设,在一定程度上忽视了与县级融媒体朝夕相伴、须臾不离的地方性空间。地方性空间不仅从符号层面为县级融媒体

---

① 〔美〕蒂姆·克雷斯韦尔:《地方:记忆、想象与认同》,徐苔玲等译,群学出版有限公司,2006年,第24页。
② 〔丹麦〕克劳斯·布鲁恩·延森:《媒介融合:网络传播、大众传播和人际传播的三重维度》,刘君译,复旦大学出版社,2012年,第17页。

的传播实践提供了个性鲜明的地理方位和"生于斯、长于斯"的乡土文化,而且从社会实践层面为其创设了念兹在兹、乡土依恋的可能性。一方面县级融媒体在内容生产中要关注本土文化符号资源,并积极运用数字化手段拓展地方性空间,从而实现对基层民众的舆论引导力。如果这仍然体现的是一种媒介中心主义的观点,那么另一方面更为重要,县级融媒体要适应数字新媒介,转变自身角色,为基层人民群众提供信息传播平台,在生动活泼、彼此熟识的地方性空间信息分享中,构建新型人际关系和精神交往共同体。

其次,县级融媒体在努力提升"流量",扩大对基层社会影响力过程中,应将建设地方性公共传播空间放在重要位置,为基层人民群众创造随时随地沟通的精神家园。县级融媒体所进行的信息提供、服务群众等公共传播活动,应与地方性空间紧密相连,其必然是一种地方性知识。列斐伏尔谈到不管在什么"地方",处于中心地位的始终是生产关系的再生产。这种再生产过程在每一项活动中完成,包括那些表面上无关紧要的活动,如休闲、日常生活等。[①]县级融媒体通过数字媒介技术参与到生产关系的再生产过程,并促成地方社会实践的空间化,为基层人民群众提供了即时、便捷的公共交往符号,形塑了网络世界中的精神家园。背井离乡的城市务工者、身处远方的游子以及基层社会中的当地居民,在县级融媒体提供的数字平台中重新连在一起。县

---

① 〔法〕亨利·列斐伏尔:《空间与政治》(第二版),李春译,上海人民出版社,2015年,第4页。

级融媒体中的数字传播活动，积累起持续增加的数码"流量"，同时也桥接着乡村与城市、地方与国家、虚拟与现实等复杂多元关系，将地方性公共空间中的精神交往转变为一种对乡土的依恋情感。

最后，县级融媒体的信息生产应根植于地方性空间的日常传播实践中，通过展示型信息，涵化人民群众的地方归属感，进而促成国家认同。吉登斯提出了社会性整合和系统性整合概念。[1]前者指的是行动者之间的交互实践，是在行动者共同在场的情况下完成，强调面对面和身体的接近，有赖于高度的"在场可得性"；后者指的是行动者之间跨越广袤的时间－空间的交互作用，即跨越不同传播地理空间，建立身体不在场的人们之间的联系。县级融媒体整合社会有两个方面，其一基于所在地方性空间的交往，可促成身体在场的"社会性整合"；其二新媒介技术"脱域"机制所产生的超地方性空间，又为"系统性整合"提供了可能性。前者促进地方感的形成，涵化人民群众的地方认同；后者有利于在更大范围形成国家认同和政治认同，从而履行县级融媒体的政治使命。县级融媒体要发挥对基层社会的整合作用，就需要在做好信息把关的同时，充分尊重和调动人民群众的传播主体力量，激发人民群众利用手机等媒介技术将自己的生产实践通过"展示型信息"呈现出来，涵化人民群众的地方归属感，并进而促成国家认同。

---

[1]〔英〕安东尼·吉登斯：《社会理论的核心问题》，郭忠华等译，上海译文出版社，2015年，第85页。

列斐伏尔认为，如果没有生产出一个合适的空间，那么改变生活方式、改变社会观念等都只能是空话。[1]数字技术崛起通过地理媒介形态，逐步融入人们的地方性日常交往中，并催生出各种新的传播实践、新的集体性和新的共同体。[2]新媒介技术激活了本地场景并与地方性空间建立连接，重组了社会时空关系，为传播意义赋予了新的可能性。借助数字媒介技术，县级融媒体逐步深入基层人民群众的日常生活。县级融媒体传播影响力的真正实现，已经无法忽视地方性空间。打通"传播最后一公里"的空间隐喻，似乎已经隐含在县级融媒体对地方性物质空间、表征空间和社会空间等空间生产的命题中。而新型主流媒体实现肩负的使命，最终要靠来自基层人民群众的认同。由此可见，在空间生产中积极利用地方性知识以重建地方感，形塑乡村文化共同体，理应成为县级融媒体发展的重要路径，也是其根植于地方性空间的价值所在。

第三节 进一步研究的构想

凯瑞在《作为文化的传播》中指出，文化研究追求的是理解人类行为，它不是试图预测人类行为，而是试图诊断人的意义。因此，他进一步认为，从更忠实于人的本性和日常经验这点来

---

[1]〔法〕亨利·列斐伏尔:《空间：社会产物与使用价值》，王志弘译，载包亚明主编:《现代性与空间的生产》，上海教育出版社，2003年，第49页。
[2]〔澳〕斯科特·麦夸尔:《地理媒介：网络化城市与公共空间的未来》，潘霁译，复旦大学出版社，2019年，第139页。

看，把传播学的目标设想为文化学较为适合，且更具人性。[1] 传播学是人学，是有关人的意义学问。本研究通过呈现太行老区农民，在新媒介传播实践中的意义理解，进一步探讨这些新媒介文化，对乡村文化共同体形成的影响。研究发现新媒介传播实践中个体化层面的意义表达与理解，对构建乡村文化共同体具有潜在性积极影响。社会化中的工具交往理性，冲击了农村既有的社会交往秩序，不利于乡村文化共同体形成。城市文化虽然表面上呈现出对乡村文化共同体的疏离作用，但是如果政府通过恰当的引导措施，可以将城市与乡村文化有效地融合交汇，从而产生对乡村文化共同体的积极作用。新媒介传播实践中的国家文化和乡村文化，对构建乡村文化共同体具有明显的积极影响，前者侧重新媒介文化生产的同质性，强调国家文化对农民日常生活的普遍性影响；而后者反映了新媒介文化中的本土性即异质性，从而呈现出多元个性的文化特征。总体而言，笔者的观点是，太行老区农民的新媒介传播实践，影响了乡村社会文化共同体的形成。然而，我们也发现本研究存在的一些不足之处，这也构成了进一步研究的着力方向，可以作为后来者继续研究之参考。

第一，本研究从媒介文化层面，主要考察了农民在日常生活中对新媒介文化的意义理解。但对乡村社会中的基层党组织、乡村经济基础等层面，尚缺少相应的涉及。笔者认为，其一是基层党组织对乡村文化建设可能具有更加直接的政治作用，即更少受到媒介中介化的间接影响；其二是乡村经济发展对乡村文化建设

---

[1] 〔美〕詹姆斯·凯瑞:《作为文化的传播："媒介与社会"论文集》(修订版)，丁未译，中国人民大学出版社，2019年，第51页。

的影响，可能更加侧重物质层面。因此，笔者在调查中未涉及此方面的问题。事实上，在实际生活中，乡村文化共同体建设，必然离不开坚强的乡村基层党组织的领导，不仅与基层党组织建设始终联系在一起，而且也与强大的乡村集体经济建设状况有紧密关系。

第二，本次研究如果能结合量化研究方法，调查太行老区农民对新媒介的整体使用状况，然后与质化研究方法相结合，在研究的外部效度方面可能会更好。本次研究原初设想是，在对太行老区农民新媒介接触调研的基础上，发现他们最近集中使用的新媒介内容是什么，然后对此内容再展开质性研究。然而，由于研究经费、研究精力以及大量的农民进城务工，实际上不太容易开展原初设计的量化研究。笔者建议进一步探讨农民参与新媒介传播实践的研究者，在有充足的经费和研究团队的保障下，可以在调查农民对新媒介文化产品接触情况基础上，再针对具体的媒介产品个案展开详细的质性分析。如同利贝斯等学者在《意义的输出：〈达拉斯〉的跨文化解读》中，对当时风靡全球的电视剧个案的文化研究。如此则可以做到点面相结合，增强了质性研究的外部效度。

第三，本研究在调查中发现，返乡农民对构建乡村文化共同体具有积极作用，这些人既有在城市工作生活的经历，还有深度的新媒介使用实践经验，对乡村文化建设的参与意愿强烈，如访谈中的C5、C10、C13等农民，但这些人在本调查中涉及不多。建议今后的研究可以专门针对乡村社会中的这部分群体，进行深入研究，探讨他们对乡村振兴发展具有何种独特意义。

总之，随着越来越多的农民拥有和掌握了新媒介技术，他们日常生活中的文化娱乐、购物消费、人生经验，乃至个体的价值观念等，已经相当程度上受到各类新媒介传播平台的影响。而随着深度媒介化时代的到来，这种影响会愈加明显。农民从大众传播时代默默无闻的存在者，逐渐成为新媒介传播中的积极参与者，这种传播主体意识与能力的形成，本身就值得我们更多地关注。在访谈对象如涓涓细流般的新媒介使用故事的叙述中，在看似平淡无奇的日常生活中，农民表达着他们对当前国家政策与社会百态的个人理解。虽然笔者时刻记着自己是研究者的身份，但笔者首先是倾听者，倾听他们关于自我、社会以及文化的意义理解，进而才能了解他们的心声、领悟他们的情感。

威廉斯在《文化与社会》中指出，人类的危机总是理解危机，只有真正理解的事情，我们才能做到。而个体从各种经验中汲取意义，并使这些意义具有活力，这也是我们成长的过程。[①]本书中所记录的太行老区农民在新媒介传播实践中个人成长的心灵故事，对于我们理解农民的精神文化意义，无疑具有重要价值，而且也能够为重构乡村文化共同体提供丰富的经验。

---

① 〔英〕雷蒙德·威廉斯：《文化与社会：1780—1950》，高晓玲译，商务印书馆，2018年，第471页。

附录 1　半结构式访谈提纲

一、基本信息

1. 性别；

2. 年龄；

3. 文化程度；

4. 年收入；

5. 智能手机的购买时间；

6. 新媒体的使用情况：频率、时长、内容类型；

7. 新媒体内容的制作情况：拍照、发抖音、发微博、转发微信；

8. 对县级融媒体的了解程度。

二、个体层面

1. 平时自己接触较多的新媒体（如网剧、音乐、微信、短视频、小红书、游戏等）是什么？主要看哪些内容，为什么？请说一下最近在手机上看到的有意思的内容或事情。在日常生活中如何使用微信，如何跟别人交流网剧、短视频中的内容？这些内容对自己有影响吗？在农村人际交往方面，你认为现在人们与以前有哪些不同？与手机的影响有关吗？

2. 新媒体影视剧、微信朋友圈、抖音短视频、小红书、音乐、游戏等是否有教育意义？对农民有什么作用？请结合自己生活经历谈一谈。对现在的学校教育、家庭教育、媒体教育有什么看法？你认为新媒体在国家建设中应该承担什么作用？

3. 你认为网络中呈现的人和事与自己有什么关系？在网上看到谁在住别墅、开豪车？你怎样看待富人，如何关心农民？

4. 你知道品牌吗？从哪里了解到牌子概念的？在平时给自己或家人购物时考虑品牌吗？你对品牌持何种态度？

三、社会层面

1. 你平时喜欢在手机上看哪些电视剧，《觉醒年代》《跨过鸭绿江》《人民的名义》等网剧看过吗？（国家意识）有哪些故事现在还记得？你平时喜欢听哪些歌曲，有关于主旋律类、红歌类、励志类的歌曲吗？列举几个听音乐的场合？（国家意识）你平时喜欢看短视频或小红书吗？主要看哪些？（国家意识）平时喜欢玩什么游戏？玩游戏中有什么有趣的事？

2. 你平时在手机上看哪些新闻，最近看的有哪些比较重要或有意思的新闻？你认为新闻对了解国家对农政策有哪些帮助？你觉得国家对农民、农业政策可以在哪些方面有所改进？

3. 你对国家乡村振兴战略是否了解？从哪些渠道了解的，有什么样的期待？

四、文化层面

1. 你认为自己接触过的电视剧中与农村、农民的生活有关系吗?最喜欢的明星是谁?这类影视剧离自己的现实生活远吗?是否向往电视剧里的生活?你认为电视剧或网络里哪些属于现代人该有的物质条件或生活方式?回忆一个或一部记忆深刻的短视频或电视剧。

2. 现在村里主要的公共文化活动有哪些,如唱戏、广场舞,此外还有哪些?你怎样看待现在人们用手机等新媒介表现农村文化?你认为国家在农村精神文化建设中应该发挥哪些作用?随着国家乡村振兴战略的进一步开展,你希望国家有哪些相应的文化政策?

附录2 访谈对象基本信息表

访谈对象	访谈时间	出生年份（年）	性别	文化程度	家庭成员人数（人）	年收入（元）	收入来源
C1	2023年1月10日	1953	男	初中	2	1—2万	农业
C2	2023年1月12日	1979	男	初中	4	4—5万	农业
C3	2023年1月12日	2007	女	高中	4	1—2万	农业
C4	2023年1月15日	1982	女	初中	4	4—5万	农业
C5	2023年2月7日	1976	男	初中	5	5—6万	打工与农业混合
C6	2023年2月10日	1965	女	小学	2	1—2万	农业
C7	2023年2月10日	1960	男	小学	2	1—2万	农业

（续表）

访谈对象	访谈时间	出生年份（年）	性别	文化程度	家庭成员人数（人）	年收入（元）	收入来源
C8	2023年2月11日	1964	男	小学	3	1—2万	农业
C9	2023年2月11日	1972	男	小学	3	1.5万	打工与农业混合
C10	2023年2月12日	1984	男	初中	3	10万	打工与农业混合
C11	2023年2月12日	1997	男	大学	3	5—6万	打工与农业混合
C12	2023年2月14日	1968	男	小学	3	3—4万	打工与农业混合
C13	2023年2月14日	1993	男	初中	4	10万	打工与农业混合
C14	2023年2月15日	1990	男	初中	3	3—4万	打工与农业混合
C15	2023年2月15日	1961	女	小学	5	1—2万	农业
C16	2023年2月16日	1961	男	小学	5	1—2万	农业
C17	2023年2月16日	1993	男	中专	4	3—5万	打工与农业混合
C18	2023年2月17日	1987	女	大专	4	10万	打工与农业混合
C19	2023年2月17日	1958	男	小学	4	2—3万	农业

（续表）

访谈对象	访谈时间	出生年份（年）	性别	文化程度	家庭成员人数（人）	年收入（元）	收入来源
C20	2023年2月18日	1976	男	初中	4	10万	打工与农业混合
C21	2023年2月19日	1976	男	初中	3	3万	农业
C22	2023年2月20日	1993	女	初中	3	3—4万	农业
C23	2023年2月20日	1970	女	初中	4	3—4万	农业
C24	2023年2月21日	1966	女	小学	2	1—2万	农业
C25	2023年2月21日	1994	女	大学	4	1—2万	打工与农业混合
C26	2023年2月22日	1974	男	初中	4	10万	打工与农业混合
C27	2023年2月22日	1974	女	初中	4	3—4万	农业
C28	2023年2月24日	2002	男	大学	4	1—2万	打工与农业混合
C29	2023年2月25日	2000	女	大专	4	4—5万	打工与农业混合
C30	2023年3月2日	1981	女	初中	3	7—8万	打工与农业混合
C31	2023年3月3日	1968	女	小学	2	1—2万	农业

（续表）

访谈对象	访谈时间	出生年份（年）	性别	文化程度	家庭成员人数（人）	年收入（元）	收入来源
C32	2023年3月4日	1983	女	初中	2	5—6万	打工与农业混合
C33	2023年3月10日	1970	女	初中	2	4—5万	打工与农业混合
C34	2023年3月10日	1976	男	大专	4	3—4万	打工与农业混合
C35	2023年3月12日	1994	女	中专	4	10万	打工与农业混合
C36	2023年3月12日	1992	女	高中	3	7万	打工与农业混合
C37	2023年3月14日	1982	男	初中	3	10万	打工与农业混合
C38	2023年3月14日	1980	女	初中	3	8万	打工与农业混合
C39	2023年3月15日	1978	男	初中	4	8万	打工与农业混合
C40	2023年3月15日	1981	女	初中	3	7万	打工与农业混合
C41	2023年3月17日	1975	女	初中	4	6万	打工与农业混合
C42	2023年3月17日	1974	女	高中	3	6万	打工与农业混合
C43	2023年3月19日	1951	女	小学	2	1—2万	农业

（续表）

访谈对象	访谈时间	出生年份（年）	性别	文化程度	家庭成员人数（人）	年收入（元）	收入来源
C44	2023年3月20日	1955	女	小学	2	1—2万	农业
C45	2023年3月20日	1968	男	初中	4	4—5万	农业
C46	2023年3月21日	1993	男	初中	3	8万	农业
C47	2023年3月21日	1994	女	初中	3	1—2万	农业
C48	2023年3月22日	1967	男	初中	2	4—5万	农业
C49	2023年3月23日	1966	女	小学	2	1—2万	农业
C50	2023年3月25日	1965	男	小学	3	5万	农业

参考文献

一、专著

〔奥〕阿尔弗雷德·舒茨:《社会世界的意义构成》,游淙祺译,商务印书馆,2012年。

〔澳〕格雷姆·特纳:《普通人与媒介:民众化转向》,许静译,北京大学出版社,2011年。

〔澳〕斯科特·麦夸尔:《地理媒介:网络化城市与公共空间的未来》,潘霁译,复旦大学出版社,2019年。

〔澳〕斯科特·麦奎尔:《媒体城市:媒体、建筑与都市空间》,邵文实译,江苏教育出版社,2013年。

〔丹麦〕克劳斯·布鲁恩·延森:《媒介融合:网络传播、大众传播和人际传播的三重维度》,刘君译,复旦大学出版社,2012年。

〔丹麦〕施蒂格·夏瓦:《文化与社会的媒介化》,刘君等译,复旦大学出版社,2018年。

〔德〕阿克塞尔·霍耐特:《为承认而斗争:论社会冲突的道德语

法》,胡继华译,上海人民出版社,2021年。

〔德〕斐迪南·滕尼斯:《共同体与社会:纯粹社会学的基本概念》,林荣远译,北京大学出版社,2010年。

〔德〕弗里德里希·基特勒:《留声机、电影、打字机》,邢春丽译,复旦大学出版社,2017年。

〔德〕盖奥尔格·齐美尔:《社会是如何可能的:齐美尔社会学文选》,林荣远编译,广西师范大学出版社,2002年。

〔法〕罗兰·巴尔特:《符号学原理》,李幼蒸译,中国人民大学出版社,2008年。

〔法〕让·鲍德里亚:《消费社会》,刘成富等译,南京大学出版社,2014年。

〔法〕埃米尔·涂尔干:《社会分工论》,渠敬东译,生活·读书·新知三联书店,2000年。

〔法〕布鲁诺·拉图尔:《我们从未现代过:对称性人类学论集》,刘鹏等译,上海文艺出版社,2022年。

〔法〕亨利·列斐伏尔:《空间:空间政治学的反思》,陈志梧译,载包亚明主编:《现代性与空间的生产》,上海教育出版社,2003年。

〔法〕亨利·列斐伏尔:《空间的生产》,刘怀玉等译,商务印书馆,2021年。

〔法〕亨利·列斐伏尔:《空间:社会产物与使用价值》,王志弘译,载包亚明主编:《现代性与空间的生产》,上海教育出版社,2003年。

〔法〕亨利·列斐伏尔:《空间与政治》(第二版),李春译,上海人民出版社,2015年。

〔法〕雷吉斯·德布雷:《普通媒介学教程》,陈卫星等译,清华大学出版社，2014年。

〔法〕马塞尔·毛斯：《社会学与人类学》，佘碧平译，上海译文出版社，2003年。

〔法〕米歇尔·德·塞托：《日常生活实践1：实践的艺术》，方琳琳等译，南京大学出版社，2015年。

〔法〕皮埃尔·布迪厄：《实践感》，蒋梓骅译，译林出版社，2012年。

〔荷〕约翰·赫伊津哈：《游戏的人：文化的游戏要素研究》，傅存良译，北京大学出版社，2014年。

〔加〕马歇尔·麦克卢汉：《理解媒介：论人的延伸》（增订评注本），何道宽译，译林出版社，2011年。

〔加〕菲利普·N.霍华德：《卡斯特论媒介》，殷晓蓉译，中国传媒大学出版社，2019年。

〔加〕哈罗德·伊尼斯：《传播的偏向》，何道宽译，中国人民大学出版社，2003年。

〔美〕安·斯威德勒：《行动中的文化：象征与策略》，王化险译，载周怡主编：《文化社会学：经典与前沿》，北京大学出版社，2022年。

〔美〕林文刚：《媒介环境学：思想沿革与多维视野》（第二版），何道宽译，中国大百科全书出版社，2019年。

〔美〕罗伯特·帕特南：《独自打保龄：美国社区的衰落与复兴》，刘波等译，北京大学出版社，2011年。

〔美〕詹姆斯·C.斯科特：《弱者的武器：农民反抗的日常形式》，郑广怀等译，译林出版社，2007年。

〔美〕阿历克斯·英格尔斯等：《人的现代化：心理、思想、态度、行为》，殷陆君编译，四川人民出版社，1985年。

〔美〕爱德华·W.苏贾:《第三空间：去往洛杉矶和其他真实和想象地方的旅程》，陆扬译，上海教育出版社，2005年。

〔美〕保罗·亚当斯:《媒介与传播地理学》，袁艳译，中国传媒大学出版社，2020年。

〔美〕本尼迪克特·安德森:《想象的共同体：民族主义的起源与散布》(增订版)，吴叡人译，上海世纪出版集团，2011年。

〔美〕查尔斯·霍顿·库利:《人类本性与社会秩序》，包凡一等译，华夏出版社，2015年。

〔美〕大卫·理斯曼:《孤独的人群》，王崑等译，南京大学出版社，2002年。

〔美〕戴维·J.贡克尔、〔英〕保罗·A.泰勒:《海德格尔论媒介》，吴江译，中国传媒大学出版社，2019年。

〔美〕道格拉斯·凯尔纳:《媒体文化：介于现代与后现代之间的文化研究、认同性与政治》，丁宁译，商务印书馆，2013年。

〔美〕蒂姆·克雷斯韦尔:《地方：记忆、想象与认同》，徐苔玲等译，群学出版有限公司，2006年。

〔美〕段义孚:《空间与地方：经验的视角》，王志标译，中国人民大学出版社，2017年。

〔美〕亨利·詹金斯:《融合文化：新媒体和旧媒体的冲突地带》，杜永明译，商务印书馆，2012年。

〔美〕柯克·约翰逊:《电视与乡村社会变迁：对印度两村庄的民族志调查》，展明辉等译，中国人民大学出版社，2005年。

〔美〕克利福德·格尔茨:《文化的解释》，韩莉译，译林出版社，

2014年。

〔美〕劳伦斯·格罗斯伯格等:《媒介建构:流行文化中的大众媒介》,祁林译,南京大学出版社,2014年。

〔美〕理查德·塞勒·林:《习以为常:手机传播的社会嵌入》,刘君等译,复旦大学出版社,2020年。

〔美〕曼纽尔·卡斯特:《认同的力量》(第二版),曹荣湘译,社会科学文献出版社,2006年。

〔美〕欧文·戈夫曼:《日常生活中的自我呈现》,冯钢译,北京大学出版社,2008年。

〔美〕乔纳森·克拉里:《24/7:晚期资本主义与睡眠的终结》,许多等译,南京大学出版社,2021年。

〔美〕乔治·赫伯特·米德:《心灵、自我与社会》,赵月瑟译,上海译文出版社,2003年。

〔美〕苏珊·桑塔格:《关于他人的痛苦》,黄灿然译,上海译文出版社,2018年。

〔美〕唐·伊德:《技术与生活世界》,韩连庆译,北京大学出版社,2012年。

〔美〕约翰·厄里:《城市生活与感官》,苏鬘译,载汪民安等主编:《城市文化读本》,北京大学出版社,2008年。

〔美〕约翰·费斯克:《理解大众文化》,王晓珏等译,中央编译出版社,2001年。

〔美〕约翰·费斯克等编撰:《关键概念:传播与文化研究词典》(第二版),李彬译注,新华出版社,2004年。

〔美〕詹姆斯·凯瑞:《作为文化的传播:"媒介与社会"论文集》

（修订版），丁未译，中国人民大学出版社，2019年。

〔美〕珍妮斯·A.拉德威：《阅读浪漫小说：女性、父权制和通俗文学》，胡淑陈译，译林出版社，2020年。

〔英〕安东尼·吉登斯：《社会的构成：结构化理论纲要》，李康等译，中国人民大学出版社，2016年。

〔英〕安东尼·吉登斯：《现代性与自我认同：晚期现代中的自我与社会》，夏璐译，中国人民大学出版社，2016年。

〔英〕安东尼·吉登斯：《社会理论的核心问题》，郭忠华等译，上海译文出版社，2015年。

〔英〕安东尼·吉登斯：《现代性的后果》，田禾译，译林出版社，2011年。

〔英〕贝拉·迪克斯：《被展示的文化：当代"可参观性"的生产》，冯悦译，北京大学出版社，2012年。

〔英〕戴维·莫利：《媒体研究中的消费理论》，凌海衡译，载罗钢等主编：《消费文化读本》，中国社会科学出版社，2003年。

〔英〕雷蒙德·威廉斯：《文化与社会：1780—1950》，高晓玲译，商务印书馆，2018年。

〔英〕雷蒙德·威廉斯：《乡村与城市》，韩子满等译，商务印书馆，2013年。

〔英〕雷蒙德·威廉斯：《关键词：文化与社会的词汇》，刘建基译，生活·读书·新知三联书店，2016年。

〔英〕雷蒙德·威廉斯：《漫长的革命》，倪伟译，上海人民出版社，2013年。

〔英〕雷蒙德·威廉斯：《马克思主义与文学》，王尔勃等译，河南大学出版社,2008年。

〔英〕罗杰·西尔弗斯通:《电视与日常生活:关于电视观众的人类学研究》,载〔英〕罗杰·迪金森等编:《受众研究读本》,单波译,华夏出版社,2006年。

〔英〕戴维·莫利:《电视、受众与文化研究》,史安斌译,新华出版社,2005年。

〔英〕丹尼斯·麦奎尔:《受众分析》,刘燕南等译,中国人民大学出版社,2006年。

〔英〕罗杰·西尔弗斯通:《电视与日常生活》,陶庆梅译,江苏人民出版社,2004年。

〔英〕玛丽·道格拉斯、贝伦·伊舍伍德:《物品的用途》,萧莎译,载罗钢等主编:《消费文化读本》,中国社会科学出版社,2003年。

〔英〕尼克·库尔德利、〔德〕安德烈亚斯·赫普:《现实的中介化建构》,刘泱育译,复旦大学出版社,2023年。

〔英〕尼克·库尔德利:《媒介仪式:一种批判的视角》,崔玺译,中国人民大学出版社,2016年。

〔英〕尼克·库尔德利:《媒介、社会与世界:社会理论与数字媒介实践》,何道宽译,复旦大学出版社,2016年。

〔英〕斯图尔特·霍尔等:《表征:文化表象与意指实践》,徐亮等译,商务印书馆,2003年。

〔英〕泰玛·利贝斯、〔美〕埃利胡·卡茨:《意义的输出:〈达拉斯〉的跨文化解读》,刘自雄译,华夏出版社,2003年。

〔英〕托马斯·M.马拉比:《数码游戏,游戏设计与其前驱》,王心远译,载〔英〕丹尼尔·米勒等主编:《数码人类学》,人民出版社,

2014年。

〔英〕约翰·伦尼·肖特:《城市秩序:城市、文化与权力导论》,郑娟等译,上海人民出版社,2015年。

〔英〕约翰·斯道雷:《文化理论与大众文化导论》(第五版),常江译,北京大学出版社,2010年。

陈向明:《质的研究方法与社会科学研究》,教育科学出版社,2006年。

方晓红:《大众传媒与农村》,中华书局,2002年。

费孝通:《费孝通九十新语》,重庆出版社,2005年。

费孝通:《乡土中国》,北京出版社,2004年。

葛兆光:《中国思想史》,复旦大学出版社,2001年。

郭建斌:《独乡电视:现代传媒与少数民族乡村日常生活》,山东人民出版社,2005年。

郭旭魁:《流动的身份:媒介与新生代农民工的日常生活》,山西人民出版社,2018年。

贺雪峰:《新乡土中国》(修订版),北京大学出版社,2013年。

姜华:《大众文化理论的后现代转向》,人民出版社,2006年。

李广:《中国乡村治理中的政治传播与控制》,山东大学出版社,2011年。

李红艳:《乡村传播与农村发展》,中国农业大学出版社,2007年。

李陀:《序》,载王晓明主编:《在新意识形态的笼罩下:90年代的文化和文学分析》,江苏人民出版社,2000年。

陆晔:《影像都市:视觉、空间与日常生活》,复旦大学出版社,2018年。

舒建军等:《导言:乡土中国与文化自觉》,载黄平主编:《乡土中国与文化自觉》,生活·读书·新知三联书店,2007年。

汪民安:《前言:如何体验和研究城市?》,载汪民安等主编:《城市文化读本》,北京大学出版社,2008年。

王思斌:《社会学教程》(第四版),北京大学出版社,2016年。

王醒:《山西新闻史》,山西人民出版社,2009年。

魏然、周树华、罗文辉:《媒介效果与社会变迁》,中国人民大学出版社,2016年。

吴飞:《火塘·教堂·电视:一个少数民族社区的社会传播网络研究》,光明日报出版社,2008年。

习近平:《论"三农"工作》,中央文献出版社,2022年。

阎云翔:《中国社会的个体化》,陆洋等译,上海译文出版社,2012年。

杨东平:《城市季风:北京和上海的文化精神》(修订本),新星出版社,2006年。

张炼红:《历炼精魂:新中国戏曲改造考论》,上海书店出版社,2013年。

张祥龙:《现象学导论七讲:从原著阐发原意》(修订新版),中国人民大学出版社,2011年。

郑杭生:《社会学概论新修》(第五版),中国人民大学出版社,2019年。

Alexander, J. C., "The Mass News Media in Systemic, Historical, and Comparative Perspective", in Katz, E. & Szecsko, T. (eds), *Mass Media and Social Change, Sage Studies in International Sociology*; 22, London: Sage,

1981.

Baym, N. K., *Personal Connections in the Digital Age*, 2nd edn, Cambridge, MA: Polity, 2015.

Bourdieu, Pierre, *Distinction: A Social Critique of the Judgement of Taste*, Routledge Press, 2010.

Daniel, Lerner, *The Passing of Traditional Society: Modernizing the Middle East,* Glencoe ILL.: Free Press, 1958.

Dewey, John, *Democracy and Education*, New York: Macmillan, 1916.

Elias, N., *The Society of Individuals*, London: Continuum International Publishing, 1991.

Fiske, John, "British Cultural Studies and Television", in Allen, R. C., *Channels of Discourse*, London: Routledge, 1989.

Hindman, M., *The Myth of Digital Democracy,* Princeton: Princeton University Press, 2009.

Kosinski, J., *Being There*, New York: Harcourt Brace, 1970.

Latour, B., *Science in Action: How to Follow Scientists and Engineers Through Society*, Harvard University Press, 1987.

Macdonald, Dwight, "A Theory of Mass Culture", in Rosenberg, B. & White, D. W. (eds), *Mass Culture: The Popular Arts in American*, Macmillan, NewYork, 1957.

Rogers, E. M. & Svenning, L., *Modernization among peasants: the Impact of Communication*, New York: Holt Rinehart and Winston. Inc, 1969.

Rorty, Richard, *Philosophy and the Mirror of Nature*, Princeton: Princeton University Press, 1979.

Roszak, Theodore, *Person-Planet: The Creative Destruction of Industrial Society*, London: Gollancz, 1979.

Schramm, W., *Mass Media and National Development: The Role of Information in the Developing Countries*, Stanford University Press and UNESCO, 1964.

Schutz, A. & Luckmann, T., *The Structures of the Life World, Volume II*. Evanston, IL: Northwestern University Press, 1973.

二、论文

曾国华:《媒介与传播物质性研究:理论渊源、研究路径与分支领域》,《国际新闻界》,2020年第11期。

常江、何仁亿:《安德烈亚斯·赫普:我们生活在"万物媒介化"的时代——媒介化理论的内涵、方法与前景》,《新闻界》,2020年第6期。

陈楚洁、袁梦倩:《文化传播与农村文化治理:问题与路径——基于江苏省J市农村文化建设的实证分析》,《中国农村观察》,2011年第3期。

陈国权:《中国县级融媒体中心改革发展报告》,《现代传播》(中国传媒大学学报),2019年第4期。

陈俊杰、陈震:《"差序格局"再思考》,《社会科学战线》,1998年第1期。

陈力丹、陈俊妮:《论传媒在"新农村"建设中的作用》,《当代传播》,2006年第3期。

陈晓琳、吴忠:《农民以地养老意愿及影响因素分析——基于河南省176位农民的实证调查》,《中国农业资源与区划》,2020年第6期。

陈新民、王旭升:《电视的普及与村落"饭市"的衰落——对古坡大坪村的田野调查》,《国际新闻界》,2009年第4期。

程铭莉、赵海月:《中国女权主义的国家革命责任及男性特色——兼论中西方女权主义差异》,《广西社会科学》,2015年第3期。

戴宇辰:《传播研究的"物质性"取径:对若干核心议题的澄清》,《福建师范大学学报》(哲学社会科学版),2021年第5期。

戴宇辰:《媒介化研究:一种新的传播研究范式》,《安徽大学学报》(哲学社会科学版),2018年第2期。

戴宇辰:《媒介化研究的"中间道路":物质性路径与传播型构》,《南京社会科学》,2021年第7期。

戴宇辰:《走向媒介中心的社会本体论?——对欧洲"媒介化学派"的一个批判性考察》,《新闻与传播研究》,2016年第6期。

翟学伟:《再论"差序格局"的贡献、局限与理论遗产》,《中国社会科学》,2009年第3期。

丁和根、陈袁博:《数字新媒介助推乡村文化振兴:传播渠道拓展与效能提升》,《中国编辑》,2021年第11期。

杜莹杰、周振海:《中国电视剧的家国同构性》,《艺术百家》,2013年第3期。

方坤:《文化治理与身体规训:广场舞中的身体呈现——文化政治学视角下的广场舞分析》,《云南行政学院学报》,2017年第1期。

方晓红:《经济信息在苏南农村的传播现状调查研究》,《新闻与传播研究》,2002年第4期。

方兴东、王奔:《中国互联网30年:一种网民群体画像的视角——基于创新扩散理论重新发现中国互联网的力量与变革之源》,《传媒观察》，2023年第1期。

高进忠:《县级融媒体中心发展的痛点与突破》，《中国广播电视学刊》，2021年第10期。

关琼严、李彬:《"舞市":新农村公共文化空间的转型再造》，《江西师范大学学报》(哲学社会科学版)，2020年第1期。

郭恩强:《在"中介化"与"媒介化"之间:社会思想史视阈下的交往方式变革》，《现代传播》(中国传媒大学学报)，2018年第8期。

郭建斌:《三代人:不同历史时期独龙族个体文化特征浅描》，《民族艺术研究》，2002年第5期。

郭建斌、姚静:《发展传播理论与"中国式"发展之间的张力及新的可能——基于中国西南少数民族地区三个案例的讨论》，《新闻大学》，2021年第1期。

郭旭魁、马萍:《"文本盗猎者":新生代农民工的电视剧解读兼议霍尔文化研究理论》，《长治学院学报》，2019年第1期。

郭旭魁:《阐释、身份与符号互动:农民工在都市情感剧中的身份建构》，《文化与传播》，2017年第2期。

郭旭魁:《新生代农民工在微信同乡群中自我身份的建构》，《当代青年研究》，2016年第2期。

郭于华:《"弱者的武器"与"隐藏的文本"——研究农民反抗的底层视角》，《读书》，2002年第7期。

韩国明、齐欢欢:《农村"女性精英"广场舞领导与村委会竞选分析:动机、能力与机会——基于甘肃省16个村庄的实地调查访谈》，《贵州社会科学》，2017年第2期。

何阳、汤志伟:《互联网驱动的"三治合一"乡村治理体系网络化建设》,《中国行政管理》,2019年第11期。

贺雪峰:《熟人社会的行动逻辑》,《华中师范大学学报》(人文社会科学版),2004年第1期。

胡翼青:《交流抑或控制:对传播内涵的再思考》,《现代传播》(中国传媒大学学报),2008年第1期。

胡正荣:《打造2.0版的县级融媒体中心》,《新闻界》,2020年第1期。

黄楚新、黄艾:《超越链接:我国县级融媒体中心建设的2.0版》,《编辑之友》,2021年第12期。

黄楚新、刘美忆:《2020年县级融媒体中心建设现状、问题及趋势》,《新闻与写作》,2021年第1期。

黄宗智:《认识中国——走向从实践出发的社会科学》,《中国社会科学》,2005年第1期。

赖黎捷、颜春龙:《政治、技术、市场三维逻辑下的县级融媒体建设——以重庆32区县实践为例》,《中国广播电视学刊》,2021年第5期。

李彪:《县级融媒体中心建设:发展模式、关键环节与路径选择》,《编辑之友》,2019年第3期。

李红艳、冉学平:《以"乡土"为媒:熟人社会内外的信息传播》,《现代传播》(中国传媒大学学报),2022年第1期。

李红艳、宋佳杰:《微信里的类"亲属"关系:基于贫困乡村社会联系视角的探讨》,《新闻与写作》,2020年第4期。

李松:《新中国成立70年我国农村教育:经验、问题与对策》,《河北师范大学学报》(教育科学版),2019年第4期。

李小华、覃亚林:《论主旋律影片家国情怀的历史脉络与现实逻辑》,《现代传播》(中国传媒大学学报),2018年第7期。

李增元、李艳营:《乡村振兴战略背景下的农民"资源养老"及其实现形式》,《齐鲁学刊》,2020年第6期。

梁辉:《信息社会进程中农民工的人际传播网络与城市融入》,《中国人口·资源与环境》,2013年第1期。

刘楠、周小普:《自我、异化与行动者网络:农民自媒体视觉生产的文化主体性》,《现代传播》(中国传媒大学学报),2019年第7期。

刘涛:《符号抗争:表演式抗争的意指实践与隐喻机制》,《中国地质大学学报》(社会科学版),2017年第4期。

刘向东:《梯度养老:渐进城市化中的农民养老模式及农地角色分析——一项基于嵌入理论视角的田野研究》,《农业经济问题》,2021年第1期。

刘彦随、刘玉、翟荣新:《中国农村空心化的地理学研究与整治实践》,《地理学报》,2009年第10期。

刘余莉、聂菲璘:《家国情怀的精神境界与历史文化内涵》,《甘肃社会科学》,2021年第5期。

吕鹏、郑春风:《移动传播:国家政治、日常生活与受众行为的新情境——第四届尚社新闻论坛"移动传播:媒介与社会"综述》,《新闻记者》,2016年第10期。

慕羽:《广场舞女性参与者的社会身份议题——从"差序格局"到"公共意识"的建立》,《北京舞蹈学院学报》,2021年第1期。

牛耀红:《建构乡村内生秩序的数字"社区公共领域"——一个西部乡村的移动互联网实践》,《新闻与传播研究》,2018年第4期。

潘琼:《公共记忆、日常生活与媒介话语三者之间呈现关系网》,《新闻与写作》,2005年第9期。

潘忠党:《"玩转我的 iPhone,搞掂我的世界!"——探讨新传媒技术应用中的"中介化"和"驯化"》,《苏州大学学报》(哲学社会科学版),2014年第4期。

彭兰:《视频化生存:移动时代日常生活的媒介化》,《中国编辑》,2020年第4期。

彭泽平、曾凡:《中国共产党农村教育的百年实践:历史嬗替、经验与未来理路》,《教育科学》,2021年第4期。

芮必峰、孙爽:《从离身到具身——媒介技术的生存论转向》,《国际新闻界》,2020年第5期。

芮必峰、孙爽:《理解媒介:从对象到现象》,《新闻大学》,2021年第12期。

沙垚:《重构中国传播学——传播政治经济学者赵月枝教授专访》,《新闻记者》,2015年第1期。

沙垚:《乡村文化传播的内生性视角:"文化下乡"的困境与出路》,《现代传播》(中国传媒大学学报),2016年第6期。

沙垚:《资本、政治、主体:多元视角下的县级媒体融合实践——以A县融媒体中心建设为样本的案例研究》,《新闻大学》,2019年第11期。

沙垚:《重建基层:县级融媒体中心实践的平台化和组织化》,《当代传播》,2020年第1期。

沙垚:《制度遗产与农村广场舞兴衰——基于江苏省R县的田野观察》,《现代传播》(中国传媒大学学报),2020年第1期。

沙垚、李倩楠:《重建在地团结——基于中部某贫困村乡村直播的田野调查》,《新闻大学》,2022 年第 2 期。

沙垚、张思宇:《公共性视角下的媒介与乡村文化生活》,《新闻与写作》,2019 年第 9 期。

苏涛、彭兰:《技术载动社会:中国互联网接入二十年》,《南京邮电大学学报》(社会科学版),2014 年第 3 期。

孙凝翔、韩松:《"可供性":译名之辩与范式／概念之变》,《国际新闻界》,2020 年第 9 期。

孙皖宁、苗伟山:《底层中国:不平等、媒体和文化政治》,《开放时代》,2016 年第 2 期。

孙玮:《镜中上海:传播方式与城市》,《苏州大学学报》(哲学社会科学版),2014 年第 4 期。

孙玮:《城市传播:重建传播与人的关系》,《新闻与传播研究》,2015 年第 7 期。

孙玮:《微信:中国人的"在世存有"》,《学术月刊》,2015 年第 12 期。

孙玮:《从新媒介通达新传播:基于技术哲学的传播研究思考》,《暨南学报》(哲学社会科学版),2016 年第 1 期。

孙信茹:《微信的"书写"与"勾连"——对一个普米族村民微信群的考察》,《新闻与传播研究》,2016 年第 10 期。

孙信茹、钱浩:《独乡"K 歌":社交媒体与文化认同研究》,《新闻春秋》,2020 年第 4 期。

孙信茹、王东林:《微信对歌中的互动、交往与意义生成——对石龙村微信山歌群的田野考察》,《现代传播》(中国传媒大学学报),2019 年第 10 期。

孙信茹、杨星星:《"媒介化社会"中的传播与乡村社会变迁》,《国际新闻界》,2013年第7期。

孙信茹、赵亚净:《新媒体与区域社会文化互动——以〈德宏团结报〉微信矩阵为例》,《当代传播》,2018年第1期。

陶建杰、林晶珂、尹子伊:《信息穷人还是信息富人:可行能力视角下农村居民信息分化及政府支持的效应研究》,《国际新闻界》,2022年第2期。

陶建杰、尹子伊:《数字乡村背景下农村居民数字化渠道选择》,《华南农业大学学报》(社会科学版),2022年第1期。

王德胜、李康:《打赢脱贫攻坚 助力乡村振兴——短视频赋能下的乡村文化传播》,《中国编辑》,2020年第8期。

王童辰、钟智锦:《政治新闻如何塑造参与行动:政治心理的视角》,《国际新闻界》,2018年第10期。

王维佳、赵月枝:《重现乌托邦:中国传播研究的想像力》,《现代传播》(中国传媒大学学报),2010年第5期。

王延中、江翠萍:《农村居民医疗服务满意度影响因素分析》,《中国农村经济》,2010年第8期。

王玉玮、黄世威:《媒介化回嵌:季候性返乡青年的主体性重建——基于新冠肺炎疫情期间鄂西北王村的民族志研究》,《福建师范大学学报》(哲学社会科学版),2021年第2期。

王政:《浅议社会性别学在中国的发展》,《社会学研究》,2001年第5期。

吴重庆:《"界外":中国乡村"空心化"的反向运动》,《开放时代》,2014年第1期。

谢新洲、朱垚颖、宋琢谢:《县级媒体融合的现状、路径与问题研究——基于全国问卷调查和四县融媒体中心实地调研》,《新闻记者》,2019年第3期。

杨宝强、钟曼丽:《乡村公共空间中妇女的参与、话语与权力——基于鄂北桥村的跟踪调查》,《西北人口》,2020年第1期。

杨贵庆:《论中国式现代化的本质要求与实施乡村振兴的逻辑关联》,《农村工作通讯》,2022年第23期。

杨善华、侯红蕊:《血缘、姻缘、亲情与利益——现阶段中国农村社会中"差序格局"的"理性化"趋势》,《宁夏社会科学》,1999年第6期。

杨星星、唐优悠、孙信茹:《嵌入乡土的"微信社区"——基于一个白族村落的研究》,《新闻大学》,2020年第8期。

叶明睿、吴昊:《重生之困:县级融媒体中心发展的逻辑断点、行动壁垒与再路径化》,《现代传播》(中国传媒大学学报),2021年第4期。

于小军:《对山西省县级剧团转企改制的解读和思考》,《太原大学学报》,2014年第1期。

张鸣:《乡村社会的下降线——漫谈中国农村的百年变迁》,《武汉大学学报》(人文科学版),2016年第2期。

张勇、冯健:《村落终结:快速城镇化进程中村庄的空心化与乡村性演化》,《城市发展研究》,2017年第9期。

张志安:《新闻生产的变革:从组织化向社会化——以微博如何影响调查性报道为视角的研究》,《新闻记者》,2011年第3期。

张志安、彭璐:《混合情感传播模式:主流媒体短视频内容生产研究——以人民日报抖音号为例》,《新闻与写作》,2019年第7期。

赵黎:《新医改与中国农村医疗卫生事业的发展——十年经验、现实困境及善治推动》,《中国农村经济》,2019年第9期。

赵霞:《传统乡村文化的秩序危机与价值重建》,《中国农村观察》,2011年第3期。

赵晔琴:《农民工:日常生活中的身份建构与空间型构》,《社会》,2007年第6期。

赵月枝:《数字传播时代的乡村振兴》,《新闻与写作》,2019年第9期。

赵月枝、邓理峰:《中国的"美国中心论"与中国新闻业和新闻传播学术的发展——与加拿大西蒙-弗雷泽大学传播学院赵月枝教授的对话》,《新闻大学》,2009年第1期。

赵月枝、沙垚:《被争议的与被遮蔽的:重新发现乡村振兴的主体》,《江淮论坛》,2018年第6期。

郑素侠、杨家明:《云端的连接:信息传播技术与乡村社会的"重新部落化"》,《现代传播》(中国传媒大学学报),2021年第5期。

郑素侠、张天娇:《"小世界"中的信息贫困与信息扶贫策略——基于国家级贫困县民权县的田野调查》,《当代传播》,2019年第4期。

周翔、李镕:《网络社会中的"媒介化"问题:理论、实践与展望》,《国际新闻界》,2017年第4期。

周勇、黄雅兰:《〈新闻联播〉:从信息媒介到政治仪式的回归》,《国际新闻界》,2015年第11期。

朱春阳:《县级融媒体中心建设:经验坐标、发展机遇与路径创新》,《新闻界》,2018年第9期。

朱勤:《实现城乡基本养老保障均等化的改革路径——兼议农民退休

制度》,《人民论坛》, 2020 年第 25 期。

朱秀凌:《家庭传播研究的逻辑起点、历史演进和发展路径》,《国际新闻界》, 2018 年第 9 期。

朱战辉:《以"家"为媒:城乡传播关系与农民日常生活秩序重构》,《华南农业大学学报》(社会科学版), 2022 年第 6 期。

庄渝霞:《中国性别理论研究综述》,《学术交流》, 2005 年第 6 期。

Bausinger, H., "Media, Technology and Daily Life", *Media, Culture and Society*, 1984, 6 (4).

Inkeles, A., Broaded, C. M., Cao, Zhongde, "Causes and Consequences of Individual Modernity in China", *The China Journal*, 1997 (37).

Jensen, K. B. & Rosengren, K. E., "Five Traditions in Search of the Audience", *European Journal of Communication*, 1990, 5 (2–3).

Katz, E. & Liebes, T., "Interacting with 'Dallas': Cross Cultural Readings of American TV", *Canadian Journal of Communication*, 1990, 15 (1).

Krotz, F., "The Meta-process of Mediatization as a Conceptual Frame", *Global Media and Communication*, 2007, 3 (3).

Schulz, W., "Reconstructing Mediatization as an Analytical Concept", *European Journal of Communication*, 2004, 19 (1).

Zhao, S., "The Internet and the Transformation of the Reality of Everyday Life: Toward a New Analytic Stance in Sociology", *Sociological Inquiry*, 2006, 76 (4).

三、其他

长治市地方志编纂委员会编纂:《长治市志》, 海潮出版社, 1995 年。

方提、尹韵公:《县级融媒体中心是基层社会治理的重要抓手》,《光明日报》(思想理论版),2020年12月18日。

甘惜分主编:《新闻学大辞典》,河南人民出版社,1993年。

黄树贤总主编,薛维栋本卷主编:《中华人民共和国政区大典·山西省卷》,中国社会出版社,2016年。

晋东南地区志编纂委员会编:《晋东南地区志》(评审稿)(第1—4册),2016年。

山西省史志研究院编:《山西通志·新闻出版志·广播电视篇》(第四十三卷),中华书局,1998年。

山西省史志研究院编:《山西通志·新闻出版志·出版篇》(第四十三卷),中华书局,1999年。

山西省史志研究院编:《山西通志·新闻出版志·报业篇》(第四十三卷),中华书局,1999年。

童兵等主编:《新闻传播学大辞典》,中国大百科全书出版社,2014年。

王秀娟:《我省制定"十四五"数字农业农村建设规划》,《山西科技报》,2022年7月7日。

张清俐:《提炼乡村振兴经验与理论》,《中国社会科学报》,2022年12月19日。

中国社会科学院语言研究所词典编辑室编:《现代汉语词典》(第7版),商务印书馆,2016年。

后 记

成书之际,我想到了与本书相关的一些人与事,一并记之。本书的选题方向,实际上是博士阶段的学习中确定下的。恩师中国人民大学新闻学院郭庆光先生的教诲,我常怀感激之心,并时刻谨记。每当一个人静思或漫步,抬头仰望星空时,心中总会升腾出一种强大的动力。虽然博士毕业已经多年,但经常能想起跟随老师学习的画面。仍然记得大家在读书、研讨时的情景。郭老师不但能够悉心倾听每一位学生的观点和想法,而且先生总能以"四两拨千斤"的精要,迅速触到我们研究的关键要害,并开出解决问题的"药方",使我有拨云见日、茅塞顿开之感。正是在这样自由交流的学术氛围中,自己在学术道路上才日渐成长。也正是在与大家学术见解的碰撞中,我才逐渐确定了博士阶段的学术研究选题,并奠定了现在这本书的研究方向。

我在博士阶段关注的是在农民工城市融入过程中,各类媒介文化对他们身份建构的影响。在调研中,我发现一些农民工对乡土,总是有一种如学者段义孚讲的"恋地情节"。一方面是在物质层面上，他们在大城市忙碌的身影，对工作环境和老板几近苛刻的要求表现出极大地隐忍，每天奋斗的目标主要是在经济上积攒更多财富，从而为自己将来回到县城购置房子做好准备；另一方面是在精神层面上，他们中有年龄偏大一些的人经常能够回忆起儿时在农村生活的场景，怀念乡土人生活的淳朴，人与人之间的脉脉温情，即一种念念不忘、记忆深处的"乡愁"。如果说博士阶段的研究主要侧重于前者，那么本书则重点关注后者。

党的十九大以来，国家乡村振兴战略由提出到有序实施，乡村社会有了新的发展机遇。农村社会的全面振兴关键还是靠人，依赖具有主体性农民的内生力量。笔者认为，返乡农民工与乡村里的农民一道构成了乡村振兴的主体。这些眷恋故土、念兹在兹的农民工，他们具有在城市工作、生活的相关经验，因此，积累了应对现代生活的一些技能、方法以及比较广泛的社会资本，从个体层面构建起联结城市与乡村的社会网络。从传播学分析来看，他们在城市文化的氛围中，逐渐形成了对各类新媒介平台的深度使用和参与习惯，这为他们进一步理解自我意义、再度社会化以及理解城市和乡村文化，提供了新的考察维度。他们为乡村振兴注入了新活力和新可能。随着数字乡村建设由政策到落地，新媒介传播技术正在被更多的农民所掌握。我们不能忽视这些乡村社会里的农民，新媒介为他们打开了更广阔的世界窗口，在与各类短视频符号互动中，形塑着自我与社会的关系，这为乡村文化共同体的构建提供了新的可能。

本书实际上就是对上述两类农民在新媒介传播实践中的意义建构过程进行了考察。换言之，本书是50位太行老区农民新媒介传播实践的故事。笔者将他们的自我意义与文化表达、个体的社会化，以及如何理解城市文化与乡村文化，即个人在新媒介影响下的精神成长故事，呈现给各位读者。太行老区具有丰厚的传统文化和光荣的革命历史，这里诞生的太行精神，激励着一代又一代太行儿女"为有牺牲多壮志，敢教日月换新天"的革命豪情和斗争意志，在新时代里继续前行。我非常感谢参与访谈的50位太行老区农民，在访谈时他们对新媒介传播实践活动能侃侃而谈，对当前热点时事分析中有独到的见解，对短视频运作背后的逻辑也有清醒的认识等等，这些故事给我留下深刻的印象，他们精神成长的故事也在感染着我。我希望他们能在国家乡村振兴的系列举措中过上更加幸福的生活！

学术研究离不开前辈、同行的鼎力支持。写作一本学术专著，更是离不开他们的无私帮助。我要感谢中文系主任王利教授，她对我学术研究的督促和鞭策，使我思想中不敢有懈怠，她丰硕的学术研究成果也是我学习的榜样；感谢丛书编委成员、历史与旅游管理系主任段建宏教授，他对书稿从选题设想到最终成书，进行了耐心、细致的指导，他的深厚学养也时刻激励着我；我还要感谢商务印书馆的马晨桓老师、责任编辑张鹏老师，他们对我的书稿也提出了宝贵的建议，对完善本书以更好地呈现给读者，功莫大焉；另外，在调研资料整理阶段，我的妻子帮做了大量的基础性工作，更为关键的是为我的专心写作创造了良好的条件，使我心无旁骛，提高了工作效率；图书馆的颜琛老师、靳可意老师，是本书初稿的第一读者，他们对文稿中的一些句读、错字等逐一校对，非常感谢他们！还有一些无形之中给我学术灵感的老师、学生们，早已内化在心间，这里无法一一提及，一并感谢！

窗外曙色初露，沐浴在晨光中的万物，正呈现出春天的勃勃生机，新的一天也即将开始。"书山有路勤为径，学海无涯苦作舟"，在学术道路上，我始终以"勤能补拙"激励自己，唯有通过更加勤奋与努力，才能不辜负恩师、朋友和家人的殷切期望！

郭旭魁
2023 年 6 月于长治

图书在版编目（CIP）数据

理解媒介：太行老区农民新媒介传播实践研究 / 郭旭魁著. —北京：商务印书馆，2023
（太行文化研究文库）
ISBN 978-7-100-23164-0

Ⅰ.①理… Ⅱ.①郭… Ⅲ.①太行山—山区农村—传播媒介—研究 Ⅳ.① G206.2

中国国家版本馆CIP数据核字（2023）第190464号

权利保留，侵权必究。

理解媒介
太行老区农民新媒介传播实践研究
郭旭魁 著

商 务 印 书 馆 出 版
（北京王府井大街36号 邮政编码100710）
商 务 印 书 馆 发 行
北京顶佳世纪印刷有限公司印刷
ISBN 978-7-100-23164-0

2023年11月第1版　　开本880×1230　1/32
2023年11月北京第1次印刷　印张 9½
定价：68.00元